철학자들의 언론강의

언론사상사

나남

저자_ 존 머릴(John C. Merrill)
대학에서 영문학과 사학을 전공했고, 대학원에서 저널리즘과 철학으로 석사학위를 받은 데 이어 미국 아이오와대학에서 언론학 박사학위를 받았다. 신문기자로, 통신기자로, 명 칼럼리스트로 활약했으며 *International Communication*, *The Imperative of Freedom*, *Existential Journalism* 등의 책을 저술했다. 저널리스트 출신 학자답게 생생하고 구체적인 실례를 든 서술이 그의 책들의 특징이다. 또한 철학 전공자답게 저널리즘과 윤리와의 상관관계, 나아가 언론에 대한 철학적 사유를 가미해 책의 가치를 더했다. 미국의 대표적인 언론학회인 AEJMC로부터 뛰어난 교수상 등을 두 차례 수상하기도 했다. 현재 미국 미주리대학 저널리즘 스쿨의 석좌교수로 있다.

편역자_ 김동률(金東律)
고려대에 이어 미국 사우스캐롤라이나대학 저널리즘 스쿨에서 매체경영학으로 박사학위를 받았다. 〈경향신문〉 공채기자로 입사해 10년간 취재기자로 일했다. 연세대, 이화여대, 서강대 등에 출강했거나 하고 있다. 언론정보학회, 정치커뮤니케이션학회 이사, KBS 시청자 평가위원, MBC 법적고충처리인 겸 시청자 주권위원, YTN 시청자 위원으로 활동했다. 4년 동안 MBN과 KTV에서는 시사프로그램 앵커로 방송을 진행했다. 방송통신심의위원회 특별심의위원, 영화진흥위원회 위원이기도 하다. 저서로는 《신문경영론: MBA 저널리즘과 한국신문》(2005)이 있으며 다수의 논문이 있다. 현재 우리나라의 대표적 싱크탱크인 KDI 펠로다.

나남신서 1446

철학자들의 언론강의
언론사상사

2010년 3월 5일 초판 발행
2010년 3월 5일 초판 1쇄

저자_ 존 머릴
편역자_ 김동률
발행자_ 趙相浩
발행처_ (주) 나남
주소_ 413-756 경기도 파주시 교하읍
출판도시 518-4
전화_ 031) 955-4600 (代)
FAX_ 031) 955-4555
등록_ 제 1-71호(79. 5. 12)
홈페이지_ www. nanam. net
전자우편_ post@nanam. net

ISBN 978-89-300-8446-8
ISBN 978-89-300-8001-9 (세트)
책값은 뒤표지에 있습니다.

나남신서 1446

철학자들의 언론강의

언론사상사

존 머릴 저 | 김동률 편역

나남
nanam

Legacy of Wisdom (2nd Edition)
Great Thinkers & Journalism

편역자 머리말

1994년 상문고등학교 재단비리사건을 취재중이던 중앙일간지 사회부 기자가 상문고 재단 관계자의 집을 찾아가 검찰 수사관을 사칭하며 관련문서를 몽땅 손에 넣었다. 학교재단측은 주거침입 및 사문서 절취 등의 혐의로 해당기자를 고소했고, 해당기자와 언론사는 공익을 위한 취재행위라며 맞섰다. 결국 법원에서는 죄는 인정하되 공익을 위한 동기의 순수성을 인정하여, 선고유예라는 가벼운 판결로 최종판결을 내렸고, 해당기자는 한국기자협회가 주는 '이달의 기자상' 수상이라는 명예를 거머쥐었다. 예를 든 것처럼 어렵게 견습기자 시험을 쳐서 언론사에 입문하게 되면 가장 곤혹스러운 것이 경찰이나 검찰 사칭 문제다. 선배들로부터 묵시적으로 그렇게 하도록 배우고 또 그래야만 취재가 가능한 사건이 의외로 많다. 그러나 성경을 읽기 위해서 촛불을 훔치는 것이 용인되기 어려운 것처럼, 비록 공익을 위한 순수한 목적이더라도 순순히 옹호하기에는 뭔가 불편하다.

동기의 순수성과 절차의 정당성(*procedural justice*)은 언론현장에서 늘 상존하는 가장 큰 갈등의 요소이다. 밤하늘의 빛나는 별을 평생 동안 좋아하고 찬양한 사람은 임마누엘 칸트다. 그는 밤하늘에 빛나는 별과 인간의 양심이 세상에서 가장 신기한 것이라며 늘 감탄했다. 인간 양심의 절대성을 인정한 그는 윤리적 측면에서 행위 자체의 도덕성에 무게중심을 두었다. 칸트에 따르면 언론행위에서 수사관을 사칭하거나 또는 취재원에게 알리지 않고 몰래카메라를 동원한 취재의 경우 아무리 사회정의를 실현하고 국민의 알권리를 충족시키는 데 중요한 역할을 했더라도 정당화될 수 없다.

이러한 칸트의 정언적 정의(*categorical imperative*)는 일정부분 맞는 말이다. 그의 주장은 예외나 상황논리를 전적으로 배제한다는 점에서 언론 취재행위에 일관성 있는 윤리기준을 제시하는 긍정적 측면이 있다. 그러나 대부분의 언론인들은 이와 같은 칸트의 윤리관을 융통성 없고 비현실적이라는 이유를 들어 수긍하기 힘들다고 한다. 현대사회는 여러 가지 규범이 복잡하게 혼재돼 있어 취재윤리의 절대성을 추구한다는 것이 무리라는 주장이다. 그래서 많은 언론인들은 결과가 수단을 일정부분 정당화할 수 있다는 벤담, J. S. 밀 등이 주창한 공리주의(*utilitarianism*)를 추종하게 된다. '최대다수의 최대행복'(*the greatest happiness of the greatest number*)이 그 근거가 된다.

1987년 5월 미국 플로리다의 유력지 〈마이애미 헤럴드〉는 게리 하트 민주당 대통령 후보의 아파트 주변을 잠복 취재한 끝에 그가 한 여인과 의심받을 만한 상황(*compromising position*)에 있다고 특종 보도했다. 이 뉴스는 하트가 여자관계가 복잡하다는 세간의 소문과 맞물리면서 대통령감으로는 적절하지 않다는 식으로 문제가 커졌다. 하트는 즉각 〈마이애미 헤럴드〉를 고소하며 대응에 나섰지만 대세는 역부족, 치솟던 인기는 수직 낙하했다. 결국 제 2의 케네디를 꿈꾸던 그는 스스로 물러났다. 공인의 사생활과 언론자유가 충돌한 상징적 사건이다.

사생활, 이른바 프라이버시는 보는 관점에 따라 해석이 다른, 그래서 딱 부러지게 정의하기 어려운 애매모호한 개념이다. 프라이버시를 설명하는 가장 보편적인 개념은 '혼자 있을 권리'(*the right to be left alone*)로, 이 개념은 1890년 〈하버드 로 리뷰〉(*Harvard Law Review*) 에서 처음 제기된 이래 폭넓게 인정받고 있다. 그런데 문제는 바로 여기에 있다. 저널리즘의 가장 큰 특징은 사람들을 가만히 내버려두기보다는 들쑤신다는 데 있고, 프라이버시란 개념은 무언가를 감추는 데 있다. 늘 서로 충돌할 수밖에 없는 숙명을 지닌 것이다. 여기에 이러한 충돌을 부채질하는 것은 인간의 이중적 판단기준이다. 공권력이 우리를 감시하는 것에 대해서는 거칠게 반발하면서도, 탈법적 성격의 몰래카메라가 들추어낸 부정과 불법사례를 보면 쾌감을 느낀다. 작업장에 설치된 폐쇄회로 TV에 대해서는 노여워하지만, 마약수사를 위한 특수카메라는 필요악이라며 당연시한다. 실제로 보다 더 중요한 도덕적 명분을 위해 어쩔 수 없이 부도덕한 방법을 사용해야 할 경우가 언론계에서는 종종 발생한다. 테러범이나 인질범과의 취재과정에서 몰래카메라를 동원할 때 과연 그러한 행위를 비윤리적이고 개인의 사생활 침해이므로 동원해서는 안 된다고 말할 수 있겠는가.

그럼에도 불구하고 이런 류의 질문에 대한 명쾌한 답은 쉽지 않다. 예를 들어 공자의 유교논리를 들이댄다면 현실에서 언론의 자유는 상당부분 제한받을 수밖에 없다. 조화로운 삶을 지향하는 유교문화에서 탐사보도 등은 환영받지 못한다. '군군신신부부자자'(君君臣臣父父子子)는 공자의 핵심사상 중의 하나이다. 비록 공자의 철학사상이 대단히 복잡하고 신비롭고 난해하지만 논어에 집약된 공자사상은 한마디로 '인'(仁)이다. '군군신신'은 당시의 엄격한 차별적 신분사회를 단적으로 나타낸 것으로 신분을 넘어서는 모든 행동은 엄히 다스려졌고 공자는 이를 배제할 수는 없는 것으로 본다. 이럴 경우 공자의 주장은 변혁과 진보를 거부하는 보수적 이데올로기로 기득권을 옹호하고 약자를 외면한 반휴머니즘적 요소가 있음을 알 수 있다. 사회불안을 야기하는 심층보도의 경우 공자 말씀과는 일정 부분 충돌한다.

그래서 특정 현자의 말씀을 곧이곧대로 언론현장에 적용하기는 어렵다. 바로 이와 같은 점을 고민해 보고자 이 책을 쓰게 됐다. 유학 전 10년간 일선 기자로 일하면서 취재현장에서 부딪친 고민의 결과이기도 하다. 이 책은 모두 40여 명의 철학자들의 주장을 언론현장에 대입시킨 존 머릴 미주리대학 석좌교수의 *Legacy of Wisdom: The Great Thinker and Journalism*을 기본으로 했다. 철학자들의 간단한 약력은 〈위키디피아〉를 참고했다. 당초 완역을 의도했으나 지난 수년간 연세대에서 강의해 보니 원서가 지나치게 서구 철학자, 서구 시각에 치우쳐 있어 우리의 사례를 대폭 덧붙인 편역으로 결정했다. 미디어 전공자는 물론 훌륭한 저널리스트를 꿈꾸며 언론고시를 준비하는 예비언론인, 그리고 취재현장에서 현실과 윤리 사이에 고민스런 일선 저널리스트에게 도움이 되길 바라며 이 책을 썼다. 위대한 철학자들의 사상을 보다 일목요연하게 이해하는 과외의 효과도 있다.

원저자 존 머릴 교수에게 고마운 맘을 전한다. 그는 자신의 책이 한국어로 나온다는 사실에 즐겁다 못해 무척 흥분해 있으며 지원과 격려를 아끼지 않았다. 변함없는 우정을 보여준 미디어계의 절정고수 나남출판사의 조상호 사장님과 방순영 선생님께 고마운 마음을 전한다.

밤하늘의 빛나는 별이 아름답기는 하지만 발밑의 진흙탕을 조심하지 않으면 곤란하다. 과거와 현재의 위대한 지적 거인들을 이 책을 통해 알게 되는 것은 엄청난 모험이다. 특히 이는 미디어 전공자, 저널리스트, 또는 저널리스트를 꿈꾸는 사람들에게는 더욱 값지고 의미 있는 일이다. 그러나 오직 이 작은 책에서는 힌트만 던질 뿐, 독자 여러분들이 이 세계에 들어오기를 조용히 기다리고 있겠다. 여러분 스스로가 이 소중한 문을 열기를 기대한다. 책이 다소 윤리적으로 흘렀다고 해서 저널리스트 여러분께서 너무 실망하실 필요는 없다. 의사나 변호사가 진료나 변론을 탈법적으로 하면 강제폐업을 당하거나 자격을 박탈당하고 심지어 감옥에까지 가는 경우가 있지만 취재기자가 몰래카메라나 비합법적인 취재로 거대 사회악을 폭로하면 퓰리처상을 받는 게 바로 저널리즘의 세계다. 별을 보고 별과 함께 걸었던 시절은 행복했다.

2010년 봄에

김 동 률

머리말

이 책에 등장하는 위대한 사상가들은 오늘날 언론인들에게 매우 가치 있고 의미 있는 생각을 가진 사람들이다. 그들은 저널리스트와 미래의 저널리스트들에게 위대한 지혜의 유산을 제공한다. 이 책에서 가장 비중을 둔 것은 사상가들의 윤리적 생각들이다. 이것이 언론인들의 철학적이고 실질적인 관심이어서가 아니라, 오늘날 언론에 가장 필요한 것이 윤리적 기초이기 때문이다. 사상가들의 말은 언론인들이 생각할 때나 일선에 취재할 때, 가장 기본적 개념으로써 가치가 있다. 노자, 공자, 플라톤, 아리스토텔레스와 같은 사상가들은 비록 언론의 특별한 관심을 훨씬 뛰어넘는 사상을 말하지만, 언론인들이나 지혜를 찾는 학생들에게도 중요한 개념들을 제공한다.

언론인들은 잠시 하던 일을 멈추고 이러한 사상가들의 목소리에 귀를 기울여야 한다. 언론인들이 이 책을 통해 위대한 철학자들의 지혜의 유산을 가질 수 있다는 것은 행운이다. 이 책은 현인들의 다양한 철학적 태도들을 아우른다. 여기에 등장하는 특정 사상가들과 그들의 철학적 경향은 분명히 단순하다. 그러나 각각의 철학자들은 이 책에서 설명하고 명명하는 것보다 훨씬 복잡하다. 이러한 사상가들은 언론에 관심이 있는 사람들이 진지하게 생각하고 고려하는 데 적합한 기본적 개념들을 제시한다.

물론 일부 독자들은 이 책이 다소 성적 편향 — 오직 몇몇의 여성들만 포함하는 — 이 있다거나, 서구 백인 중심주의 — 등장하는 사상가들이 대부분 유럽인들이다 — 로 기울어졌다고 여길지 모른다. 그러나 현실적으로 오늘날 서구사상에, 특히 인식론(*epistemology*), 정치적 철학(*political philosophy*), 윤리학 — 언론들이 가장 고려하는 — 분야에서 가장 큰 영향을 주는 이들은 유럽계 미국인들이다. 아마도 이 책이 50년 뒤에 출판된다면, 상황은 변할 것이고 아시아를 비롯한 더 많은 인종과 지역이 있을 것이며, 더 많은 여성들이 언론 공동체에 필요한 중요한 교훈들을 제시할 것이다.

이 책은 언론학자, 저널리스트, 그리고 미래의 저널리스트를 꿈꾸는 청춘에게 철학자들의 중요한 사상을 소개하는 데 목적이 있다. 그러나 모든 사상가를 아우르지는 못했다. 이 책에 등장하지 않는 많은 철학자들도 여기에 포함될 수 있다. 그러나 선택의 문제는 어디나 있고, 이 책에서는 고대의 공자와 소크라테스에서부터 20세기 말의 존 롤스와 아이리스 머독에 이르기까지 세계의 위대한 사상가들을 중요한 표본들로 선택했다. 주로 현역 언론인들과 언론 전공자들에게 중요하면서도 활용 가능한 사상에 초점을 두었다. 하지만 각 장에 등장하는 간결한 소개를 넘어 독자 스스로 더욱 깊이 생각해 보길 바란다. 저술목적상 복잡한 사상가들에 대해 단순화시켜 소개한 것에 대하여 양해를 구하며 독자들이 직접 좀더 깊이 있게 알고자 노력하라고 권하고 싶다.

독자들은 이 책을 통해 철학자들의 메시지를 현실에 적용하는 방법을 알게 될 것이다. 이 책은 학문적이거나 학술적인 책이 아니라 위대한 사상가의 세계로 입문하는 수련자에게 유용한 첫 번째 입구와 같다. 따라서 각 장들은 의도적으로 짧게 구성되었다. 진지하게 서술했지만 무겁거나 논문적인 형식으로 쓰지 않았다. 여기서 소개한 각 사상가들에 대한 중요한 책들을 독자들이 직접 찾아 읽음으로써 진일보하길 바란다.

이 책이 언론인들과 미래의 저널리스트 그리고 언론학도들에게 가치 있는 안내와 영감을 주기를 희망한다. 비록 해석에 중점을 두었지만 내용이 중심맥락에서 너무 벗어나지 않았기를, 그리고 언론에 대한 기본적 사상들의 서술이 합리적이기를 바란다. 향후 연구에서 이에 대한 추론과 결론이 보다 정치했으면 좋겠다. 각 장에서 제시한 몇몇 사상들이 언론에 적용하기에는 해석이 부정확하거나 잘못된 것일 수도 있다. 만약 이 책에서의 적용이 적합하지 않다고 생각된다면, 다른 학자들의 해석을 찾아보길 바란다. 나는 적어도 이 책이 독자들이 더 깊고 생명력 있는 물로 뛰어들 수 있는 지적인 발판이 되길 바랄 뿐이다.

존 머릴

나남신서 1446

철학자들의 언론강의

언론사상사

차 례

1

노자

Lao-Tzu (B.C. 604～531)

노자는 중국 춘추시대 말기의 사상가, 철학자, 도가(道家)의 창시자이다. 성명은 이이(李耳), 자는 담(聃)이어서 노담(老聃)이라고도 하고 일명 태상노군(太上老君)이라고도 한다. 그의 삶에 대해서는 잘 알려져 있지 않다. 전하는 바에 따르면, 그는 춘추시대 말기의 주나라 사람으로 공자가 찾아와 예에 대한 가르침을 받았다고 한다. 노자는 후에 주나라가 쇠하는 것을 보고 은거를 결심, 서방으로 떠나는 중 관문지기의 간청으로 자신의 가르침을 5천여 글자로 된 상하 2편의 책으로 썼다고 한다. 이를 《노자》 혹은 《도덕경》이라고 한다.

공자를 필두로 한 유가(儒家)의 사상은 지식인의 능동성을 강조한 점에서는 긍정적 평가를 받지만 차등적 인간관계를 이념적으로 합법화했다는 비판에서는 자유롭지 못하다. 이러한 유가의 차등적 인간관에 반기를 들며 등장한 사상가가 묵적(墨翟)의 묵가(墨家)다. 묵가는 통치하는 지식인과 통치를 받는 백성 간의 사회적 차별 속에서 특히 생산에 종사하는 백성의 민생문제 해결에 주목한다. 이들은 차별적 인간관계를 지양하고 평등한 사랑과 상호연대의 구호 아래 만민의 실천적 단결과 협동을 강조한다.

유가와 묵가는 각각 상이한 입장에서 서로 다른 정치이념을 가지고 극렬하게 대립하는데, 이에 반발해서 등장한 또 한 명의 사상가가 도가(道家)다. 도가는 자신의 주장만이 옳고 타자의 그것은 그르다는 이념적 독단을 거부한다. 도가에서는 인간이 만들어 낸 제도, 관습, 이념은 개개 생명 밖의 산물, 즉 외물(外物)에 불과하다. 외물에 의해 인간의 생명과 자유가 억압받는다면, 그것은 결국 생명억압과 파괴의 도구일 뿐이다. 따라서 이들은 사회적 규제가 최소화된 소규모의 자급자족적인 공동체를 이상적 사회로 제시하면서 당대의 군주들이 추구하는 대국주의(大國主義) 이념에 맞선다.

넓은 뜻으로 노장(老莊) 철학으로 외연을 확대해서 볼 때 중국 도교의 시조인 노자(老子)는 중요한 철학자 중 한 사람이면서도 그 존재가 불분명하다. 그가 언제 살았는지 정확히 알 수는 없으나, 일반적으로 기원전 604~531년으로 간주한다. 몇몇 학자는 노자가 실제로 존재했는지 의심하며, 실존이 확인된 도교 사상가 장자(莊子: B.C. 350~250)가 진짜 도가사상의 창시자일 수도 있다고 본다. 만약 노자가 실존인물이라면 그의 가르침은 제자인 장자에 의해 발전했다고 볼 수 있다. 실제로 수많은 중국 문헌에서 도교는 '노장사상'으로 불린다. 도교는 보통 철학이나 종교로 보는데 철학적 관점의 도교는 현대 미국의 저널리스트들에게 유용한 이야기가 많다.

노자는 오늘날의 중국 후난지방에서 태어났으며 그의 본명은 이얼(李耳)이다. 그가 살았던 시대는 개인 상호간의 무한한 생존경쟁뿐만 아니라 대규모의 전쟁이 만연했기 때문에 그는 공동체에 앞서는 개개인의 사람다운 삶의 추구에 결정적 의미를 부여하는 철학적 문제의식을 갖게 된다. 역설적으로 노자에 의하면 인간은 사회생활을 할 수밖에 없는 존재다. 그는 주나라 왕실의 도서관 사서로 일하며 주로 예언과 점성술, 종교서적을 다뤘던 것으로 짐작된다. 이때부터 학식 많고 유능한 학자에게 주어지는 자(子)의 칭호를 받게 된다. 몇몇 역사서에선 노자와 공자의 만남을 언급하지만, 확실하지 않은 이야기다.

노자의 기본 철학사상은, 일부 사람들이 지배계급의 지침서라 믿는 《도덕경》(道德經)에서 발견할 수 있다. 도(道)는 중국어로 '길'을 뜻한다. 노자는 몇몇 원칙을 따르면 '도'를 발견할 수 있고, '도'에 다다른 자는 영원히 행복할 것이라고 말한다. 그러나 '도'란 정확히 무엇인가? '도'가 어떤 것인지 말로 표현하긴 어렵지만, '도'를 발견하게 되는 사람은 알 수 있을 것이다.

도교의 근본원칙 중 하나는 무위(無爲)다. 무위란 활동하지 않는다는 의미가 아니라 인위적 조작을 하지 않는다는 가르침이다. 살아서 움직이는 모든 만물에게 각각의 '유위'(有爲)라는 고유한 활동이 가능하려면 바로 그 '유위'의 지평을 넘어서는 총체적 생명원리인 '도'의 '무위' 속에 포섭되어야 한다는 의미다. 그 도의 무위 속에서 각각의 유위는 자기의 개별성 또는 차별성을 최대한으로 보장받으며 서로 평등하게 상호 보완하는 상호의존적 관계를 맺고 있다. '도'란, 간단하게 말하면 아무것도 하지 않음으로서 모든 것을 하는 원리다. 이것은 마치 힘을 힘이 아닌 양보로서만 극복할 수 있는 것과도 같다. 노자는 개인적 욕망을 실현하기 위한, 그리고 자연의 순리에 거스르는 어떤 행위도 해서는 안 된다고 가르쳤다. 이 철학이 가진 수동적인 힘이 개인의 행복과 사회의 안녕을 가져온다고 생각한 것이다.

도의 철학은 오직 하나의 가치기준이나 척도에 의하여 무차별적으로 인간본연의 생명성을 왜곡하고 압박하는 모든 사회적 규제나 간섭을 이념적 폭력으로 고발하고 그것을 지양하고자 하는 혁명적 부정에 있으며, 이와 동시에 자기 삶의 본연적 차별성을 찾아내려는 해방의 목소리가 담겨져 있다. 사회유지를 위해 생겨난 제도, 이념, 권력, 재물 등 이른바 외물(外物)의 추구 때문에 개개의 인간이 희생당하는 비극적 모순의 시대를 살았기 때문이다.

도의 철학은 현실세계에서는 자기만의 특수한 '하나의 입장과 이해관계'에 집착하여 오로지 자기 인식만을 '절대적 기준'으로 보고 — 자기와 다른 타자의 — 입장과 기준들을 부정하고 무차별적으로 규제하고 억압하는 독단적 이념이 넘쳐나고 있다고 본다. 이와 같이 다른 생명체에게도 자기 방식대로 행동하기를 강요하는 독단론자들의 이념적 폭력을 노자(老子)는 기발한 우화와 비유를 통하여 경고한다. 인간의 기준은 결코 만물에게도 통용될 수 있는 보편적인 척도가 될 수 없다는 것이다.

도교적 저널리스트들은 아마도 조용한 성격일 것이며 은은하고 때로는 신랄한 유머감각이 있을 것이다. 또한, 소크라테스도 강조한 바 있는 자아성찰과 인간의 내면세계를 중시할 것이다. 도교적 저널리스트의 주된 특성인 동정심은 서구의 냉철한 '객관주의'와 다른 저널리즘을 유도할 것이다. 다른 저널리즘이란 것은, 개인의 정신적 성숙과 내면세계를 중요하게 생각하며, 세속적인 소유와 성공을 중요하지 않다고 생각하는 것을 말한다. 다시 말하자면, 도교적 저널리스트는 약자를 불쌍히 여기는 마음을 가졌을 것이고, 권력을 가진 거만하고 교활한 사람의 잘못된 행동을 취재했을 것이다.

중국에서 도교와 비슷한 시기에 싹튼 유교는 집단 안에서의 개인역할을 강조했다. 권위와 지침으로 서민과 여자, 어린이를 이끌어야 한다고 봤다. 엄격하고 규제가 강하며 권위적이다. 반면에 도교는 세심하고 부드러우며 조용하고 개인주의적이다. 아마도 서구인에겐 도교보다는 유교가 실용적이고 사회적인 사상으로 비쳐질 것이다.

그렇다고 노자가 흐르는 물과 같은 평화만 말한 것이 아니다. 스스로 동기를 부여하고 개인적인 책임을 다하라고 가르치기도 했다. 이런 가르침은 무위철학을 어느 정도 보완한다. 자신을 둘러싼 삶이 자연스럽고 평화롭게 흘러가게 할 것을 강조했던 미국의 작가 헨리 데이비드 소로(Henry David Thoreau)의 사상 역시 도교의 가르침과 매우 닮아 있다.

도교는 도덕이나 '선'(善)을 성취하기 위해 인간이 애쓰는 것은 잘못이라고 강조한다. 개인의 의무에 충실한 것이 행복해지는 길이라고 믿는 것은 도교주의자에겐 잘못된 것이다. 행복과 선은 노력으로 얻을 수 있는 것도 아니며 찾는다고 찾을 수 있는 것도 아니다. 오직 올바른 정신태도에 의해서만 도달할 수 있다. 노자는 추구되어야 할 것이 선으로, 배척되어야 할 것이 악으로 규정되는 데에서 오해와 무지가 생겨난다고 하였다. 노자는 모든 존재가 '선'을 '선'이라고 여기는 데서 '악'이 생겨난다는 역설을 제시한다. '선'을 갈망하고 그것을 계속해서 추구한다는 행위는 결국 가질 수 없는 것을 원함으로써 생기는 좌절로 이어지기 때문이다.

도교는 인간을 선천적으로 '선'(善) 하다고 봤다. 잡을 수 없는 '선'을 잡으려는 자의식으로부터 벗어나 겸손하고 단순한 삶을 산다면 조용히 진보할 수 있을 것이다. 그것은 심리학적으로 살펴본 기독교의 '신앙의 삶'과 유사하다. 또 노자는 다음과 같이 말했다. "덕을 찾으려 하거나 쌓으려 하지 마라. 덕은 무위를 통해 얻을 수 있다. 무위는 행복을 성취하고자 계획을 세우는 것도 아니며 결과를 중요하게 생각하지도 않는다." 도교에서 가장 큰 행복은 행복을 추구하는 어떤 행동도 하지 않는 가운데 이루어진다.

노자에게 있어 가장 훌륭한 사람은 기다리고, 경청하며 불필요한 노력을 그만둘 줄 아는 사람이다. 우리는 얻을 수 없는 것을 얻으려는 시도를 멈춰야 한다. 그러면 우리는 자신도 모르는 사이에 성숙하게 되며, 자기발전에 대한 욕구 없이 자신을 향상시킬 수 있게 되는 것이다. 행복을 시도하는 한 결코 행복해질 수 없다. 이런 역설적인 가르침을 잘못 이해하면 안 된다. 노자는 활동을 멈추고 정적(靜的)인 존재가 돼야 한다고 말하는 게 아니다. 행복은 추구하지 않아야 발견될 수 있다는 것이다. 즉, 모든 것을 억지로 바꾸거나 만들지 않고 있는 그대로를 인정하고 받아들인다면 저절로 행복해진다는 말이다. 왜냐하면, 우리의 행복은 애쓰는 마음에서 벗어난 상태, 즉 자유로부터 오기 때문이다.

노자는 어떠한 것도 고정되어 있지 않으며 계속 변화한다고 가르쳤다. 이것은 알프레드 코집스키(Alfred Korzybski)의 이론과 수백 년 뒤 서구사회에 소개된 일반의미론의 개념과 유사하다. 도교 사상은 '모든 것은 계속해서 생겨나고 변화한다'는 전체론적 철학으로 요약되는데, 이것은 아름다움과 추함, 긴 것과 짧은 것, 높은 것과 낮은 것, 선과 악과 같은 개념들의 상대성과 존재의 무상(無常)함을 강조하는 일반 의미론과 유사하다고 할 수 있다.

인간의 삶은 물론이고 세상의 모든 측면이 유동적이며 발전을 거듭한다는 것이 가장 중심이 되는 도교의 교리다. 노자와 동시대 인물인 그리스 철학자 헤라클레이토스(Heraclitus) 역시 유사한 말을 했다. "모든 것은 변한다. 오늘 좋은 것이 내일은 나쁜 것이 될 수 있다. 어떤 관점에서 보면 윤리적인 것이 또 다른 관점에서 보면 비윤리적인 것이 될 수 있다."

노자는 세상은 끊임없이 변화하기 때문에 정의내릴 수 없다고 말했다. 다시 말해, 아무리 언어를 잘 구사한다 해도 결코 세상을 묘사할 수 없다는 것이다. 세상은 언제나 그것을 이루는 부분들의 합보다 위대하다. 세상을 언어로 정의한다고 하는 것은 마치 이파리를 보고 나무를 봤다고 하는 것과 마찬가지로 완전하지 않다.

만약 노자가 현재 살아있다면, 문제가 발생했을 때에만 정부가 언론을 통제하도록 했을 것이다. 이러한 허용은 무위의 원칙과 통하는데 무분별한 언론의 비판으로부터 정부의 권위가 위협받지 않도록 보호하고자 하는 취지다. 물론, 개별 저널리스트들을 적대적 관계로부터 보호하고자 할 것이다. 도교주의자들은 정부의 개입이 증오와 마찰을 일으킬 수 있고 결국은 사회조화를 위협할 수 있다고 보았을 것이다. '있던 그대로 두어라. 물이 흐르게 둬라. 자연스런 현상이 일어나게 하여라. 무리한 행동은 하지 마라'라고 말하는 도교철학은 정치에도 적용될 수 있다. 노자에 의하면, 정부가 언론을 감독하는 제일 좋은 방법은 통제를 안 하는 것이다. 모든 사람이 자유롭게 이야기하고, 그로 말미암아 정보가 자연스럽게 통치자에게 전달돼 정치에 이바지한다고 보았다.

좋은 통치자는 바다를 닮아야 한다. 크고 넓은 바다는 강보다 낮은 곳에 있다. 낮은 곳에서 모든 강물을 받아들인다. 어디서부터 흘러왔는지 어떤 종류인지 개의치 않는 것이다. 좋은 통치자는 겸손하다. 모든 의견이 자유롭게 흘러오도록 한다. 또한, 칭찬과 더불어 비판도 수용한다. 지금까지 말한 것은 좋은 저널리스트에게도 적용된다.

노자가 좋은 통치자에 관해 말했던 것처럼 저널리스트에 관해서 덧붙여 말했다고 생각해 보자. 좋은 저널리스트는 화를 내지 않고 폭력적이지 않으며 변덕스럽지 않다. 복수심이 없고 화를 내지도 않으며 지배적이지도 않다. 오히려 겸손하고 평화로우며 인내심이 많고 조심스럽다. 좋은 저널리스트는 자신을 잘 알고 있고 자존심이 강하며 '뉴스를 조작'하지 않는다. 마치 개울가에 놓인 바위가 물을 대하듯, 뉴스가 자연스럽게 흐르도록 한다. 하지만, 현대의 저널리스트가 이런 수동적인 태도를 이해하거나 수용하긴 어려울 것이다.

노자는 사상의 자유를 중요하게 여겼다. 자유롭게 생각할 수 없다면 진실을 찾을 수 없다고 생각했다. 저널리스트는 종종 정형화된 기사를 쓴다. 사실에 기인한 기사를 쓰기보다 마음속에서 만들어 낸 이야기를 기사화한다. 저널리스트가 표현해야 할 것은 현실이다. 상상 속의 세상이 아닌 것이다.

현대 서구사회의 관점에서 보자면 도교적 저널리스트는 진실을 보도하려는 욕망이 없는 이상한 사람으로 비춰질 수 있다. 도교적 저널리스트는 욕망하지 않음으로써 진실을 발견할 수 있다고 생각하기 때문이다. 그들이 강조하고 싶어하는 것은 개별적인 부분이나 사건이 아니다. 세상 전체를 보는 시각과 상호관계를 강조하는 세상의 이미지다. 도교적 저널리스트는 어떠한 것도 단순하게 옳거나 그르며, 좋거나 나쁘고, 아름답거나 추하다고 인식하지 않는다. 이러한 모순은 저널리스트의 관점에 적용된다. 도교적 저널리스트에게 모든 사건은 좋거나 나쁜 사건이 아닌 단순한 사건 그 자체다. 그러나 이것은 현대 저널리스트에겐 불가능한 일일 것이다. 바꿔 말하자면, 현대 저널리스트에게 위와 같은 의미는 경쟁을 포기하라는 말이며, 온 힘을 다 하지 말라는 말이며, 출세하려는 목표를 없애라는 말로 들릴 것이다.

현대의 저널리스트가 노자 앞에 선다면 노자는 말할 것이다. "뒤로 물러서는 것이 앞으로 나아가는 것이다. 지는 것이 이기는 것이며, 행복을 좇지 않아야 오히려 행복해진다." 사회 속에서 살면서 사회적 제약을 넘어서려는 노자의 이상은 영원한 유토피아인지 모른다. 그러나 자기 삶의 진정성 추구를 포기한 채 하루하루 살아가는 저널리스트, 나아가 현대인에게 노자가 던지는 알듯 모를 듯한 의미는 결코 적지 않을 것이다.

2

고타마 석가모니

Gautama The Buddha (B.C. 563～483)

고타마 석가모니는 고대 인도의 종교 지도자로, 불교의 창시자이다. 석가족의 왕국인 카필라 왕국의 왕자로 태어났으나 왕궁 밖에서 늙고 병들고 죽는 인간의 생애가 고통으로 이뤄졌다는 것을 알고 이를 벗어나는 것을 추구하여 왕위와 가족을 버리고 출가하여 깨달음을 얻었다. 진리를 깨달은 자라는 의미에서 석가모니(釋迦牟尼)라고 불리고, 줄여서 석가(釋迦)라고도 한다. 불교인들은 그를 가장 위대한 부처 중 한 사람으로 여기며, 평신도들은 부처와 석가모니를 동의어로 생각하기도 한다.

석가모니는 사회에 지대한 영향을 미친 초기 인물 중 하나이다. 불교적 저널리스트는 경쟁과 변화, 물질, 생존과 순응에 대한 욕망이 없을 것이다. 석가모니를 따르는 사람들에게 현대언론에 만연된 '진보'나 '더 나은 세상을 위한 시도'는 아무 의미가 없게 느껴질 것이다.

불교적 저널리스트는 세상일에 끌려 다니지 않는 초연한 삶을 추구할 것이다. 초연한 태도를 가지고 저널리스트가 될 수 있을지는 의문이지만, 온화함과 평온함, 고요함을 지지하는 부처의 추종자들은 열반(涅槃)의 기쁨을 중시한다.

석가모니는 자기발전과 자아탐구를 강조하면서도 자기소멸을 촉구했다. 그는 여타 인도의 지도자들과 마찬가지로 명상(瞑想)을 통해 생각과 마음의 혼란을 없앨 수 있다고 했다. 그리고 세상의 기쁨이나 금욕적 고행 모두 올바르게 사는 길이 아니라고 가르쳤다. 그의 주요 가르침은 팔정도〔八正道: ① 옳은 관점, ② 옳은 염원, ③ 옳은 담화, ④ 옳은 행동, ⑤ 옳은 삶의 방식, ⑥ 옳은 노력, ⑦ 옳은 집중, ⑧ 옳은 마음〔의 인정)〕으로 설명된다. 불교도는 진실하여야 하며, 술을 멀리하고, 생명체에 해를 입혀서는 안 된다. 또, 불교에서는 네 가지 내적 행동양식을 따르도록 가르치는데 자애(慈愛), 긍휼(矜恤), 동정(同情), 평정(平靜)이 그것이다. 이와 함께 중도 사상, 비폭력 사상, 생명존중 사상이 강조된다.

석가모니는 철학적 고민마저도 사람을 구속하게 된다고 보고 그것을 피하라고 한다. 소크라테스가 중시했던 철학적 질문도 부처에게는 무의미하며 이것은 열반으로 이르는 길을 방해할 뿐이다. 불교는 일체의 이성에 의한 지적 작용을 부정한다는 점에서 기독교와 비슷하다고 할 수도 있다. 불교에서 말하는 자아의 소멸이 불편하게 느껴지는 저널리스트도 있겠지만, 석가모니의 가르침인 내적 평화, 온화함, 삶의 존중, 인내의 가치는 누구에게나 유용할 것이다.

3

공자

Confucius (B.C. 551～479)

공자는 유교의 시조(始祖)로 떠받들어지는 중국의 사상가이다. 이름은 구(丘), 자는 중니(仲尼)이다. 공자의 자(子)는 경칭으로 '선생'이라는 뜻이 된다. 공자는 정치는 법률보다는 덕으로 다스려야 한다고 생각하였다. 또한 무슨 일이든지 사람을 중심으로 생각하였다. 주공이 다스리던 시대처럼 예의가 바르고 평화로운 세상이 공자의 이상이었다. '인'은 공자가 생각하는 인간의 최고 덕(德)이었다. 덕이란 인간에게서 기대되는 개개의 훌륭한 자질이며, 동시에 그것은 영향력 내지는 인격으로서 남에게 감화를 미치는 것이다.

"배우고 그것을 틈틈이 익히면 즐겁지 않겠는가?"(學而時習之不亦說乎) 이렇게 시작하는 《논어》가 공자의 말씀이라는 것을 모르는 사람은 별로 없다. 또 공자가 성인(聖人)이라는 것을 부정할 수 있는 사람 또한 거의 없었다. 예전에는 확실히 그랬다. 그러나 최근 들어 이 같은 믿음이 달라졌다. '공자가 죽어야 나라가 산다'와 같은 자극적인 제목의 책들이 쏟아져 나오고 있는 현실에서는 더욱 그러하다.

저널리스트들에게 '공자'하면 제일 먼저 연상되는 단어가 무엇이냐고 물으면 '고리타분'이라는 단어가 나오지 않을까 걱정되기도 한다. 거름냄새가 구수하게 느껴질 때 참된 농부(農夫)가 되었다고 자부할 수 있듯이, 공자가 던지는 그 고리타분한 냄새에서 지혜를 찾을 수 있어야 언론이란 단어가 주는 그 깊고 복잡한 의미에 대해 논할 자격이 있다는 것쯤은 알고 있어야겠다.

중국에서는 기원전 9세기를 전후로 철기(鐵器)가 농업에 도입됨에 따라 생산력이 현격하게 증대되었고, 이를 배경으로 새로운 사회체제의 태동을 맞게 된다. 바로 봉건체제에서 중앙집권적 관료체제로의 변화가 시작된 것이다. 관료체제의 등장과 함께 자신의 지적 능력과 소질에 따라서 역량을 발휘할 수 있게 된 지식인의 사회적 역할이 증대되었다.

공자(孔子)를 필두로 하는 유가(儒家)는 새롭게 등장한 관료집단에 특권을 허락하는 한편 그에 상응하는 사회적 책임, 즉 상하의 사회적 갈등을 화합으로 이끌 수 있는 높은 자기절제와 도덕수양을 요구한다. 유가의 사상은 지식인의 능동성을 강조한 점에서는 긍정적 평가를 받지만 차등적인 인간관계를 이념적으로 합법화했다는 비판에서는 자유롭지 못하다.

사상가이자 유가의 시조인 공자는 노(魯)나라 창평향 추읍(지금의 산둥성 곡부의 남동)에서 태어났다. 공자는 주(周) 왕조 건국공신이며 노나라의 창시자인 주공(周公)을 흠모하였다. 주공이 선구자 역할을 한 중국 전통문화 습득에 노력하였고 수양을 쌓아 점차 유명해졌다. 처음에는 말단관리였으나 50이 지나선 노나라 정공에게 중용되어 정치적인 수완을 발휘하기도 했다.

공자는 2천 년 이상 동아시아에서 최고의 권위를 지닌 사상가였다. 동아시아의 모든 지식인은, 심지어 불교 승려들까지도, 반드시 공자를 이해해야만 지식인의 한 축에 끼일 수 있었다. 특히 이 지역을 지배해온 유학자들은 《논어》를 통하여 자신의 생각을 말하고 공자 말씀을 재해석함으로써 자신의 사상을 전개했다. 공자의 주장, 즉 '공자 말씀'은 동아시아의 유학자들을 비롯한 수많은 학자들의 재해석 과정을 통해 다시 태어날 수 있었다. 오늘날 저널리스트들이 공자 말씀을 다시 읽어야 하는 이유도 바로 여기에 있다. 공자 말씀은 그 자체로도 음미해 볼 만하지만 우리의 전통사상과 문화가 공자가 주장하는 모습으로 형상화되었다는 사실도 공자를 꼭 알아야 할 이유 중의 하나이다.

공자는 오늘날 저널리즘에도 큰 영향을 끼치고 있다. 물론 공자가 저널리즘을 직접 다루지는 않았지만, 그의 철학과 가치관은 현대 저널리즘에 쉽게 적용될 수 있다. 특히 조직생활에 협력적이고 적응력이 뛰어난 저널리스트에게 공자의 철학은 폭넓은 깨달음을 가져다준다. 오늘날의 '공동체적 저널리즘'(*communitarian journalism*)은 사실상 공자로부터 유래되었다고 할 수 있다.

윤리적 측면에서 보면, 서양에서는 플라톤과 아리스토텔레스가 여러 측면에서 공자와 비슷한 사상을 보여준다. 공자의 사상은 플라톤이 강조한 공동체에 대한 충성심과 아리스토텔레스가 강조한 자기 향상을 아우르는 것이다. 공자는 개인이 집단에 적응하는 것과 지적·도덕적 성장을 토대로 한 자아실현을 이루는 것에 관심을 두었다.

공자는 아리스토텔레스와 마찬가지로 사회풍습에 순응하고 이성에 근거한 일상습관이 도덕의 밑거름이 되며 개인의 행복과 자기향상을 이루게 한다고 믿었다. 그러나 이것은 아리스토텔레스보다는 플라톤의 생각과 더 유사한 측면이 많다. 저널리스트가 한 집단의 구성원이라는 자각과 집단 내에서 보다 높은 도덕적인 성숙을 추구해야 한다는 공자의 생각은 플라톤을 떠올리게 한다.

유교적 저널리스트는 조직(방송사 혹은 신문사)에 대한 충성도가 높다. 조직 내에서의 협력과 단결은 공자 사상의 기본 규칙이다. 유교의 기본 사상은 집단에 대한 충성과 협동이기 때문에 집단의 윤리는 구성원의 윤리가 된다. 이것은 '인간은 부모에게 효도하고 윗사람을 공경하여야 한다'라는 공자의 말과도 통한다. 이처럼, 집단에의 충성과 집단 속에서 자신의 위치를 아는 것을 중시하는 유교사상은 아리스토텔레스 사상보다 플라톤 사상에 더 가깝다고 할 수 있다.

유교적 저널리스트는 조직에 협조적이고 충성도가 높다. 또한, 개인 중심적이지 않고 사회집단에서 결정되고 만들어진 윤리규범을 잘 따른다. 이들은 조직의 전통과 축적된 경험을 수용함으로써 언론인으로서의 도덕적 균형감각을 결정한다. 유교적 저널리스트는 사회조직이나 직장 내에서 자기역할을 완수했을 때 성취감을 갖는다. 즉, 신문사(방송사)가 부여한 의무를 다하는 것이 이들의 사명이다. 이것이 유교에서 강조하는 개인의 사회 적응력이다.

공자가 말하길, 질서는 마땅히 따라야 하는 풍습과 예절로 유지될 수 있으며 개인은 완전한 존재가 되기 위해 사회의 미풍양속을 받아들여야 한다. 공자에게 이 질서는 매우 중요했다. 공자에 의하면, 사람은 자기를 극복하고 풍습과 예절의 법도를 따라야 한다(克己復禮). 질서가 유지될 때 비로소 사람은 도덕적으로 바로 설 수 있게 된다는 것이다. 또, 공자는 질서가 유지되기 위해 가장 중요한 것으로 배움을 꼽았다. 배우지 않고선 모든 덕은 모호해지며 결국 서서히 사라진다고 했다. 배우지 않은 용기는 만용이나 불복종이 되고, 배우지 않은 진실은 무례함이나 야비함이 되며, 배우지 않은 결의는 고집이나 기행(奇行)이 된다.

공자는 시(詩)와 예(禮)를 중요시했는데, 시를 배우지 않으면 할 말이 없고 예를 배우지 않으면 세상에 나설 수 없다고 했다. 즉, 시를 통해 쌓은 지식으로 정서를 순화하고자 했고, 예를 통한 몸가짐으로 인(仁)에 이르고자 한 것이다.

공자에게 역사, 그 중에서도 역사의 숭고함, 창조성, 용기에 해당하는 부분은 반드시 공부해야 하는 분야였다. 그는 스스로를 일컬어 옛것을 사랑하는 전통주의자라 했다(溫故而知新). 공자는 옛것 중에서 선과 악을 구분했고 삶에 모범이 될 만한 것들만을 추려서 공부했다. 공자의 이런 모습은 오늘날의 저널리스트에게 인간의 품위를 강조하는 행동으로도 볼 수 있다. 혹자는 이것을 보수적이라고 말할 수 있겠지만, 공자는 보수적인 삶의 양식이 삶을 윤택하게 하며 오히려 개방적인 태도가 생활을 역동적으로 만든다고 보았다.

인간다워지려면 의사소통이 잘 이루어져야 한다. 솔직하고 고결한 마음가짐은 의사소통의 핵심이자 공자의 기본 지혜였다. 공자는 남을 배려하는 마음(仁)은 단순한 덕(德)이 아니라 모든 덕의 기본이라고 강조했다. 인간은 편견을 가져서는 안 되며 독단주의는 인격을 파괴한다고 가르쳤다. 공자는 훌륭한 사람이란 다각도로 바라보는 안목과 언제나 열린 마음을 가진 사람이라고 생각했다. 즉, 확고하되 독단적이지 않아야 한다는 것이다.

공자는 덧붙여 올바른 언어의 사용이 중요하다고 보았다. 언어가 정확하게 사용되지 않으면 판단이 애매해지고 생각이 빗나가게 된다. 더 우려했던 점은 부주의하게 사용되는 서투른 언어가 잘못된 행복을 부를 수 있다는 것이다. 공자는 서투른 언어가 건전한 대인관계를 방해하는 결정적 요소라고 보았다. 공자는 이미 20세기의 일반 의미론자로 유명한 알프레드 코집스키(Alfred Korzybski)를 앞섰던 것이다. 공자에게 있어 훌륭한 사람은 언어선택을 신중히 해 원하는 행동을 이끌어내는 사람이다. 그는 훌륭한 사람이 되기 위해서는 부정확한 언어를 써서는 안 된다고 말한다. 공자가 현 시대를 살고 있다면 저널리스트에게도 같은 말을 했을 것이 분명하다.

공자는 동시대의 부처와 같은 은자(隱者)가 아니라 세상과 더불어 사는 무엇보다도 현실적인 사람이었다. 무위(無爲)와 무착(無着)을 강조하는 불교인들이나 도교인들과는 달랐다. 노자는 도(道)를 무위, 고독한 명상, 그리고 신비적 체험에 의해서 발견되는 것이며 도덕은 이러한 신비적인 도(道)에 기반한다고 가르쳤다. 이와 반대로 공자는 올바른 윤리를 세우기 위해서는 사회와의 상호교류가 필수적이라고 보았다. 비록 공자가 현대 저널리즘의 많은 부분을 비난할지는 모르겠지만 노자의 가르침보다는 공자의 가르침이 현대 저널리즘에 가깝다고 볼 수 있다.

주목되는 것은 공자는 언론의 자유는 상당부분 제한할 수 있다고 주장했을 것이라는 점이다. 현실에서의 자유는 반드시 도덕적 근거가 전제되어야 한다고 보았다. 저널리스트는 악(惡)이 아닌 선(善)을 추구해야 하는데 만약 악이 만연한다면 자유는 사라질 것이기 때문이다. 공자에게 선택의 자유란 선을 선택할 수 있는 자유를 의미한다. 현대 저널리즘의 시각에서 보자면, 진정한 자유는 책임질 수 없는 자유가 아닌, 책임질 수 있는 자유이다.

열심히 일하는 것은 유교의 중요한 기본 사항이다. 노력하지 않고 일을 미루거나 남에게 넘기는 부류의 저널리스트는 윤리적으로 치명적인 흠을 보이는 것이다. 열심히 일하고 충성을 다하는 것, 그리고 서로 협조하고 자신이 속해 있는 집단에 자부심을 느끼는 것, 이것이 기본적인 유교의 가르침이다.

유교적 저널리스트 모델은 서구인, 그 중에서도 잘못된 개인주의로 자기홍보에 몰입해 있는 프로테스탄트에게 하나의 대안으로 권해주고 싶다. 일본 언론의 예를 살펴보면, 개인의 가치보다는 단결과 협동이라는 사회의 조화를 이루는 데 유교와 신도(神道)가 영향을 끼쳤다는 사실을 알 수 있다. 이처럼, 유교적 사고방식을 수용한 언론은 서양의 자유롭고 개인주의적인 언론보다는 공산주의, 사회주의 또는 '부드러운 권위주의'에 더 근접하다고 할 수 있다.

서방 저널리스트들은 대부분 개인의 자율 및 자유 의지론에 익숙하기 때문에 유교적 언론관으로부터 위협을 느낄 수도 있다. 하지만, 우리에게 필요한 것은 사회와 사회제도를 보는 또 다른 시각이다. 간단히 비교하자면, 유교적 언론은 집단을 강조하는 반면 현대 서양언론은 개인을 존중한다고 할 수 있다. 공자는 개인보다는 사회의 안전과 존엄성을 중시했고 사회적 가치가 개인적 가치보다 우선한다고 생각했다. 또한, 개인의 가치는 집단의 전통과 규범을 통해 존중되어야 한다고 보았다.

서방 저널리스트가 매우 중요하게 생각하는 '나'는 유교적 저널리스트에게 '우리'로 승화된다. '우리'는 공동사회의 일원임을 강조하는 것으로, 개인의 가치를 강조하는 것과는 본질적으로 대조된다. 예절도 중요하다. 예절은 일상생활에서 윤리적으로 행동할 수 있게 한다. 예절이란 남에 대한 배려이면서 동시에 자신에 대한 존중을 표현하는 것이다. 공자는 예절 없는 인생은 타락하고 야만스럽게 될 것이라 믿었다. 예를 갖춘 행동은 상대방을 존중한다는 표시로써 도덕적인 삶에 필수적이다. 공자에 의하면, 일상적인 예절은 미숙하고 돌발적인 행동, 때로는 반사회적인 행동까지 견제한다고 한다.

유교적 성향의 언론인은 상대방을 존중하는 마음과 사회 안정화에 이바지하는 생각을 하고 처신한다. 그들에게 있어 미덕은 배워서 얻을 수도 있고, 개발할 수도 있다. 미덕이 몸에 익숙해지면 도덕적인 삶의 길로 자연스럽게 통할 수 있다. 이런 것이 지명 또는 TV 화면에 반영되기도 하고 그렇지 않을 수도 있다. 하지만, 미덕은 행동에 자연스럽게 묻어나는 것이기 때문에 절제된 행동이 가능하다.

유교윤리에서 특히 중요한 것은 노동, 예절, 공감, 배려의 가치들이다. 유교적 저널리스트는 어른과 상사를 존경하고, 파괴적이기보다는 건설적인 생각, 부정적이기보다는 긍정적인 마음을 가지며, 남을 생각하고 그들의 문제를 고민하도록 장려된다. 또, 남자는 여자를, 몸이 건강한 사람은 아픈 사람을, 주인은 손님을 존중해야 하는 것이 불문율이다.

공자에게 '성인'(聖人)이란, 신사의 예절과 현인의 지혜를 가진 사람이었다. 성인은 진리를 찾고 조사하며, 중요한 질문을 하고 답을 찾는다. 훌륭한 저널리스트는 품위가 있고 침착하며 위엄이 있다. 또한, 정의를 추구하고, 개인의 성장과 이익을 좇지 않으며 일을 걱정하기보단 즐긴다. 그렇다고 거만하거나 변덕스러운 것도 아니다. 오히려 확고하다. 훌륭한 언론인은 남의 일에 관여하기보다는 자신에게 주어진 일을 한다. 말은 신중히 하되 행동은 분명하다. 그리고 '지금 이곳'의 현실에 몰두한다.

유교적 저널리스트는 기사와 관련된 사람을 배려한다. 기사로 인한 사생활 침해는 없는지, 당사자에게 수치감이나 슬픔을 주지는 않는지 한 번 더 생각한다. 기사를 위한 수단으로 사람을 악용하지 않으며 특종을 위해 피상적이고 경솔한 기사를 쓰지도 않는다. 또한, 독자의 흥미를 끌고자 기사를 부정적으로 다루거나 과장하지 않는다. 유교적 저널리스트는 가벼운 흥밋거리나 편견이 아닌, 합리적 이성과 교양을 확산시킨다. 또, 사회분열을 조장하지 않고 조화로운 사회통합을 추구한다.

유교적 저널리스트는 긍정적인 면을 강조하며, 부정적인 면은 최소화한다. 공자는 저널리스트에게 인간에 대한 동정심을 갖는 것이 대중에게 숨겨진 사실을 폭로하는 것보다 중요하고, 인간에 대한 배려를 언론인이라는 직업보다 우선시해야 하며, 언론인은 언론인이기 전에 인간이어야 한다고 충고했을 것이다. 공자는 예수보다 4세기나 앞서 이미 '남이 네게 하기를 원하지 않는 것은 남에게도 하지 말라'와 같은 금기의 황금률(黃金律)을 제안했다. 공자의 황금률이 기독교의 황금률처럼 실천만 되었다면 언론에 혁명을 불러 일으켰을 것이다.

공자는 전반적인 사회질서가 예(禮)를 통해 구성되고 유지된다고 보았다. 풍습과 도덕, 도덕과 정의를 명확히 구분하지 않으며 큰 차이를 두지도 않았다. 공자가 말하는 풍습이란 말하는 것, 걷는 것, 상대방을 반기는 것, 대화하는 것, 남과 같이 있을 때 처신하는 것과 같은 모든 행동을 의미했는데 이것은 윤리와 직접적인 관계가 있다. 풍습에 맞게 행동하는 것은 윤리적으로 행동하는 것을 말한다. 일을 운용하는 방법도 마찬가지다. 저널리스트는 저널리스트로서의 사회규범을 따르게 된다. 만약 저널리스트가 사회규범을 무시하고 개인의 길을 택하게 되면, 사회가 기대하는 것은 깨져버리고 비윤리적인 행동이 발생한다.

개인주의와 자유에 대한 강박은 개인의 성취를 강조하는 서양철학의 전통적 관점에서 비롯되었다. 서양의 저널리스트들이 깨달아야 하는 것은 언론을 바라보는 시각에도 다른 관점이 있을 수 있다는 점이다. 서양의 저널리스트는 자유를 매우 중요시하지만, 동양의 저널리스트는 자유보다는 사회에 대한 관심, 집단에 대한 충성 그리고 조화로운 인간관계를 더 중요하게 생각하기 때문에 자유가 서양인이 느끼고 추구하는 정도로 중요한 자리를 차지하지는 않는다. 이것이 역사상 가장 위대한 철학자 중 한 명인 공자의 주된 가르침이다.

이런 이유 외에 오늘날 언론인들이 공자를 알아야 하는 이유가 또 있다. 공자 말씀, 즉 《논어》는 이른바 '수레 축 시대'라고 불리는 2,500여 년 전의 책이다. 다른 고전도 마찬가지지만 논어에는 문명이 열리면서 제기되는 여러 가지 사회문제가 함축적으로 담겨 있다.

공자 말씀은 간결한 대화의 형식으로 되어 있고 그 내용도 너무 평범하다 싶을 정도로 쉽다. 그렇지만 찬찬히 읽다 보면 공자의 짧고 함축적인 대답은 우리에게 보다 근본적인 물음을 던져주고 있음을 깨닫게 된다. 바로 해답을 주는 게 아니라 읽고 나서 한참 있다가 다시 생각해 보면 '아 그런 뜻이었구나' 하고 감탄하게 되는 것이다.

공자 말씀, 즉 《논어》가 언론인에게 주는 또 하나의 교훈은 성인 혹은 현인(賢人)이라고 칭해지는 공자와 제자들이 보여주는 지극히 인간적인 모습들을 가감 없이 볼 수 있다는 점이다. 이 부분은 오늘날 개인주의에 빠진 언론인들에게 하나의 귀감이 될 수도 있기 때문이다. 공자 말씀을 되새기다 보면 공자가 나와 그렇게 다른 사람이 아니며 이래서 '공자 말씀'이라고 하는구나 하는 생각이 절로 들 것이다.

지금까지 공자의 이념을 요약해 살펴보았다. 이러한 정리는 언론학자나 현장의 저널리스트에게 유교철학의 초석을 마련해 줄 것이다. 유교사상이 너무 지배적이고 사회의존적이라고 생각할 독자들도 있을 것이다. 또는, 유교가 개인의 희생을 강요하는 획일적 저널리즘을 강조한다고 생각할 수도 있다.

4

소크라테스

Socrates (B.C. 469～399)

소크라테스는 고대 그리스의 철학자로, 서양철학의 중요 인물로 평가된다. 기원전 469년, 그리스 아테네에서 태어나 일생을 철학의 여러 문제에 관해 토론하였다. 그의 사상은 제자들에게 전해져 메가라 학파, 퀴니코스 학파, 키레네 학파 등을 이루었으며, 특히 그의 수제자인 플라톤은 관념주의 철학을 꽃피워 그 후 서양철학에 큰 영향을 미쳤다. 그가 철학의 방법으로 취한 대화는 플라톤이나 아리스토텔레스의 걸작 대화집을 낳았고, 그의 독창적 개성과 비극적 죽음은 전기문학의 발달을 촉진하였다.

지적 탐구와 자아탐구를 열망하고 쟁점이 되는 문제에 대한 답을 찾으려는 저널리스트에게 그리스 철학자 소크라테스는 거의 첫째가는 가르침을 준다고 할 수 있다. 소크라테스가 우리에게 글로 남긴 업적은 없지만, 그의 아이디어나 영향은 플라톤이나 크세노폰을 비롯한 다른 제자들을 통해 전해지고 있다.

소크라테스는 서양철학의 아버지라 불린다. 대부분의 그리스 철학자들이 우주의 원리를 탐구한 데 반해, 소크라테스는 완전하고 의미 있는 삶에 꼭 필요한 지식에 도달할 때까지 자기 자신의 무지에 대해 인식하여 끊임없이 사유하고 질문할 것을 강조했다. 소크라테스에게 교육이란 형식적인 가르침을 넘어서서 지적으로 통하는 상대와 함께 지속적으로 생각하고 질문하고 대화함으로써 자기 스스로에 대해 알아가는 과정이다.

이것은 오늘날의 저널리스트에게 주어진 과제이기도 하다. 생각과 개념 안에 숨겨진 의미를 찾기 위해 답을 구하는 것, 그리고 끈질기고 엄격하게 질문하는 것이 바로 소크라테스의 문답법이다. 소크라테스에게 있어 이것은 한가한 놀이가 아니라 자신들이 쓰는 용어에 대해 공통된 이해를 마련하는 과정이었다. 단어사용에 대한 오해를 줄이는 것은 현대의 저널리스트에게도 중요한 일이다.

소크라테스는 흥미로운 시대에 살았다. 윤택한 아테네 시절에 성장했고, 펠로폰네소스 전쟁 시기엔 중년에 이르렀다. 소크라테스가 처음으로 언급되는 곳은 소크라테스를 광대로 소개하는 아리스토파네스(Aristophanes)[1]의 《구름》이다. 소크라테스는 다른 저술가들에 의해 빛을 보게 되었는데, 특히 그의 제자인 플라톤의 저작에 의해 더욱 주목받게 된다. 그러나 플라톤의 저작 중 어느 부분이 소크라테스의 생각이고 플라톤의 생각인지는 불분명하다.

소크라테스는 70세에 정부로부터 고소당한다. 경건하지 못한 언행을 일삼고 젊은이를 타락시키며 국가의 신으로부터 멀어지게 한다는 이유에서였다. 소크라테스는 재판에서 사형선고를 받았으나 형이 집행되기 전 독약을 먹고 기원전 399년에 숨을 거두었다.

소크라테스가 아테네의 열성적인 젊은이들과 대화하는 동안 어떻게 생계를 꾸려나갔는지는 알려져 있지 않다. 다만, 전해지는 얘기로는 그는 일도 하지 않았으며 미래에 대해 걱정하지도 않았다고 한다. 그는 아내와 자식들에게 소홀했다. 소크라테스의 아내는 소크라테스를 사랑했지만, 그를 게으름뱅이로 여겼다.

그 시대는 물론 오늘날까지 이어지는 사회철학의 대부분이 당시 지혜를 구하기 위해 소크라테스의 주변에 모여들었던 사람들로 대표된

---

1 편역자 주 | 고대 그리스 희극 시인으로 최초의 작품 《연회의 사람들》 이래 시종 신식철학, 소피스트, 신식교육, 전쟁과 데마고그(선동 정치가) 등을 비난하고 풍자했다. 그 밖에 《개구리》, 《복신》 등의 작품에서 일반적인 화제를 다루기도 했다. BC 423년 《구름》에서 소크라테스를 도마 위에 올려놓고 신식교육을 비난했다.

다. 귀족 정치주의자였던 플라톤과 알키비아데스, 무정부주의자였던 아리스티푸스, 그리고 사회주의자였던 안티스테네스를 꼽아 볼 수 있다.

소크라테스의 기본 가르침은 간단하다. '너 자신을 알라.' 소크라테스는 우리가 아는 한 가지는 아무것도 알지 못한다는 사실이며, 끊임없이 지식을 추구해야 하고 지식만이 덕이라고 제자들에게 말했다.

철학에 관심 있는 저널리스트라면 직설적이고 실용적인 논거와 만날 수 있게 하는 소크라테스의 대화법을 잘 알아야 한다. 소크라테스 대화법을 통해 습득한 지식은 이 세상에서 가장 핵심적인 사고체계를 제공한다. 또, 이성을 사용하고 자신을 이해하며 끊임없이 지식을 추구하고 유머감각을 갖는 것의 중요성을 잘 보여준다.

소크라테스에게 있어서 도덕적인 삶은 자신의 편견과 선입관 그리고 정신적 가치를 깨닫는 데에서 시작한다. 그래야만, 편견을 줄일 수 있고 정신적 가치를 높이는 일을 진행할 수 있다는 것이다.

소크라테스는 당시 이슈에 대한 논의와 실용적인 지혜, 웅변술 등을 가르쳤던 소피스트들과의 대화를 통해 스스로 머릿속에 있는 질문에 맞닥뜨리고 기존의 사고방식을 회의할 수 있도록 유도했다. 플라톤, 소크라테스가 메논, 트라시마쿠스, 쎄베스, 파이드로스, 라시스, 크리토와 같은 사람들과 나눈 대화를 기록한 플라톤의 저술 속에 그 내용의 정수(精髓)가 담겨 있다.

소크라테스는 용기, 명예, 지혜와 같은 애매한 단어들도 체계적인 질문을 통해 정의내릴 수 있다고 보았다. 또한, 질문을 던지는 과정을 통해 중요한 지식이 생길 수 있다고 생각했다. 이것을 현대교육에서는 개념 명료화법 교육이라 부른다. 여기에서 오늘날의 저널리스트는 테러리스트, 자유로움, 진보적, 애국적, 반동주의자 등과 같이 그 의미가 확실하지 않은 용어를 남용하지 않도록 주의해야 한다는 사실을 알 수 있다.

소크라테스 철학의 특징은 무엇인가? 20세기 미국의 신학자이자 철학자인 엘튼 트루블러드는 다음의 세 가지 특징으로 정리한다.

첫 번째는 회의론(*skepticism*)이다. 소크라테스는 자신과 얘기했던 젊은이에게 의문을 품게 했다. 소크라테스에게 철학은 촉매작용을 하는 질문부터 시작되는 것이었는데, 그는 이 과정에 매우 정통했다. 소크라테스는 모든 판단과 일반론을 의심하고 비판하라고 말했다. 또, 이러한 의심의 과정에도 유머가 있어야 한다고 생각했다.

두 번째는 관대함(*catholicity*)이다. 철학적 사고의 가장 큰 적은 편협한 사고다. 왜냐하면, 편협한 사고는 진실에 이를 수 있게 하는 가능성의 많은 부분을 제한하기 때문이다. 지혜는 다양한 생각, 역사적인 시대, 문화 그리고 개인적 철학 속에서 발견될 수 있다. 이상주의자는 현실주의자에게, 자유주의자는 보수주의자에게, 과학자는 예술가에게 배울 수 있다. 소크라테스는 합리적이고 지적으로 자극되면서 지식이나 지혜를 축적하는 데 있어 유용한 여러 분야로부터 충고를 얻으라고 말했다.

세 번째는 실용성(*practicality*)이다. 소크라테스는 철학이 생활에 실용적 변화를 만들어낼 수 있는 것이어야 한다고 믿었다. 철학은 실제 세상에 변화를 가져올 수 있는 바람직한 결론을 이끌어내는 생각을 내는 것으로 귀결되어야 한다. 인간의 삶에서 이론과 실제는 조화를 이뤄야 하며, 이론은 행동을 위한 길잡이 역할을 해야 한다. 소크라테스에 의하면 진실이나 지식의 탐구는 실용적인 목적을 바탕으로 해야 한다. 보다 고귀하고 행복한 삶을 위해서 말이다.

소크라테스 가르침의 핵심은 도덕적 생활에 대한 관심에 있다. 소크라테스는 종교적 신념을 가지고 있었고 신의 유일성과 영원성을 믿었다. 그러나 그가 원한 것은 종교를 초월하는 도덕적 규범이었다. 소크라테스는 인간이 모두 각자의 선을 추구하지만 막상 그것이 무엇인지에 대해서는 오해하기 쉽다고 말했다. 그러므로 우리는 무엇이 선을 이루는지를 세심하게 찾아야만 한다. 그것을 찾은 후에는 어떻게 될까?

소크라테스의 가장 문제적인 생각, 즉 "사람이 '선'이 무엇인지를 진실로 알 수 있다면, 선을 행할 것"이라는 생각에 도달하게 될 것이다. 쉽지는 않겠지만 마침내 선이 무엇인지를 알고 나면, 악을 행하는 것은 불가능하다. 소크라테스는 지(*knowledge*)는 곧 덕(*virtue*)이며 일부러 악을 행하는 사람은 없다고 말했다. 플라톤과의 대화에서 이 전제가 발견된 이후, 많은 철학자들은 이것의 타당성과 결과에 대해 논쟁했다. 만약 저널리스트가 올바른 것을 안다면 실제로 그것을 행할 수 있을까? 그것이 의문이다. 매우 중요한 문제이기도 하다.

플라톤의 《국가론》에는 소크라테스가 트라시마쿠스에게 무력이 올바른가에 대해 회의하도록 하는 내용이 기록되어 있다. 트라시마쿠스는 무력이 선이라고 믿었기 때문에 올바른 일을 하도록 이끄는 것은 힘이라고 했다. 소크라테스는 트라시마쿠스로 하여금 무력은 선이 아니며, 옳지 않은 행동을 가져올 수 있다는 결론을 유도했다. 소크라테스가 현실세계에서 원하는 결과를 성취하는 데 무력이 효과가 없다고 주장한 것은 아니다. 그가 말하고자 한 것은 도덕적으로 무력이 '옳은 것'으로 동일시될 수 없다는 사실이다. 힘과 그 목적 및 수단과의 관계에 대한 이런 생각은 16세기에 이르러 마키아벨리에 의해 더 발전되어 오늘날의 저널리스트에게 분명한 의미를 지니게 되었다.

저널리스트는 어떻게 힘을 사용하는가? 소중한 결과를 얻기 위해 수단과 방법을 가리지 않아야 하는가? 저널리스트가 기사를 쓰고자 사생활 침해나 술수와 같은 언론의 권력을 사용하는 것이 과연 옳은 것인가?

만약 오늘날 소크라테스가 존재한다면, 그는 의심의 여지없이 저널리스트에게 날카로운 질문을 던졌을 것이다. 저널리즘은 무엇인가? 뉴스는 무엇인가? 알 권리는 무엇인가? 기사의 목적은 무엇인가?

저널리즘에서 가장 기본적인 용어들은 사실상 아직 정의되지 않은 채로 있다. 그리고 이러한 개념의 불투명성은 소크라테스가 아테네 거리에 있는 소피스트에게 질문했을 때와 마찬가지로 오늘날 저널리즘의 기본 철학에도 모호성과 혼란을 가져온다. 소크라테스는 우리에게 저널리즘의 윤리나 목적에 대해 어떤 결론을 내리기 전에 먼저 기본적 개념을 정의내리고 이해할 수 있어야 한다고 말한다.

확실히 소크라테스는 독단적인 주장을 경계하고 정의를 다듬으며 오래된 가정들을 수정하여 끊임없이 파고드는 '변증법적' 게임을 즐겼다. 이것은 현대 저널리즘의 영역에서 매일 일어나는 게임이기도 하다. 지적으로 깨어 있으면서 동시대의 논쟁과 토론의 소용돌이에 빠져들기를 갈망하는 저널리스트라면 소크라테스의 철학에 푹 빠지게 될 것이다.

5

플라톤

Plato (B.C. 427 ~ 347)

플라톤은 서양철학에서 큰 영향력을 가진 그리스의 철학자이다. 소크라테스의 제자이자, 철학적 대화편의 저자이며, 아리스토텔레스가 공부하였던 아테네 소재 아카데미아의 설립자다. 플라톤은 아카데미아에서 광범위하게 강의하였으며, 특히 정치학, 윤리학, 형이상학, 인식론 등 많은 철학적 논점들에 대해 저술하였다. 그가 이성 우위의 전통을 가진 서양철학에 미친 영향은 더할 수 없이 크다. 영국의 철학자인 화이트헤드는 "서양의 2000년 철학은 모두 플라톤의 각주에 불과하다"라고 말했으며, 시인 에머슨은 "철학은 플라톤이고, 플라톤은 철학"이라 평하였다.

정치공동체의 목적은 무엇이며 가장 좋은 나라는 어떤 나라인가? 정의란 무엇이며 과연 정의로운 사람이 불의한 사람보다 더 행복한가? 서양세계 첫 정치사상가로 평가되는 플라톤의 역작 《국가》에서 이 같은 물음을 제기하며 정치공동체 내에서 인간의 삶을 전체적으로 검토한다. 그의 대표적 저서인 《국가》는 페르시아 전쟁에서 승리한 저자의 조국 아테네가 50여 년의 융성기를 보낸 후 스파르타와의 30년에 걸친 펠로폰네소스 전쟁으로 몰락해가는 모습을 담고 있다. 특히 이 책에는 그가 그토록 사랑하던 아테네식 정치공동체의 회생에 대한 저자의 깊은 소망이 고스란히 담겨 있다.

플라톤의 광범위한 지식체계는 인류에게 매우 강력한 영향력을 지니고 있으며, 특히 그의 철학은 서양사상사에 지속적인 흐름을 형성해 왔다. 한 가지 문제에 집착했던 다른 철학자들과 달리 플라톤은 인간 사유의 모든 영역에 관심을 가져 왔다. 그의 사유는 다양한 사물들에 대한 상식적인 인식에서 출발한다. 수많은 사물의 이치를 깨닫기 위해서는 현상적인 사물들이 움직이는 이유를 알아야 한다는 게 그의 주장이다. 그것은 사유 및 이데아들의 세계, 나아가 과학의 세계였다.

그리스 철학자 플라톤은 도시국가 아테네의 귀족가문에서 태어났다. 당시 아테네는 또 다른 도시국가인 스파르타와의 펠로폰네소스 전쟁으로 정치적·사회적·도덕적으로 어수선한 시기를 맞고 있었다. 이 질풍노도 같은 시기에 플라톤의 스승인 소크라테스는 극약을 먹고 옥중 최후를 맞이했다. 그 당시 플라톤은 30세였다. 이집트와 시칠리아를 여행하고 아테네로 돌아온 플라톤은 그 유명한 아카데미아 학원을 설립한다. 이곳에서 아리스토텔레스와 같은 위대한 사상가들이 많이 배출된다. 정치를 지망했던 플라톤은 소크라테스의 사형으로 정치에 미련을 버리고 철학을 탐구하기 시작한다.

플라톤은 소크라테스의 철학 주제를 계승하여 발전시켰는데 그 중에서도 특히 정의와 용기와 같은 개념을 탐구했다. 그의 이론 중 현실의 본질을 가장 잘 드러낸 것이 바로 이데아 이론이다. 이데아란 시시각각으로 변하는 물질세계 뒤에 존재하는 영원불변의 절대적 개념이다. 이데아 개념은 관념론의 시초가 되는 역할을 한다. 플라톤은 오직 지성에 의해서만 이데아를 파악할 수 있다고 말한다.

소크라테스와 철학자들이 모여 완벽한 국가와 정의의 관계, 국가 속에서 지도자와 시민의 자질을 논한 것을 기술한 《국가론》은 플라톤의 가장 유명한 저작이라고 말할 수 있다. 《국가론》은 도덕적 가치, 공정성, 정치이론, 정치활동의 동기 등에 대한 통찰력을 얻고자 하는 현대 저널리스트들의 필독서이다. 예를 들어, 소크라테스와 소피스트가 나눈 대화 중 권력의 힘은 도덕적 선을 앞선다는 재미있는 논쟁을 발견할 수 있는데, 이것은 16세기의 마키아벨리와 원하는 목적을 달성하기 위해 수단과 방법을 가리지 않는 현대 저널리스트의 모습을 그대로 예견한 것이다.

저널리스트가 관심 있어할 또 다른 대목에는 《국가론》 제7권에 나오는 '동굴의 비유'가 있다. 여기서 플라톤은 동굴 입구를 등진 채 묶여 있는 동굴 안 죄수들을 묘사한다. 만약 동굴 밖에서 화재가 일어나면 불을 피해 이리저리 움직이는 동굴 밖 사람들의 형상이 동굴 벽을 보는 죄수에게는 그림자나 메아리의 형태로만 보일 것이다. 이 죄수들이 단 한 번도 동굴 밖의 실제세계를 경험하지 못했다고 가정한다면, 죄수들은 불빛에 반사돼 움직이는 그림자와 메아리만을 현실세계로 여길 것이다. 여기서 소크라테스는 청중들에게 죄수 중 한 명이 동굴 밖으로 풀려난다고 가정해 볼 것을 요구한다. 석방된 죄수는 동굴 밖으로 나와서야 그림자와 메아리로 왜곡되지 않은 진정한 현실세계를 볼 수 있는 것이다.

저널리스트는 독자에게 현실 그대로가 아닌 '동굴 속에 비친 왜곡된 현실'을 제공하는지도 모른다. 즉, 저널리스트가 제공하는 사실이나 현실이 실제로는 왜곡된 진실일 수 있다는 것이다. 이런 현상을 가장 잘 보여주는 것이 제이 뉴먼의 《플라톤 동굴 속의 저널리스트》(1989)라는 책이다.

플라톤의 관념론 철학은 서구 집단주의 혹은 국가주의의 아버지 격이라 말할 수 있다. 플라톤의 기본 사상체계는 우주가 진정한 현실세계(초자연적이고 완벽하면서도 물질에 구애받지 않는 세계)와 우리가 실제로 살아가는 물질세계로 이루어져 있다고 가정한다. 이 가정에 의하면, 우리가 사는 물질세계는 동굴 속 세계처럼 '왜곡된 현실'이다. 플라톤에게 진정한 현실이란 기본적으로 정신적인 것, 즉 물질적이지 않은 하나의 관념(이데아)을 의미하고 이것이 플라톤 관념론 철학의 뼈대를 이루게 된다.

이것은 개별적 인간이 실제가 아닌 단순히 하나의 이데아가 다양한 형태로 발현된 것에 불과하기 때문에, 자율적인 존재가 아니라는 것을 의미한다. 플라톤은 각각의 개성을 배제한 개인들이 모여서 구성하는 '전체로서의 사회'를 가치의 기준으로 보았다.

여기서 자연스럽게 전능(全能)한 국가가 출현한다. 플라톤은 국가의 권력이 무한해야 한다고 주장한다. 국민들은 국가에서 정한 사상을 조건 없이 따라야 한다고 본 것이다. 국가가 운영하는 교육기관이 국민을 교육하고, 모든 문학과 예술을 심의하며, 경제활동을 통제하고, 일자리를 지정해줘야 한다고 믿었다. 플라톤이 기술한 《국가론》이나 《법률》에는 전체주의 국가의 청사진이 자세하게 나타나 있다.

플라톤의 전체주의 철학을 저널리즘에 적용한다면 집단이나 제도의 발전과 조화를 위해 개인주의를 희생시키는 결과를 가져올 수 있다. 신문의 방향에 개인의 목소리를 내려고 하거나 가끔은 제도적 갈등도 필요하다고 생각하는 저널리스트라면 '플라톤 신문사'에서 혼란을 느낄 수 있다. 현대의 저널리스트는 사실상 모든 것을 결정하는 편집부와 아무 힘도 발휘할 수 없는 스스로를 보며, 오늘날의 매스미디어가 플라톤적 저널리즘과 크게 다르지 않다고 생각할 것이다.

플라톤의 공산주의 정신은 개인주의 정신을 인정하지 않는다. 이것으로 인하여 플라톤은 아리스토텔레스를 비롯한 이후의 개인주의 철학자들로부터 무수한 반박을 당한다. 일례로 실존주의 철학자는 이 부분이 플라톤 철학의 가장 괴로운 부분이자 개인의 자율성을 부정하는 생각이라고 보았다. 아리스토텔레스는 이 세상에는 무수한 다양성이 존재하는 오직 하나의 현실이 존재한다고 주장하며 플라톤의 이데아론을 반박했다. 아리스토텔레스의 새로운 가설에서는 개인이 사회의 일개 구성원이 아닌 고유의 개성을 가진 개별적 존재로서 존중받아야 한다고 제안한다.

플라톤 철학에 의하면, 도덕의 지표는 '철학의 제왕'격인 지식인들에 의해 설립된다. 지식인 통치자는 국가운영을 위해 '좋은 법', '이상적인 법', '가장 실현가능한 법'을 만든다. 그러면 시민들은 자동적으로 선하고 도덕적이며 정의로운 길로 이끌어진다고 주장했다. 선의 본질에 무지한 시민들 대부분이 국가법에 복종함으로써 선을 실현할 수 있다. 따라서 플라톤식 국가에서는 인간의 도덕성이 개인의 논리와 이성에서 나오는 것이 아니라 사회여론 및 법에 복종하는 데서 나온다.

플라톤은 일반 시민의 도덕적 기준은 항상 상투적이기 마련이라고 주장한다. 일반 시민들은 살면서 부딪히는 여러 도덕적 딜레마를 해결하기에는 너무 바쁘거나 무지하다는 것이다. 따라서 일반 시민이 옳고 그름을 가릴 수 있는 분별력을 기르기 위해서는 공공교육을 통해 형성된 사회여론에 의한 집단적 압력이 필요하다고 보았다.

플라톤은 민주주의 사회를 비판하는 근거로 '자유의 역설'을 지적했다. 개인의 자유로운 결정은 스스로를 노예화하는 결과를 가져올 뿐이라는 것이다. 사람들이 공공정신을 지닌 훌륭한 철학자가 아닌, 자질이 부족한 사람을 자신들의 독재자로 선택하는 불행을 가져올 가능성이 높기 때문이라는 설명이다.

즉, 플라톤의 도덕론은 도덕의 기준이 국가의 이익이라는 국가 공리주의의 논리에 따른다. '국가적 이익'이 되는 요소는 '선하고 정의로운 것'이고 그렇지 않은 요소는 사악하고 정의롭지 못한 것이 된다. 플라톤은 그들 중에 가장 현명하고 사회에 가장 크게 기여할 수 있는 '철학의 제왕'이 통치하는 귀족정치를 옹호했다. 여기서 우리는 국가가 도덕을 정의한다는 가정을 저널리즘에 적용해 편집자나 발행인이 언론윤리를 정의하는 문제를 생각해 볼 수 있다.

그러나 플라톤은 국가 공리주의를 내세웠음에도 불구하고 '덕이 있는 인간'이 되기 위한 분명한 조건들을 제시한다. 《국가론》에서 거론된 덕행의 기본은 현대 저널리스트에게 분명한 가르침을 줄 것이다. 첫 번째 조건은 도덕적 삶의 방향을 제시해 줄 뿐 아니라, 윤리의 지적 토대를 마련하는 '지혜'(*wisdom*)다. 플라톤이 말한 '지혜'는 끊임없는 명상과 독서, 대화 그리고 공부 등을 통해 얻을 수 있는 지적 성숙함을 일컫는다.

다음으로, 요구되는 조건은 '용기'(*courage*)다. 용기는 지혜를 기반으로 하여 설정된 목표를 향해 끊임없이 노력하고 정진하는 자세를 말한다. 세 번째 조건은 '절제'(*temperance*)의 미덕이다. 절제의 미덕은 모든 직관과 사고작용 및 기타 인간적 성향에 대해 보다 중용적이고 객관적인 시각을 갖도록 촉구한다. 즉, 절제의 미덕을 갖추면 조화로운 도덕적 삶을 이루면서 극단적인 사고로 빠지지 않는다는 것이다.

마지막 조건은 '정의'(*justice*)다. 정의는 사회 구성원으로서 개개인이 누릴 수 있는 '합당한 수준의 자격과 대우'를 말한다. 그러나 플라톤은 모든 사람이 똑같은 대우를 받아서는 안 된다고 주장한다. 예를 들어, 정의라는 이름으로 모든 공공관료들이 같은 정도의 언론 스포트라이트를 받을 필요는 없다는 얘기다. 플라톤에게 있어 정의란, 모든 사람에게 똑같은 대우를 하는 것이 아니라 각 개인에게 '합당한 대우'를 해주는 것을 의미한다. 물론, 여기서 과연 누가 특별대우를 받을 만한 사람인가를 가려내는 것이 저널리스트의 과제이다.

플라톤이 인식론적 분야에서 저널리스트에게 해줄 수 있는 말은 다소 비관적이다. 현실을 추상화해야 하는 점과 사건을 현실 그대로 기술하는 것이 불가능하다는 점에서 더욱 그렇다. 그렇지만, 플라톤은 저널리스트에게 어두운 동굴의 입구에서 빛에 더 가까이 다가갈 수 있도록 동기를 부여한다. 그러나 한편으로, 자유를 최대화하려는 저널리스트에게는 회의적이다. 플라톤에게 자유란, 사회의 공공이익을 도모하고 유지하기 위한 도구일 뿐이다.

플라톤주의자는 개인의 자유보다는 공동의 이익을 우선시한다. 이와 마찬가지로, 플라톤주의자는 언론의 책임을 언론의 자유보다 더 강조한다. 저널리즘의 자유를 공공의 선에 부합하는 범위 내에서만 보장하고 그에 따르는 책임을 요구하는 것이다. 이런 생각은 1940년대 중반의 유명한 허친스위원회와 같은 저널리스트와 논설위원들에게 상당한 영향을 끼쳤다. 그러나 플라톤 사상이 개인의 자유와 주체성을 위협한다고 생각하는 자유주의 저널리스트는 이런 논리를 불편해한다. 이들은 아리스토텔레스의 철학사상을 더 선호한다.

아마도 서구사회에서 플라톤만큼 사상의 폭이나 정치적 영향력이 지대했던 사상가는 없었으리라 판단된다. 그는 오늘의 시각에서도 대담하다고 할 수 있을 많은 주장들을 쏟아내고 있다. 예를 들어 철인통치론이나 시인추방론, 사유재산을 갖지 않는 통치자들의 이상적 공산공동체 구상, 여성통치자가 등장할 기회 부여, 그리고 교육의 공공성에 대한 주장 등이 그렇다. 이런 주장 중에서 지금까지 가장 지속적인 영향을 미쳐온 것은 '국가는 정의를 토대로 할 때에만 좋은 나라가 될 수 있다'는 것과 '앎에 기초한 통치를 해야 한다'는 주장이다.

그는 '모든 이에게 각자의 것'이라는 정의 아래 ① 개개인이 자신의 능력에 맞는 일을 하고, ② 그에 합당한 것을 배분받으며, ③ 각자 타고난 능력이 최대한 발휘되는 공동체가 가장 좋은 나라라고 규정했다. 그는 또 구성원들의 마음을 가장 잘 이해하는 사람이 공동체를 통치하면 그 나라가 가장 좋은 나라가 될 것이라며 이를 '철인(哲人)통치'라고 정의했다. 이는 서양문명 초창기의 '지식국가' 모습을 예견하는 것이다.

플라톤 철학의 복잡성은 실로 다양한 해석이 나오게 하였고, 어쩌면 일부 해석은 이 글과 전혀 다른 관점에서 플라톤을 보게 할 수도 있다. 모든 철학은 플라톤 철학에 근간을 둔다는 말도 있다. 하지만 이 말의 사실 여부와 상관없이, 저널리스트라면 누구나 플라톤 철학을 접한 후 더욱 현명한 사람이 될 것이라 믿어 의심치 않는다. 따라서 이 글에서 소개된 플라톤에 대한 간단한 소개는 플라톤 철학의 아주 일부분을 기술한 것에 불과하다는 사실을 분명히 밝히고자 한다.

그러나 그는 자신의 이상국가 소망이 끝내 이루어지지 못할 것임을 예견하고는 그런 국가가 지상의 어느 곳에도 존재하지 않는 '유토피아'라고 '국가'의 말미에 밝히기도 했다. 유토피아를 통해 그가 그린 것은 허황한 꿈이 아니라, 인간이 인간으로서 가진 능력이 최상의 수준에서 발휘되는 공동체의 모습과 그 성립을 위한 조건이다.

그의 성찰은 그 시대와 지역에만 국한되는 것이 아니라 저널리스트들이 현재의 정치상황이나 그 안에서 일어나는 인간의 삶의 문제를 얘기할 때도 언제든지 대입해 생각해 볼 수 있는 근본적 문제를 다루고 있다는 데 특히 의미가 있다.

6

아리스토텔레스

Aristotle (B.C. 384 ~ 322)

아리스토텔레스는 고대 그리스의 철학자로, 플라톤의 제자이며, 알렉산더 대왕의 스승이다. 그는 물리학, 형이상학, 시, 생물학, 동물학, 논리학, 수사학, 정치, 윤리학 등 다양한 주제로 책을 저술하였다. 소크라테스, 플라톤과 함께 고대 그리스의 가장 영향력 있는 학자이며, 그리스 철학이 현재의 서양철학의 근본을 이루는 데에 이바지하였다.

인간이 영위할 수 있는 최선의 삶은 어떤 것일까? 행복을 누리는 삶이라고 한다면 일단은 최선의 삶을 살고 있다고 수긍할 수 있겠다. 그러나 행복이 어떤 것인지 확실히 해두지 않는 한 아직 알맹이 있는 답이 주어진 것은 아니다. 아리스토텔레스는 최선의 삶을 보장해 주는 행복의 실질적 내용에 대한 질문을 논의의 출발점으로 삼는다. 그가 제시한 답은 인간에게 주어진 역량을 최대한 계발하여 발휘할 수 있게끔 삶을 꾸민다면 그것이 곧 진정 행복한, 즉 최선의 삶이 된다는 것이다.

행동을 수정해 옳은 것을 실천하고 도덕적인 삶을 추구하는 저널리스트라면 역사상 가장 유명한 철학자 중 한 명인 아리스토텔레스의 기본사상을 반드시 살펴봐야 한다. 플라톤의 제자 중 가장 유명한 아리스토텔레스는 훌륭한 철학자일 뿐 아니라 과학자이면서 논리학자이기도 하다. 기원전 384년 스타게이로스에서 출생한 아리스토텔레스는 17세에 아테네에 진출하였고 플라톤의 아카데미아에 들어가 스승이 죽을 때까지 거기에 머물렀다.

플라톤이 초감각적인 이데아의 세계를 존중한 것에 비해 아리스토텔레스는 인간의 오감으로 느낄 수 있는 자연세계를 존중하였고 이를 지배하는 원리를 알고자 현실주의 입장을 취하였다. 아리스토텔레스는 자아실현, 자기존중, 개인의 행복과 발전에 중점을 두어 선하고 행복한 인간의 밝은 부분을 강조하고 그 그림을 발전시켜나갔다. 언뜻 보면 두 철학자가 대립한 것으로 보이지만 아리스토텔레스는 플라톤의 철학에 깊은 영향을 받았다.

아리스토텔레스는 오늘날 저널리스트에게 평등주의적이고 집단주의적인 사회를 경계하라고 말했을 것이다. 도덕에 있어서도 아리스토텔레스는 무엇보다도 개인적 가치를 강조했는데, 그 중에서도 자아존중감과 자기개발을 가장 중시했다. 그리고 행복이나 지적 만족감은 지혜, 우정, 중용, 타당성 그리고 관조와 같이 인간이 즐거운 삶을 누리도록 도와주는 모든 것들이 복합적으로 작용한 결과라고 말했다. 아리스토텔레스는 그 중에서도 중용을 지키는 것이 행복하고 도덕적이기 위해 가장 필요한 덕목이라고 말한다.

아리스토텔레스는 아테네 근처에 학교 '라이시움'을 설립했다. 그곳에서 한 강의 중 일부는 후에 그의 저서 《니코마코스 윤리학》[2]의 기본이 되었다. 아리스토텔레스는 이 책에서 행복의 관건이 되는 역량을 크게 지적인 것과 실천적인 것 두 종류로 나누어 상론한다. 그는 삶의 방식으로서는 지적인 역량을 발휘하여 진리탐구에 몰두하는 관조적인 삶을 가장 바람직한 것으로 평가한다. 그 때문에 그의 윤리관은 너무 주지(主知)주의적이라는 비판을 받는다. 그 비판이 전혀

2 **편역자 주** | 니코마코스 윤리학은 아리스토텔레스가 강의용으로 작성한 초고를 그의 아들 니코마코스가 편집하여 엮은 책으로 전체 10권으로 구성되어 있다. 1권은 '인간을 위한 선은 무엇인가'라는 질문을 통한 원리론에 대한 것이고, 2권에서 5권은 도덕적인 덕에 대한 내용으로 이루어져 있다. 6권은 지적인 덕에 대해, 7권은 억제와 쾌락에 대해, 8권과 9권은 우애에 대해, 그리고 마지막으로 10권은 쾌락과 행복에 대한 것으로 구성되어 있다.

근거 없는 것은 아니나, 그렇다고 해서 그가 실천적 역량을 지적인 것보다 덜 중요한 것으로 취급한 것은 절대로 아니다.

실천적 역량이란 주어진 상황에 대하여 특정한 정서적 반응을 보이고 그에 따라 행동하는 성향으로서 흔히 말하는 덕(德)과 같은 것이다. 가령 의로움, 너그러움, 우애, 용기, 절제 등이 그 예다. 이런 덕목이 결핍된 인간은 지적인 역량을 갖추더라도 심각하게 잘못된 인생을 살 가능성이 크다. 이 점을 잘 아는 아리스토텔레스는 사실상 실천적인 덕에 관한 논의에 훨씬 더 많은 지면을 할애하고 아주 세심한 정성을 쏟는다.

각 덕목에 관한 그의 논의는 내용도 내용이지만 논변의 정교함과 깊이 때문에 오늘날에도 철학적 분석의 뛰어난 모범으로 통용된다. 각론뿐 아니라 덕 일반에 관한 총론적 논의에도 주목할 만한 대목이 많다. 가령 정서적 반응과 관련된 측면에서는 덕이 중용(中庸)으로 규정되어 있는데, 동양사상사에도 비슷한 이론이 있기에 비교연구의 관점에서 보면 이 대목이 특히 흥미로울 것이다.

또한 덕은 정서적 반응을 넘어 결국은 행위를 통해 드러나는 것이기 때문에 덕의 논의는 행위이론을 포함하게 되는데, 이 대목에서 아리스토텔레스의 기여는 기념비적인 것이다. 행위 일반의 구조와 그 중에서도 윤리적 책임을 물을 수 있는 행위의 특성에 관하여 그가 시도한 분석은 최초의 본격적 행위이론이라 할 만한 것이다.

이 책에서 아리스토텔레스는 행복의 성격을 논의했고, 후에 그 유명한 적절한 균형과 절제에 관한 중용의 개념을 발표했다. 아리스토텔레스는 윤리적으로 옳은 행동은 불의를 행하는 것과 자신에게 불의가 행해지도록 하는 것 사이의 균형이라고 했다.

윤리적인 중용을 찾아내는 일의 어려움을 인식한 아리스토텔레스는 다음과 같은 설명으로 주제를 명확히 하려 했다. 윤리적으로 훌륭하다는 것은 과잉과 부족이라는 두 가지 극단적인 개념 사이의 중용이다. 덕은 중간점을 찾기 쉽지 않기 때문에 이루기 어려운 것이다. 언어와 사고와 행동은 극단적으로 흐르기는 쉽지만, 알맞은 정도로, 적당한 때에, 올바른 목적을 가지고 정확한 방법으로 절제되기는 어렵다. 아리스토텔레스는 모든 사람이 중용을 성취할 수 없다는 사실을 조심스레 인정한다.

아리스토텔레스에게 있어 중용은 '마땅함'이다. 어떠한 사안에 대해 마땅한 감정과 마땅한 행동을 했을 때 우리는 덕을 실천한 것이 된다. 이것은 추상적 개념으로서의 중간을 의미하는 것이 아니다. 예를 들어 질투나 절도, 살인은 언제나 잘못된 것이며 그 안에서 중용을 찾을 수는 없다. 하지만, 절제는 과잉(낭비)과 부족(인색)의 중간으로 그 자체가 중용이라고 할 수 있다. 용기가 무모함과 비겁함의 중용이라는 것도 같은 맥락에서 이해할 수 있다.

아리스토텔레스의 중용을 찾으려고 노력하는 저널리스트는 항상 특정한 상황 속에 홀로 남는다. 저널리스트는 어디에서 균형을 찾을지 결정해야만 한다. 그 결정은 개인의 몫이다. 아리스토텔레스는 개인에게 직접적으로 책임을 부여한 현대 실존주의자들과 매우 흡사한 도전을 제안한다. 개인이 결정을 내리고 그 결과를 받아들여야 한다는 것이 그 도전이다.

아리스토텔레스는 저널리스트에게 어떤 극단이 자신에게 가장 위험할 지를 결정해 그것을 피하라고 충고한다. 동시에, 또 반대쪽 극단으로 너무 멀리 가지 않도록 조심하라고 한다. 만약 저널리스트 자신이 지나치게 감정적이거나 과장하는 경향이 있다면, 극단의 상황을 경계해 중용을 유지한 채 약간 바보스러울 정도로까지 조심스럽고 침착하게 기사를 써야 한다. 윤리적 의미에서 중용은 정확한 중간점이 아니라 '안전한' 정도를 말한다.

아리스토텔레스의 윤리학이 유연하게 보인다고 해서 그를 '상황' 윤리학자로 이해하는 것은 잘못이다. 그는 절대적으로 악하며 어떤 경우에라도 상대적으로 더 낫다고 할 수 없는 몇 가지 행동과 사고를 구분한다. 예를 들면, 살인, 간통, 절도와 같은 행동과 뻔뻔함, 질투, 사악 같은 감정에는 중용이 없다. 그 자체로 악하고 비윤리적이므로 도덕적인 사람이 피해야 할 것들이다. 그러나 아리스토텔레스는 타협과 중용을 받아들이지 않은 칸트와는 다르다. 그는 훨씬 상대주의적이며 그의 윤리관 대부분은 중용을 전제로 한다.

보통 신문잡지의 윤리적 고민은 진실을 어디까지 말할 것인가를 결정하는 것이다. 저널리스트가 알고 있는 모든 진실을 쓸 것인가?(한 극단), 아니면 개인적이고 이타적인 이유로 진실을 덮을 것인가?(또 다른 극단)의 결정 속에서 갈등할 수 있다. 저널리스트에게는 상황에 맞게 적절한 결정을 내려야 할 책임이 있다. 따라야 할 정해진 규칙은 없다. 즉, 이것은 각각의 모든 경우마다 개인이 결정해야 할 문제다.

저널리스트에게 끊임없이 중용이 요구되는 양 극단은 다음과 같다. 넘치거나 부족한 기사, 사생활 침해와 지나치게 조심하며 관조하는 태도, 사고 희생자를 아무렇게나 찍은 사진과 리얼리즘을 배제한 사진, 지나치게 자세한 인용의 표기와 인용문을 마음대로 갖다 쓰는 것 등이다. 이런 경우에는 '양자택일'보다는 적절한 균형과 올바른 중용을 찾아야 한다.

아리스토텔레스는 자기존중과 자기고양을 높이 평가한다. 그에게 훌륭한 삶은 세상의 가치를 즐기면서 개인적인 자기실현을 이루는 것이다. 모든 사람은 행복한 삶과 성숙해짐을 위하여 노력해야 한다. 아리스토텔레스는 인격이 선천적으로 타고나는 것이 아니라 살아가면서 형성되어 가는 것으로 생각했다. 인격은 환경에 달렸으며 반복학습에 의해 발전한다고 믿었다. 그러다가 결국, 특별한 노력 없이도 습관적으로 발현되는 제 2본성으로 자리 잡는다. 인격 수양은 강제적인 것이 아니라 자유롭게 가르치고 자유롭게 배우는 것이다.

아리스토텔레스는 한 사람이 자신의 도덕성에 근거해 합리적인 자존심을 갖출 때 그것을 모든 덕 중에 가장 훌륭한 것이라고 보았다. 이런 덕을 갖춘 사람은 자신의 합리적인 부분을 더 사랑하고 이끌어내어 이성이 지시하는 대로 행동함으로써 자기 자신을 완전히 사랑할 수 있게 된다. 아리스토텔레스는 훌륭한 사람은 자기 자신을 사랑해야 한다고 말했다. 왜냐하면, 그러한 사람은 선행을 통해 자기 자신에게는 물론 다른 사람에게도 도움을 줄 수 있기 때문이다.

여기에는 자신을 아리스토텔레스주의자라고 말했던 아인 랜드(Ayn Rand)가 말한 것과 비슷한 부분이 있다. 그러나 랜드가 희생적인 이타주의라고 조소했던 부분을 아리스토텔레스는 훌륭한 사람이란 고결한 역할을 하고자 인생의 모든 좋은 것을 포기하고, 심지어는 인생 그 자체까지 희생하는 사람이라고 보았다. 아리스토텔레스의 사상은 더 나은 지적 쾌락을 위해 개인의 세속적 쾌락을 포기하는 것이 훌륭한 삶이라고 보았던 플라톤의 사상과는 다르다. 플라톤은 사회와 집단에 기여하기 위해서라면 인간의 개별성 자체마저도 부정했을 것이다.

또한, 아리스토텔레스는 플라톤 철학의 신비주의적 요소를 부인하고 지식을 획득하는 방식으로 직관보다는 이성을 제시했다. 그는 객관성을 옹호했고 세상의 현실과 구체성을 강조했다. 그리고 플라톤의 상대주의, 주관주의, 인식론적 관념론을 거부했다. 아리스토텔레스는 귀족 정치철학과 도덕체계를 믿었다. 그는 아테네 민주주의가 가져온 혼란을 보았기 때문에 보수주의자였고 질서, 안정, 평화를 동경했다. 개인, 프라이버시, 자유의 가치를 평가절하하면서도 플라톤이 역설한 공동체주의적 효율성과 사회권력을 신뢰하지 않았다.

아리스토텔레스는 도덕적 측면에서도 지성, 건강, 외모 등 인간의 모든 우수함을 두루 갖춰 귀족을 대표할 수 있는 이상적인 인간상을 제시했다. 이상적 인간은 상황에 맞게 행동하고 이성에 의해 적절한 행동을 결정하는 사람이다. 물론 아리스토텔레스가 말하는 이상적 인간은 자신의 행동에 대해 논리적으로 생각하고, 상황에 맞게 행동함으로써 다원주의와 무의미한 상대주의에 빠지는 것을 경계한다.

아리스토텔레스의 사상은 개인주의, 이성, 과학적 접근, 객관성, 절대성, 자아실현, 그리고 개인의 행복을 존중하는 현대의 저널리스트에게 도움을 준다. 아리스토텔레스의 사상에서는 플라톤, 독일 관념주의, 낭만주의에서 발견되는 신비주의와 회의주의, 인간의 정신과 성취의 한계가 발견되지 않는다.

공자가 중요하게 생각했던 관습은 아리스토텔레스에게도 아주 중요하다. 사람은 습관을 통해 덕을 발전시킨다. 아리스토텔레스는 덕행이 매번 도덕적 노력을 기울이지 않고도 본능에 의해 저절로 실천될 수 있는 제 2본성이 되어야 한다고 말했다. 아리스토텔레스는 '윤리'(*ethics*)라는 단어의 어원이 에토스(*ethos*, 구별되는 정신 또는 특성)에서 유래했다는 것을 지적하면서 '습관의 산물'로서의 도덕적 선을 언급한다. 도덕적 선이 선천적으로 인간의 본성에 내재된 것이 아니라 후천적으로 습관을 통해 학습되고 발전되는 것이라는 것이다. 인간을 훌륭하게 해주는 것은 그 사람이 하는 행동이 아니라 그 사람이 '하고 싶어하는' 행동이라는 것이다.

저널리스트는 가끔 자신의 성격에 맞지 않는 일을 해야 하는데, 이때 불안과 고통이 생겨난다. 저널리스트가 일시적 습관에서 벗어나 자기 성격에 맞지 않는 일을 한다 하더라도 그 사람의 성격은 여전히 그대로이다. 그렇기 때문에 사람의 성격은 그 사람이 어쩌다 가끔 하는 행동이 아니라 그가 습관적으로 즐거움을 느끼는 일로 설명되어야 한다. 따라서 아리스토텔레스는 사람의 덕행보다는 성격을 더 강조했다. 즉, 사람이 올바른 방향으로 가기 위해 별 노력을 기울이지 않고 할 수 있는 행동보다는 끊임없는 요구에 따라 이루어지는 도덕적 사고작용의 결과를 더욱 중시한 것이다.

인간이 올바르게 행동하고 있는지 아닌지를 어떻게 알 수 있을까? 아리스토텔레스에 의하면, 사람이 자기가 한 일에 대해 기쁨을 느낀다면 그것은 덕행이라고 할 수 있다. 우리가 느끼는 기쁨과 고통에 이미 덕이 관계하고 있기 때문이다. 아리스토텔레스가 본 도덕의 목적은 행복이다. 그는 덕을 선택의 습관이자, 이성에 의해 행동을 결정하는 데 있어서 중용을 실천하는 것이며, '현명한 사람'만이 볼 수 있는 것이라고 정의했다.

아리스토텔레스는 오늘날의 저널리스트에게 일정하게 유지되는 사람의 '성격'이 특정 상황 속에서의 '행동'보다 더 의미 있다고 말할 것이다. 더 나아가 저널리스트에게 중요한 것은 잘못된 착오 없이 습관 속에서 자연스럽게 덕을 갖춘 존재가 되어가는 '삶의 본질'이라고 말할 것이다. 이것은 엄격한 행동규범에 따르게 하는 대신 도덕성의 비밀을 제시한다.

아리스토텔레스의 관점에서 덕인(德人)은 몇 가지 분명한 특징을 가지고 있다. 아리스토텔레스 윤리학에서는 '윤리적 초인'의 10가지 요소를 다음과 같이 정의하고 있다.

① 불필요한 위험과 대결로부터 한 발 물러나는 사람
② 타인에 대해 봉사하는 마음을 지닌 사람
③ 공개적으로 과시하지 않는 사람
④ 솔직하고 진실하게 말하며 행동하는 사람
⑤ 어떤 경우에라도 악의를 품지 않으며 상처에 집착하지 않고 잊을 수 있는 사람
⑥ 타인에게 칭찬받거나 타인을 비난하기를 원하지 않는 사람
⑦ 타인, 심지어는 원수에게도 나쁜 말을 하지 않는 사람
⑧ 그 무엇도 크게 중요하지 않다고 여겨 집착에 빠지지 않는 사람
⑨ 품위와 우아함을 잃지 않고 삶의 시련과 고난을 이겨내는 사람
⑩ 자기 마음속에서 최고의 희열을 느끼는 사람

아리스토텔레스가 제시한 덕의 개념은 도덕적이고 행복한 인간의

기본 특징을 요약하고 예측하는데 후세의 거의 모든 도덕 철학자들과 종교 지도자들이 이를 격찬했다. 현대의 저널리스트는 아리스토텔레스라는 인물을 존경하는 것까지는 아니더라도 그의 사상만큼은 진지하게 받아들여 볼만하다. 플라톤과는 달리 아리스토텔레스의 신조는 '닐 아드미라리'(*nil admirari*: 쉽게 마음이 움직이지 않는 상태라는 뜻의 라틴어로 어떤 것에 대해서도 경탄하거나 경외하지 않는 것)였기 때문에 어떤 것에 대해서도 크게 열정적이지 않았다.

사회의식과 열정을 다잡기 위해서는 플라톤을 찬양하는 게 더 쉬운 일인지도 모른다. 그러나 세상이 아리스토텔레스의 침착한 이성주의 및 개인주의와 플라톤의 화려한 관념론 및 집단주의 간에 균형감각을 가질 수 있다면 더욱 좋을 것이다.

7

마키아벨리

Niccolo Machiavelli (1469 ~ 1527)

마키아벨리는 르네상스 시대 이탈리아의 정치사상가다. 그는 레오나르도 다 빈치와 함께 르네상스인의 전형으로 알려져 있다. 1494년에 메디치가가 몰락할 무렵 공직에 입신하여 피렌체 공화국의 외교관으로서 여러 외국 군주들에게 사절로 파견되면서 독자적인 정치적 견해를 구축하였다. 메디치가의 군주에게 바친 《군주론》과 《로마사론》 등이 유명하다. 이 두 권의 주저를 가로지르는 그의 정치사상의 핵심은 바로 주권자의 자율성이다.

니콜로 마키아벨리는 자신의 대표 저서인 《군주론》에서 충격적 주장을 제기한다. 필요할 경우 정치가들은 도덕적 구속에서 해방되어야 하고 때로는 위선적이 되어야 한다는 것이다. 이 때문에 그의 이름 '마키아벨리'는 권모술수적인 정치책략가의 대명사로 굳어지게 되었다. 이러한 평가가 나온 데에는 마키아벨리 자신의 책임이 전혀 없는 것도 아니다. 그러나 이런 피상적인 평가에만 매달린다면 마키아벨리의 역사적 공헌을 정당하게 볼 수 없으며 이는 결코 바람직하지 않다.

마키아벨리가 정치가들이 필요에 따라 일체의 도덕적 구속에서 해방되어야 함을 강조한 것은 사실이다. 그러나 이렇게 강조한 이면에는 당시 유럽의 지배적인 정치사회철학이던 기독교와 인문주의적 공화제 사상과 같은 '지적(知的) 전통'을 전복하겠다는 그의 야심찬 지적 작업이 깔려있다는 점을 이해해야 한다.

정치학의 선구자 중 한 명인 니콜로 마키아벨리는 이탈리아 플로렌스의 가난한 귀족집안에서 태어난 정치철학자, 역사학자, 시인, 극

작가였다. 그는 처음으로 지도자가 전통적 윤리에 얽매이지 않고 무엇보다도 자신의 권력을 노련하게 쓸 수 있어야 한다고 주장했다. 그의 삶은 정치적 활동의 시기와 은퇴 후의 저술활동의 시기로 나뉜다. 그의 중요 저서는 모두 1512년 정부 관료직 은퇴 후 쓰였는데, 주요 저서로는《군주론》,《전략론》,《로마사론》 그리고《만드라골라》 등이 있다.

마키아벨리는 전술한 바와 같이 실용적이고 성공지향적이며 비정한 저널리즘의 전조가 되는 철학을 제시한다. 15세기 말에서 16세기 초 이탈리아 도시국가의 군주에게 마키아벨리가 해준 조언은 20세기 저널리즘과 쉽게 연관시킬 수 있다. 이른바 마키아벨리즘은 편의주의, 일반 도덕률을 무시하는 행동, 교활한 기교로 목적을 위해 수단을 가리지 않는 행동방식을 의미하게 되었다.

마키아벨리는 권력을 교묘하고도 교활한 방식으로 사용할 것을 강력하게 주장한다. 현대사회의 모든 저널리즘은, 사회발전과 의제설정 그리고 통제의 도구로 여겨진다. 그래서 언론을 통제할 수 있는 사람은 막대한 사회적 영향력을 행사할 수 있다. 언론권력은 다양한 사회에서 각기 다른 방식으로 발휘되지만 한 가지 공통의 관심거리가 있다면 그것은 바로 어떻게 목적을 달성할 것인가 하는 문제다.

미국 언론에서는 마키아벨리주의자가 많이 발견된다. 마키아벨리의 철학은 현실적 · 성공지향적 · 경쟁적 권력에 굶주린 대부분의 언론에게 매우 효과적이다. 유럽 계몽주의로부터 영향을 받은 이기적이고 개인적이며, 경쟁적 철학은 마키아벨리즘과 많은 부분 통한다. 오늘날의 저널리즘은 외견상으로는 이상적이고 이타적이며 공익에 큰 관심을 보이기도 하지만 실상은 주로 공공이 아닌 저널리스트의 이익을 추구하는 착취적인 모습을 하고 있기도 하다. 목적을 강하게 추구하여 어떻게든 달성하고야 마는 다수의 목표지향 저널리스트들은 마키아벨리의 철학을 계승한다.

비록 마키아벨리가 이기적으로만 비춰질 수 있지만, 꼭 그게 다는 아니다. 가장 양심적이고 이타적인 편집자도 때로는 마키아벨리의 전술을 쓰기 때문이다. 언론의 마키아벨리즘을 결정하는 요소에는 저널리스트가 성공을 추구하는 데 필요한 단호함과 결단력, 능력과 용기뿐만 아니라 집념의 정도, 구사하는 전략도 포함되기 때문이다.

마키아벨리는 《군주론》과 《전략론》에서 저널리스트에게 큰 도움이 될 수 있는 권력과 성공전략에 관해서 많은 이야기를 한다. 그가 《군주론》에서 설파한 것은 '위기의 정치학'이라고 할 수 있다. 정치에서 항상 잠복해 있는 위기는 언제든지 밖으로 나타날 수 있는 것이다. 위기가 오는 것은 어찌할 수 없겠지만 문제는 위기를 어떻게 대처하는가 하는 것이었다. 그래서 마키아벨리의 정치사상은 대표적인 현실주의 사상으로 평가받고 있다. 그의 탁월한 현실감각 때문에 월터 리프만은 마키아벨리가 역사상 가장 비난받으면서도 또 한편 가장 추종받는 사람 중의 하나라고 말했다.

그러나 마키아벨리가 말한 군주는 국가의 선을 의인화(擬人化)한 것이며 국가의 선은 국가가 오랜 시간 동안, 그리고 강하게 영속되는 것을 목적으로 한다. 그러므로 마키아벨리는 본래 목적은 국가의 존재와 권력이고 그 목적을 위해서 다른 모든 요소들은 희생되어야만 한다고 보았다. 다소 무리일지 모르겠지만 저널리즘에 적용해 본다면, 저널리즘 역시 그 존재를 유지시키고 권력을 강화시키는 것이 목적이다.

마키아벨리는 정치가이자 역사학자였다. 또한, 매우 실용적인 윤리학자였다. 실제로 많은 철학자들이 마키아벨리가 비도덕성을 제안하고 편의주의 윤리를 내세운다고 생각했다. 그는 도덕성이 윤리적 규범과 다르며 그것에 얽매이지 않아야 한다는 생각을 발전시킨 최초의 정치사상가였다. 또한, 권력이 정치생활의 결정적 요소라는 중요한 사상을 소개하였다.

마키아벨리 저널리즘은 목표지향적이다. 이것은 다소 불편하고 너무 오만하게 느껴지기까지 한다. 마키아벨리 윤리학에서는 "개인의 성공을 극대화하기 위한 행동을 하라"와 같이 개인의 책임을 그 목적에 결부시킨다. 그는 오늘날의 저널리스트가 보면 노골적으로 이기적인 사항들을 따라야 할 원칙으로 제시한다. 이 원칙은 이타주의적 저널리스트에게는 맞지 않기 때문에 마키아벨리가 이타주의자였다고 하는 사람은 실제로 아무도 없다.

마키아벨리는 현대 저널리스트에게 모든 수단을 동원해 성공하라고 말할 것이다. 더 나아가, '어떤 수단을 동원해서라도' 자신의 목적을 달성하라고, 기사를 쓰라고 말할 것이다. 예를 들면 거대악을 폭로하기 위해서 몰래카메라를 사용한다든지, 수사관을 사칭하는 것조차 마키아벨리의 관점에서 그리 큰 문제는 아니다. 이런 점에서 그는 물론, 그 기사가 자신의 '목적'과 맞지 않으면 그 기사를 버리라고 할 것이다. 혹은, 자신의 전체적 목적에 부합하는 기사만을 쓰라고 할 것이다. 그렇기 때문에 마키아벨리는 사실상 저널리즘의 전략을 윤리적인가, 비윤리적인가가 아니라 효율적인가, 비효율적인가로 판단했다. 공리주의 원칙(*utilitarian principle*)과도 통하는 대목이다.

공리주의는 제레미 벤담(Jeremy Bentham), 밀(J. S. Mill) 등에 의해 제기된 이래 취재보도의 윤리적 기준을 제공하는 가장 중요한 사상적 배경으로 이용되어 왔다. 공리주의 입장은 행위의 윤리성에 대한 옳고 그름은 그 행위의 결과가 '최대 다수의 최대 행복'(*the greatest happiness of the greatest number*)에 기여하는가에 기초한다. 좋은 결과가 나쁜 수단을 정당화할 수 있다(*the end justify, the means*)고 보는 시각이다.

의사나 변호사가 진료나 변론을 할 때 탈법을 저지르면 강제폐업을 당하거나 자격을 박탈당하지만 기자가 몰래카메라나 비합법적인 취재로 거대 사회악을 폭로하면 퓰리처상을 받는 게 바로 저널리즘의 세계다. 미국 저널리즘 교과서에 종종 등장하는 이 같은 문구는 마키아벨리의 이상과 일맥상통한다.

마키아벨리는 저널리스트에게 그가 역량(*virtù*)이라고 불렀던 결단력과 정교함을 갖춘 거장이 되기를 요구할 것이다. 저널리스트는 결단력과 일관성을 갖추며 위험을 감수할 줄 알아야 한다. 《군주론》에서는 사자처럼 용맹하고 여우처럼 교활해야 한다고 말한다. 그러나 자유의 척도가 되고 힘과 교활함으로부터 생겨나는 저널리즘적 역량은 크게 손상된다. 자유는 항상 우리에게 일어나는 일들을 결정하는 운(*fortuna*)이나 기회에 의해 제한된다. 그러므로 저널리스트는 많은 자유를 기대할 필요가 없다. 마키아벨리는 인간이 자신의 역량을 절반만 사용해도 대부분의 개인 욕망을 만족하게 하고, 많은 부분을 성취할 수 있다고 말한다.

마키아벨리의 사상에 따르는 저널리스트는 사랑이 아니라 존경을 추구한다. 그리고 이것은 권력의 행사를 통해 실현된다. 저널리즘의 주요한 임무는 사회에 영향을 미치는 권력을 행사하고 정부의 결정을 돕거나 강화시키는 것이다. 저널리즘은 자기 확신을 가지고 앞에서 선도하되, 뒤에서 따르지 않는 이기적인 제도다. 스스로를 방어하고, 성장하며 목적을 위해 권력을 사용하는 것이 저널리즘의 임무이다. 즉, 자기이익과 이기주의에 따른다. 마키아벨리 혹은 마키아벨리언 저널리즘은 늘 스스로의 자유에만 골몰하면서도 사회적 책임을 걱정하는 것 같은 가식을 보인다.

마키아벨리가 본 저널리즘의 임무는 시민의 지성을 둔화시키고, 시민에게 지적인 디저트를 제공하거나 재밋거리로 유혹함으로써 사고하기보다는 느끼게 하며, 현실의 단편들만 제공해 시민들이 실제와 단절된 상투적 세계만 알 수 있게 함으로써 스스로의 권력을 확고하게 하는 것이다. 시민들을 보다 분별 있고 교양 있게 하는 것은 임무에 포함되어 있지 않다.

마키아벨리 저널리즘의 개념은 사람들에게 상상의 세계를 만들어 주는 것에서 출발한다. 그 세계는 자급자족할 수 있으며 더 많은 자극과 단순화, 왜곡을 불러일으키는 세계다. 그러한 마키아벨리즘의 궁극적 목표는 엄청난 수의 관중을 진짜처럼 보이지만 사실은 가짜인 미디어의 세계로 안내하는 것이다. 마키아벨리는 저널리즘이 별의별 상황이 다 일어나는 무서운 현실을 좀더 편안한 방식으로 정의하고 구조화할 수 있어야 한다고 할 것이다.

마키아벨리 저널리즘은 일반 대중의 무지로 인해 공공의 공격으로부터 안전할 수 있다. 신문이 알려주는 것 외에는 아무것도 알지 못하는데 어떻게 신문을 불신할 수 있겠는가? 만약 불신하는 사람이 있다면, 그 신문은 권력을 활용하는 데 실패한 것이라고 마키아벨리는 말할 것이다. 마키아벨리 저널리스트는 권력을 어영부영 낭비하지 않고 체계적이고 주기적으로 사용한다.

마키아벨리는 언론이 가지는 자유를 통해 그 언론을 판단할 것이다. 자유가 있다면 권력을 확장할 수 있다. 그러나 자유가 언론의 권력을 위협하는 사회적 반발을 일으킬 경우 그것은 좋지 않다. 사용되지 않거나 남용되는 자유는 쓸모없거나 무질서하다. 마키아벨리는 사회의 통제와 계획을 옹호했으며 자유가 목적 없이 낭비되는 것에 반대했다.

마키아벨리는 자유가 성공전략의 결정요소가 되기도 한다고 보았다. 권력과 성공을 달성하기 위해서는 어떤 수단이라도 이용할 수 있다. 바라던 목적을 이루는 것이 책임 있는 행동이라는 것이다. 신문사나 방송사는 기삿거리를 얻는 것이 책임을 다하는 것이다. 저널리즘의 책임은 바로 성공하는 것이라는 게 마키아벨리의 철학이다.

공공서비스를 제공하는 저널리즘에 있어 마키아벨리 저널리즘은 저널리스트와 언론기관에 이익이 되는 일만 한다. 그런 원칙을 살펴보면 다음과 같다.

- 다른 사람을 돕는 것이 당신에게 도움이 된다면 다른 사람을 도와라.
- 당신이 친절하게 하는 것이 당신의 목적을 달성하는 데 도움이 된다면 다른 사람에게 친절하게 하라.
- 그러나 당신에게 아무런 소득이 없을 때는 소중한 시간을 낭비하지 말라.

여기서 중요한 것은 마키아벨리가 제시한 것이 사회가 어떻게 운영되어야 하는지에 대한 청사진이 아니라 단순히 사회가 실제로 어떻게 운영되고 사람들이 어떻게 행동하는지, 그리하여 통치자가 생존을 위해 어떻게 행동해야 하는지를 묻는 질문에 대한 답이라는 사실이다.

마키아벨리의 사상과 언론윤리가 어떻게 충돌할까? 마키아벨리는 우리가 일반적으로 생각하는 언론윤리에 대해 아무 언급도 하지 않는다. 그는 편의주의와 실용주의를 주장했다. 결과론자라고도 할 수 있을 것이다. 그러나 마키아벨리는 타인의 행복을 최대로 생각하는 존 스튜어트 밀과 같은 결과론자보다는 자기 자신을 위한 결과만을 추구하는 이기적 결과론자에 좀더 가깝다.

마키아벨리는 저널리스트가 자기 행동이 윤리적인가를 고민하느라 손해를 보고 혼란에 빠지며 좌절하게 된다고 생각할 것이다. 윤리적 고민은 저널리스트를 소심하게 만들어 우유부단함에 빠지게 할 수 있기 때문이다. 정상적 수준의 윤리적 규범이나 기대치를 갖되, 그것이 효과가 없다면 다른 방법을 찾아야 한다고 했다. 불필요하게 사람들을 소외시킬 필요는 없겠지만 사회규범을 지키지 못할 것 같으면 그것을 무시해버릴 수도 있다는 것이 마키아벨리의 생각이다.

마키아벨리 저널리즘은 서구의 기독교 교리에 의해 형성된 저널리즘과 확연히 구별된다. 기독교적 저널리스트는 이타적이다. 세속의 삶으로부터 고개를 돌려 저 너머의 초월적 세계에 관심을 갖는 기독교는 마키아벨리가 말한 역량의 발전을 저해하게 된다. 마키아벨리라면 영적인 문제와 타인의 안녕을 최우선적으로 생각하는 태도는 저널리스트가 성공을 추구하는 데 있어 약점과 무능력으로 작용하게 된다고 말할 것이다. 마키아벨리 저널리스트는 종교가 자존감과 자기가치를 떨어뜨림과 동시에 개인행동을 규제함으로써 자기희생과 이타주의를 유도한다고 할 것이다. 이런 관점은 자신의 성공보다 타인을 더 중시하게 하기 때문에 결국 저널리스트를 무력하게 만든다. 그러므로 마키아벨리의 철학을 따르는 사람은 성공지향의 저널리즘이 이루어져야만 비로소 기독교 저널리즘을 보게 된다.

마키아벨리 저널리즘은 분명히 모든 사람을 위한 것이 아니지만 사실, 눈에 보이는 것 이상으로 인기가 높다. 표면상으론 이타주의 철학이 미국 등 서구 저널리즘을 지배하는 것처럼 보인다. 하지만 그 이면에는 마키아벨리즘의 냄새가 강하게 나는 가공할 만한 이기주의와 실용주의의 추진력이 발견된다는 것을 알아야겠다.

8

몽테뉴

Michel de Montaigne (1533～1592)

몽테뉴는 프랑스의 철학자이자 사상가, 수필가이다. 부유한 상인의 아들로 태어나 법률을 공부하고, 보르도 법원에서 법관을 지낸 후, 고향으로 돌아와 저술에 몰두하였다. 1580년 유명한 《수상록》을 완성했는데, 그는 이 책에서 인간의 거짓 없는 모습을 그렸다. 그와 같은 인간 연구가나 관찰가를 프랑스 문학사에서는 모럴리스트(인간 연구가)라고 부른다. 그는 프랑스의 모럴리스트 문학의 토대를 쌓았을 뿐만 아니라 수필 문학에도 커다란 영향을 주었다.

몽테뉴는 역사상 가장 뛰어난 수필가였다. 그는 '너 자신을 알라'라는 고대 그리스의 가르침을 받아들여 수세기 동안 전파된 보편 사상을 표현한 프랑스의 사상가이며 작가이다. 그는 자기 자신을 아는 사람은 모든 인류에 대해 통찰을 얻을 수 있을 것이라고 생각했다. 그러한 믿음은 세계 제일의 역작 가운데 하나인 《수상록》에 잘 나타나 있다.

현대의 저널리스트 중에서도 최소한 칼럼니스트나 논설위원만큼은 몽테뉴로부터 많은 것을 배울 수 있다. 몽테뉴의 사상은 공적이고 형식적이며 '객관적'으로 써야 하는 저널리스트보다는 독자에게 솔직하고 거리낌 없이 개인적 의견을 밝힐 수 있는 저널리스트에게 더 유용하다. 몽테뉴는 잘 다듬어지고 융통성 있으면서 독자에게 생생하게 와 닿는 개인 에세이라는 유연한 장르를 소개했다. 상상력과 통찰력을 갖춘 저널리스트가 이러한 형식을 사용한다면, 가장 평범하면서도 겸손한 개인의 사건과 묘사가 인간사를 비추는 보편적 진실을 드러낼 수 있을 것이다.

몽테뉴는 저널리스트 중에서도 비정하게 폭로하는 사람들에게 자신을 깊이 들여다보고 스스로가 가진 가치와 편견, 기본 철학과 종교적 토대를 이해해 보라고 조언할 것이다. 그러한 고찰이 그들로 하여금 자기만의 저널리즘을 완성하게 해 신뢰와 인간주의의 보편적 요소들을 불어넣어 줄 것이다. 몽테뉴는 저널리스트가 자기 자신을 모르게 되면 다른 누구에 대해서도 알기 어렵다고 말한다.

몽테뉴는 자기검열을 통해 더 큰 진실을 얻기 위해서는 정직이 필수 불가결한 요소라고도 하였다. 또한, 우리는 허영, 편견, 기만과 같은 자연적인 장애물을 걷어내고 결점이 있기는 해도 여전히 흥미로운 '진정한 우리 자신'을 있는 그대로 직시해야 한다고 말한다. 몽테뉴는 자신의 생각 또는 사상, 느낌을 다른 사람에게 표현할 수 없다고 주장한 '과학자'들의 생각에 반대하고 자신을 다른 사람과 인류 전체에 투사하는 것이 세상을 더 빛나게 할 것이라고 보았다.

몽테뉴가 저널리스트에게 해줄 수 있는 유용한 충고는 다음과 같다. 글에서 추상성을 삼갈 것, 명랑하고 은유적이고 이미지가 떠오르며 겸손하고 가볍고 상식적인 스타일을 가질 것. 그러나 스타일이 내용을 흐려지게 해서는 안 된다. 글쓰기에서 가장 중요한 것은 내용이기 때문이다. 스타일과 내용이 서로 잘 어우러진 글이어야 독자에게 기쁨과 통찰력을 줄 수 있다.

몽테뉴가 글쓰기에 있어 중요하게 생각한 또 한 가지 요소는 유머다. 자신을 비웃어야만 다른 사람을 비웃을 수 있다. 다른 사람의 가치와 품위를 훼손하지 않으면서도 유머감각을 유지할 수 있어야 한다. 종종 개인의 일화를 가볍고 해학적으로 표현하는 것이 심각한 수사학적 스타일보다 효과적일 수 있다. 소크라테스는 그의 정직과 자연스러움, 유머감각으로 몽테뉴의 존경을 받았던 사람 중 하나이다.

몽테뉴가 저널리스트에게 가장 많이 추천하는 자질은 공정함, 정직함, 명쾌함, 유머, 그리고 집념이다. 그는 저널리스트에게 자신에 대해 글을 쓸 뿐 아니라 진정한 자기 자신이 되라고 했다. 그 사람이 어떤 사람인가는 그의 글에서 나타나기 때문이다. 즉, 자신에 대해서 쓰는 글은 장차 그 사람이 될 모습의 일부가 된다. 여기서 몽테뉴의 실존적 고리가 발견되는데 이러한 사상은 키르케고르, 니체, 사르트르와 같은 실존주의자들에 의해 계승된다.

몽테뉴는 감각은 신뢰할 만한 것이 못되고 지성을 기만한다고 생각해서 경험주의를 크게 존중하지 않았다. 이성보다는 개인적인 관찰 및 통찰과 결과에 따르도록 주장했다. 논리는 어처구니없는 한계들을 지녔다고 생각했다. 그리고 보편적 진리가 이성을 통하여 발견된다는 것을 의심했기 때문에 합리주의에 흥미를 느끼지 못했다. 몽테뉴에게 진리는 자기진단과 이해에 바탕을 둔 종교에 의해서만 달성되는 것이다. 그러나 많은 비평가들은 몽테뉴의 에세이가 아이러니하게도 이성의 원리를 낮게 평가하기 위해 합리적 과정을 사용한 좋은 예라고 설명한다.

다른 작가와 달리 몽테뉴는 설교하지 않았다. 그는 개인의 일화를 통해 핵심을 설명하고 일상의 사소한 문제를 규명함으로써 '보여주기'의 방식을 통해 가르쳤다. 이것은 현대의 저널리스트들과 저널리스트 지망생들도 잘 아는 '말하지 말고 보여줘라'는 원칙으로 발전한다. 몽테뉴는 독선적이지 않고 겸손하고 정직하다. 그리고 자신을 드러내는 글쓰기를 통해 우리 모두에 관한 중요한 뭔가를 드러낸다.

저널리즘에 있어서 몽테뉴는 겉으로 보기에는 중요하지 않은 작은 사건들조차 고려할 만하다며 주목할 것이다. 생각할 가치도 없을 만큼 중요하지 않은 일이란 없다고 생각했다. 그는 광신도나 극단적인 사람들을 싫어했다. 그러나 그는 그런 극단주의자에 대해서 아는 것마저도 자기인식에 도움이 된다고 보았다. 또한, 가식적인 행동을 전혀 하지 않았다. 사소하고 무의미한 일을 하느라고 소중한 시간을 낭비하기에는 인생이 너무 짧다고 생각했기 때문이다.

현대의 대학들도 마찬가지겠지만 당시의 대학들은 도덕에 거의 관심을 두지 않았는데 몽테뉴는 이를 슬퍼했다. 그는 도덕교육이 필수적이라 봤으며, 그가 '수다스러운 시장'이라고 조롱했던 대학들은 도덕교육을 거의 하지 못하고 있다고 비판했다. 몽테뉴가 오늘날의 '최고의 유희거리'인 텔레비전의 역할에 대해서는 어떻게 생각할지 궁금하다.

몽테뉴는 엄격한 자기반성을 통해 윤리체계를 발전시키는 것이 좋다고 생각했다. 누구도 도덕을 배울 수 없다고 믿었다. 도덕은 내면으로부터 나오고 자기반성과 고민으로부터 이루어지며, 자아계발과 사회발전 간의 조화에 영향을 미치게 된다. 몽테뉴는 아리스토텔레스의 중용의 덕을 추구하고 살았으며, '영혼의 위대함'은 극단적인 상황이 아닌 보통의 편안한 상황에서 발견된다고 말했다. 그는 '인간답게 행동하는 것처럼 아름답고 올바른 것은 없고, 삶을 자연스럽게 잘 살아가는 것만큼 열심히 배워야 하는 것도 없다'라고 썼다.

오늘날의 저널리스트는 몽테뉴로부터 글쓰기의 기술뿐 아니라 좋은 인생을 사는 방법을 배울 수 있다. 몽테뉴는 회의론, 인생에 대한 애정, 자신을 이해함으로써 남을 이해할 수 있는 역량, 유머와 자기성찰이 더해진 정직성 등을 보여주며 오늘날 저널리스트들의 위대한 스승이 되고 있다.

9

존 밀턴

John Milton (1608 ~ 1674)

존 밀턴은 영국의 시인이다. 런던에서 청교도 신앙을 가진 부유한 공증인의 아들로 태어났다. 일찍부터 학문과 문학에 재능과 열정을 보였으며, 16세에 케임브리지 대학교에 입학했다. 청교도 혁명으로 수립된 올리버 크롬웰 정부에 투신해 약 10년간 라틴어 장관을 지냈으며, 종교·언론·정치 문제에 관심을 갖고 많은 소논문을 집필하였다. 특히 이혼의 자유에 대한 글은 영국 사회의 논란을 일으켰다. 1660년에는 찰스 2세의 즉위로 영국 공화정이 역사의 뒤안길로 사라짐에 따라, 정계에서 퇴각하는 정치적 불행도 맞았다. 하지만, 딸들의 도움을 받아서 집필한 《실낙원》(*The Paradise Lost*)은 인간의 원죄를 주제로 한 기독교적 성격의 대서사시로 영국 르네상스시대의 최고 걸작으로 손꼽히는 명작이다.

영국의 작가인 존 밀턴은 사상가 이전에 시인으로서의 탁월함에 대해서도 감히 누구나 부인하지 못하는 명성을 지니고 있다. 그의 대표작인 《실낙원》(*The Paradise Lost*)은 영문학에서 가장 위대한 성과의 하나로 인정받고 있다. 밀턴은 세계 저널리즘계에서도 큰 족적을 남겼다. 우선 저널리즘의 관점에서 본다면 밀턴은 명문장가로서의 천재성보다는 검열에 대항하여 쓴 열정적인 글 때문에 더욱 유명하다.

자유로운 표현을 적극 지지한 이 소책자는 '아레오파지티카(대법관이란 의미의 라틴어) : 허가받지 않고 인쇄할 자유를 위해 영국의회에 보내는 밀턴의 편지'란 제목으로 1644년 11월 24일 발간되었다. 물론 이 편지는 언론의 자유를 위한 더 높은 의미보다는 밀턴의 불행한 결혼생활, 그리고 이로 인한 이혼의 필요성 등을 목적으로 쓰였지만 표현의 자유에 대한 그의 강렬한 주장 때문에 언론의 주목을 곧잘 받는 표현의 자유라는 주제가 논의될 때마다 항상 그의 이름은 1644년 출판되어 검열제도를 고발한 책 《아레오파지티카》와 함께 거론되었다. 특히 미국의 저널리스트의 경우 밀턴을 영국의 학문적 토양에 최초로 언론의 자유를 확고하게 심어주어 후에 미국 식민지로 전파되도록 한 선구적 사상가로 여긴다.

이혼에 찬성한 그의 소논문과 달리, 검열제도를 강하게 비판한 밀턴의 《아레오파지티카》는 출판 당시 정부나 종교 당국으로부터 거의 관심을 받지 못했다. 거의 한 세기 동안 그 소논문은 표현의 자유를 위한 촉매제 역할을 하지 못했다. 그러다 미국에서 존 피터 젠거(John Peter Zenger)의 재판이 있었던 1735년에 《아레오파지티카》는 표현의 자유와 검열제도의 폐지에 대한 요구의 물결에 불을 붙였다. 《아레오파지티카》에서 이렇게 말한다. 언론자유를 물리적으로 제약하려는 자는 "정원문을 잠그고 까마귀를 잡았다고 생각하는 용사와 같다"고.

소논문이 처음 출판되었을 당시, 영국에는 엄격한 검열제도가 존재하고 있었다. 17세기 중반까지 상황은 더욱 악화되어, 많은 소논문 저자들이 악명 높은 성실청 법원(*star chamber*)에 끌려가 무거운 형벌을 받았다. 이렇게 어려운 시기에 밀턴은 체포되었고 다른 올리버 크롬웰의 프로테스탄트 추종자들은 죽임을 당했다. 밀턴은 검열제도를 가톨릭교회의 종교재판의 부산물로 보았다. 즉, 검열은 그가 생각한 영국의 프로테스탄트주의와 일관되지 않는 것이었기 때문에 받아들일 수 없었던 것이다.

밀턴은 긴 생애 동안 열렬한 청교도였으며 기독교 정통신앙에 의문을 가졌다. 그는 헌신적인 성서학자였고, 종교를 향한 관심은 위대한 서사시 《실낙원》(1667)을 탄생시켰다. 영국 교회와 가톨릭교에 대한 그의 반대는 지속적이었으며 때로는 격렬했다. 사실, 밀턴은 1649년 크롬웰 섭정 때 국가위원회의 라틴어 비서관이 된 후 20년 동안 가톨릭교회의 문서를 검열했고, 가톨릭교도를 '천박한 교황의 추종자들'이라고 비난했다. 이러한 검열제도 체제에 대한 그의 증오가 앞에서 말한 이성과 표현의 자유에 대한 공공연한 애정으로 나타나게 된다.

그럼에도 불구하고, 역사는 밀턴의 인생에서 보이는 이러한 모순을 간과하고 그를 표현의 자유의 최고봉으로 기억한다. 특히 저널리스트는 밀턴의 진실이 최근 올리버 웬들 홈즈가 '사상의 시장'라고 불렀던 곳에서 허위에 대항하여 승리할 것이라는 생각에 감탄한다. 오늘날, 이 승리는 '자기 수정의 원리'로 불린다. 밀턴의 《아레오파지티카》에 나오는 유명한 한 구절은 이 개념을 잘 표현한다. '온갖 교리가 이 땅에 활개를 치도록 하더라도 진실이 그곳에 있을 것이다. 그러므로 허가와 금지로 진리의 힘을 의심하는 것은 옳지 않다. 진실과 거짓이 맞붙어 논쟁하게 하라. 자유롭고 개방된 대결에서 진실이 불리해지는 것을 본 적이 과연 있는가?'

이러한 말은 감동적이고 숭고하지만, 강한 프로테스탄티즘으로 가톨릭교를 허용하지 않았던 진짜 밀턴은 감춰져 있다. 그가 제안한 표현의 자유에 대한 개념은 민주주의적인 것이 아니었다. 오히려 그는 '어리석은 군중'이라고 치부한 대중을 대상으로 하는 검열제도가 필요하다고 믿었다. 자유는 지적인 귀족들과 학자계급에게만 주어져야 한다고 생각했던 것이다.

그의 자유에 대한 모순적인 생각에도 불구하고, 밀턴은 의견과 관점의 다양성, 즉 미국 저널리스트들이 오늘날 높이 존경하는 '언론의 다원주의'의 중요성에 대해서 썼다. 비록 지식인들에게만 한정되었다고는 해도 밀턴에게 이것은 열린 토론이었음이 틀림없다. 이것마저 없었다면 그의 많은 중요한 사상들이 영원히 잊혀졌을 것이다. 밀턴에 따르면 반대의견은 매우 소중하다. 반대자가 없다면, 사회는 병적인 획일주의에 빠질 것이기 때문이다. 현대의 저널리스트는 이러한 주장에 찬성할 것이다. 오늘날 수많은 신문 사설과 논평, 라디오와

텔레비전의 토크쇼가 갖는 다양성은 이런 밀턴의 생각을 계승한다.

그러나 언론의 자유에 대한 강경한 대변자로서의 밀턴의 삶은 자유가 가진 기본적 모순을 방증한다. 모든 인간과 사회는 자유와 질서정연한 사회에 대해서 이중적 욕망을 가지고 있다. 저널리스트는 자유가 값지다는 것을 알면서도 자유가 가져올 수 있는 문제와 피해, 불의를 인정한다. 1791년 미국 건국의 시조들이 '국회는 언론의 자유를 제한하는 법을 만들어서는 안 된다'고 선언했을 때, 그것은 의심할 여지없이 옳은 것이었지만, 생각이 깊은 사람이라면 언론의 무제한적 자유가 건전한 사회질서를 위협할 수 있다는 것을 안다.

저널리스트에게 자유는 소중한 것이지만, 유일한 가치는 아니며, 다른 개념과 더불어 중요하다. 《아레오파지티카》에서 발견되는 단호한 표현에도 불구하고, 밀턴이 무한한 언론의 자유를 지지했다고는 보기 어렵다. 밀턴은 분명히 정의롭고 올바른 사회에서는 한 가지 이상의 원칙이 인정되어 다양한 원칙이 서로 경쟁할 수 있어야 한다고 생각했을 것이다. 밀턴의 삶은 표현의 자유와 타당한 근거를 바탕으로 한 자유의 제한 간의 충돌을 그대로 보여준다.

그러나 우리는 표현의 자유를 절충하는 데 주의해야 한다. 잘 알려진 '발부터 들여놓기'의 문제가 쉽게 제기될 수 있다. 한 번 자유에 간섭하기 시작하면, 더 나은 선(善)을 위해 자유를 제한하고, 그러면 결국 어디서 멈춰야 할지 모르게 된다. 밀턴의 자유에 대한 진술에 맹세했을지라도 대부분의 저널리스트는 '사회적 선'이 단순히 모든 사람들이 말하는 어디서나, 언제나, 어떤 것에나 통용되는 것 이상이라는 사실을 깨달을 것이다.

우리는 최소한 머릿속에서만이라도 자유를 제한하는 선(善)을 그을 수 있다. 밀턴이 그의 생에서 그랬던 것처럼 자유로운 표현의 방침에 예외를 둘 수도 있다. '자유로운 사상의 시장'이라는 개념은 숭고하지만, 물건을 내놓기를 바라는 모든 사람에게 기회를 주는 것은 다른 문제다. 물건을 광고하는 사람이 허위사실을 광고한다면 어떻게 할 것인가? 인종차별주의자들이 공동체의 적대감을 자극하고 사회를 불안정하게 만들려고 한다면 어떻게 할 것인가? 법관 홈스가 사람이 많은 극장에서 거짓으로 '불이야'라고 외친다면 어떻게 할 것인가?

최소한 대중매체에 있어 표현의 자유에 제약을 가하는 일은 흔하다. 물론, 표현의 자유에 예외를 만들 때마다, 문에 발을 들여놓는 것과 같다. 표현의 자유를 제한하기 위해 예외를 만들고자 하는 욕망은 도덕이나 윤리를 따르는 과정에서 자연스럽게 생겨날 것이다. 저널리스트의 사회적 선에 대한 깊은 존중은 자유에 대한 단순한 애정을 뛰어넘기도 한다. 사실상, 그것은 윤리적 고민의 증거라고 할 수 있다.

자유로운 표현에 대한 밀턴의 적극적인 지지는 서구세계에 널리 퍼져서 식민지 미국의 건국의 아버지들, 그리고 그 당시와 오늘날 저널리스트들에게 사상적으로 기댈 근거를 주었다. 밀턴의 이 같은 정신은 나아가 프랑스의 볼테르나 독일의 맑스와 같이 완전히 다른 종류의 사상가들에게도 지대한 영향을 미쳤다.

그러나 안타깝게도 밀턴은 표현의 자유의 장점 및 검열제도 비난의 근거와 관련된 윤리에 대해 많이 언급하지 않았다. 오늘날 저널리스트는 밀턴이 기독교 도덕률이 가진 표현의 자유에 분노했던 것은 그의 종교적 열의 때문이었다는 사실을 이해해야만 한다. 예를 들어, 밀턴은 그럴 자유가 있다 해도 거짓말을 해서는 안 된다고 할 것이다. 저널리스트는 밀턴에게서 진실이 거짓과의 싸움에서 이긴다는 증거를 발견하지 못할 것이다. 밀턴은 단순히 그것에 대해 말했을 뿐, 증명하지는 못했다.

존 스튜어트 밀과 같은 많은 철학자는 밀턴의 사상이 단지 미사여구(美辭麗句)로 치장된 통념에 불과하다고 무시했다. 우리 모두가 그렇듯 저널리스트는 자기 수정의 과정을 믿고 싶어한다. 그렇지 않으면, 언젠가는 진실이 증명되기만을 바라면서 영원히 알 수 없는 진실에 삶을 바치게 될 것이다. 만약 진실이 밀턴이 생각했던 것처럼 강력하다면 진실을 보고 그것을 알 수 있을 것이다. 그러나 저널리스트는 진실을 알아볼 수 있을까? 그리고 저널리즘 소비자들은 자신에게 전달되는 모든 정보 중에 진실을 가려낼 수 있을까? 밀턴은 그러한 의심을 하지 않았고, 그것은 잘한 일이다. 진실이 거짓을 이긴다는 생각은 우리를 편안하게 해주고, 자유를 이용해 진실을 찾으려고 노력이라도 하는 저널리스트에게는 촉매제 역할을 해줄 것이기 때문이다.

10

존 로크

John Locke (1632 ~ 1704)

존 로크는 영국의 철학자이자 정치사상가다. 그는 영국 최초의 경험론 철학자로 평가받으며, 그의 사회계약론도 동등하게 중요한 평가를 받는다. 그의 사상은 인식론과 더불어 정치철학에 매우 큰 영향을 주었다. 그는 가장 영향력 있는 계몽주의 사상가이자 자유주의 이론가로 널리 알려져 있다. 그의 저서들은 볼테르와 장 자크 루소에게 영향을 주었으며, 미국혁명뿐만 아니라 여러 스코틀랜드 계몽주의 사상가들에게도 영향을 미쳤다. 이러한 영향은 미국의 독립선언문에 반영되어 있다.

로크에 의하면 통치권력은 어디까지나 자연상태로부터 '모든 개인의 동의에 의거하여' 성립되어야 한다. 그런데 사람은 자연상태에서 누구나 자신의 소유물과 신체를 처리할 수 있는 완전한 자유를 누리며, 누구나 똑같은 권리를 누리는 평등한 존재이다. 그러나 자연상태는 '방종의 상태'가 아니다. 자연법은 '모두 평등하고 자립적으로 존재하면서 누구도 타인의 생명, 건강, 자유 및 재산을 침해해서는 안 된다'고 지시한다.

계몽철학 및 경험주의 철학의 원조라 불리는 위대한 철학자 로크는 영국 브리스톨 근교에서 태어났으며, 옥스퍼드대학에서 철학, 자연과학, 의학 등을 공부하였다. 이성에 대한 애정과 자연법의 중요성을 강조하는 로크의 '책임감 있는 개인주의' 사조는 17세기 영국에 큰 영향을 미쳤다. 로크는 왕권의 권력을 제한하고 의회를 구성하며 종교의 자유를 보장하고자 했던 영국의 시민혁명기에 활발한 활동을 하였다. 그는 정치와 철학 분야 모두에서 주도적 역할을 하였다.

그가 저술한 《인간오성론》은 경험론의 확립에 획기적인 공헌을 하였다. 경험론은 데카르트로 대변되는 대륙의 합리론을 계승하는 철학사조로 확실성의 개념과 인간지식의 한계를 다룬다. 뿐만 아니라, 오늘날 저널리스트에게도 중요한 진실, 객관성과 같은 인식론적 문제에 대한 의견을 밝히고 있다. 같은 해에 로크는 《통치론》을 출판하면서 국왕의 신성한 권리는 존재하지 않으며 사람은 자연상태에서 모두 평등하고 자유로울 수 있는 권리, 즉 자연권을 가지고 있다고 주장하였다.

청교도혁명과 왕정복고 및 명예혁명을 거치면서 절대왕정이 공화정으로 대체된 영국의 시민혁명기에 활동한 존 로크가 명예혁명이 있은 지 2년 후인 1690년에 출판된 이 책은 명예혁명을 옹호한 가장 중요한 저술이다. 사실 책 내용의 대부분이 명예혁명 이전에 쓰인 것이긴 하지만 근대자유주의 정치이론을 정초한 최초의 본격적인 저술로서 평가받는다.

이 책은 두 편의 논문으로 구성되어 있다. "로버트 필머 경과 그 일파의 잘못된 원리와 논거를 밝히고 논박한다"는 제하의 첫 번째 논문은 '사람은 자유롭게 태어나지 않았다'는 명제에 입각하여 절대왕정을 옹호한 필머와 그 일파의 주장을 전면적으로 논박하는 내용이다. 두 번째 논문인 "시민정부의 참된 기원과 범위 및 목적에 관한 소론"에서 로크는 자신의 정치권력론을 체계적으로 개진한다. 이 사상은 미국과 프랑스의 헌법제정에 지대한 영향을 주었고, 이는 서구 민주주의의 근본이 된다.

로크는 다른 경험론자들과 마찬가지로 인간의 지식은 경험에서 기인한다고 믿었으며 인간의 선험적 지식을 부정했다. 인간의 사고는 때묻지 않은 백지상태이며 이것은 사고와 감각을 통한 경험에 의해서만 채워질 수 있다는 것이다. 이성적 존재로서 사람은 자연법에 따라 생활한다. 때문에 자연상태는 애초에 평화적이고 목가적인 상태였다. 그러나 화폐의 발생과 더불어 사태는 달라진다. 즉, 화폐는 썩지 않고 얼마든지 축적할 수 있다. 게다가 사람들간에는 근면의 정도 등에 차이가 있다. 이로 인해 사람들간에 소유물의 차이가 생기게 되고, 다른 사람의 소유권을 침해하는 사태 역시 발생하게 된다.

이런 사태를 종식시키고 사람들이 '생명', '자유', '자산'이라는 자연권을 보다 안전하게 향유하기 위하여 각자가 가진 개인적 처분권을 정부에 위임할 것을 결의함으로써 사람들은 자연상태 대신 정치사회에서 살기에 이른다. 그런데 '정치사회 결성의 목적이 재산보호에 있다'는 그의 주장은 정치적 자유주의이론의 핵심요소에 속한다. 이와 더불어 그가 제시한 제한정부론, 권력분립론, 행정부에 대한 입법부의 우위론, 법치국가론 역시 정치적 자유주의의 중요한 구성요소들에 속한다.

로크는 현대의 저널리스트에게 스스로를 현실에 내던져 가능한 많은 경험과 생각을 하라고 권할 것이다. 아무것도 모르는 상태에서 사건을 기술하는 데 유용한 자료만으로 사건을 바라보라는 것이 로크가 저널리스트나 해설자에게 해줄 수 있는 말이다.

로크주의 저널리스트는 단순히 정보를 취합할 뿐 아니라 사고가 깊고 지적이며 합리적이다. 존 로크는 모든 인간이 자기가 하는 행동과 그 행동이 창조한 개인화된 자아에 대한 인식으로 이루어진다는 실존적 명제를 발견했다. 로크는 도덕적 저널리스트라면 도덕률(道德律)에 따라 무엇이 옳고 선한가에 대하여 진지하게 생각한 후 행동에 옮겨야 한다고 말한다. 도덕률은 궁극적으로는 자연법에서 발견된다.

로크는 사람이 우연하게 윤리적 존재가 될 수는 없다고 말한다. 더 나아가 습관에 의해서도 윤리적 존재가 될 수 없다고 보는데 이것은 아리스토텔레스나 공자의 생각과 배치되는 점이다. 도덕적이고 선한 행동이 습관적 행동의 결과로 나타날 수는 있지만, 도덕적으로 행동하기 위해서는 반드시 옳고 그름에 대한 이해를 바탕으로 한 자각이 필요하다. 일례로 기사에서 강간 피해자의 이름을 빠뜨린 저널리스트의 경우, 도덕적 판단을 내린 것이라고 할 수도 있지만, 단순히 습관적으로 그렇게 한 것일 수도 있다는 의미다.

로크의 도덕률은 어디에서 기인한 것일까? 로크의 개인적 기질과 가치체계를 보여주는 두 가지 자료가 있다. 하나는 성경에서 얻는 도덕률이고 다른 하나는 이성을 통한 도덕률이다. 이것은 로크가 우선은 기독교를 독실하게 믿었다는 것과 그 다음으로는 이성을 신뢰했다는 것을 의미한다. 로크는 도덕적인 것은 곧 이성적인 것이라고 말하고 있다. 또한, 도덕률은 성서에서 발견되는 것과 같은 자연법이라고 말한다. 그러나 도덕률은 이성을 통해서도 얻을 수 있는데, 이것은 신의 계시를 듣는 것과 동일하다고 말하고 있다. 성서를 통해서든 우리 고유의 이성을 통해서든 방식에 상관없이, 결국 신의 도덕률을 따르게 될 것이기 때문이다. 어쨌든 로크에게 도덕적이라는 것은 이성적인 것과 같은 말이다.

로크는 우리 모두 평화를 유지하고 서로가 서로에게 해를 끼치지 않도록 구속하는 자연법에 따를 책임이 있다고 말한다. 만약 자체적으로 자연법을 따를 수 없으면 생명, 자유, 재산과 같은 자연권을 보장할 수 있도록 정부와 개인 간에 '계약'을 하게 된다. 로크는 통치자가 이러한 권리를 보호하지 못하거나 자신의 권력을 남용하는 경우, 국민이 통치자를 몰아내는 것이 정당화된다고 믿었다.

로크는 자유주의자였다. 완전한 인간으로 거듭나기 위해서는 자유가 꼭 필요하다고 믿었다. 모든 사람은 자유로울 수 있는 자연적 권리를 가지고 있으며, 타인의 의지에 따라 종속되어서는 안 된다. 로크에게 자유란 '타고난' 권리이며, 후에 존 스튜어트 밀이 주장한 바와 같이 '사회적 공익에 기여하기 때문에 자유가 좋은 것이 아니라 자유 자체가 본질적으로 좋은 것'이라고 생각했다. 물론 그는 자유를 완전한 것으로 생각하지는 않았다. 인간은 사회 속에서 살아가고 그 자신의 안녕을 위해서는 무정부상태가 아닌 질서를 필요로 하기 때문이다. 따라서 이성은 자유의 한계를 규정하는 역할을 한다. 인류에게 꼭 필요한 질서 있고 도덕적인 삶을 살기 위해 이성적인 사람들은 자발적으로 상당한 자유를 포기한다. 로크는 이러한 자유의 이성적 관리가 인간을 '인간보다 훨씬 못한 야생짐승'과 구별하게 하는 것이라고 말했다.

로크는 이성이 없는 자유는 단순한 방종이라고 믿었다. 사람은 자연법에 의해 자유로우며, 누구나 생명, 자유, 재산에 대해 양도할 수 없는 권리를 갖는다. 그러나 자신의 자유나 재산을 침해하는 사람에게 저항하고 징벌할 수 있는 자연권(自然權)도 함께 가진다. 타인에게 힘을 휘둘러 그들의 자연권을 빼앗는 이성적이지 않은 사람들이 있기 때문에 전쟁과 혁명이 일어나게 되는 것이다. 이성이 결여된 자유는 혼돈과 폭력적인 투쟁을 불러일으킨다. 따라서 자유는 반드시 이성에 의하여 조정되어야 하며, 특히 저널리스트는 이성으로 도출한 것이 아니라면 자유의 권리를 가질 수 없다. 따라서 로크는 분명 '순수한' 자유주의자는 아니다. 그의 자유에 대한 사상에는 매우 중요한 단서가 전제되어 있다.

로크의 사상에서 사람이 갖춰야 할 가장 중요한 조건은 아마도 이성(理性)일 것이다. 사실, 그는 정부 참여의 조건으로 재산이 아닌 이성을 들었다. 사람마다 갖추고 있는 이성의 수준이 다 다르다고 가정했기 때문이다. 인간의 본성에 대한 로크의 긍정적 견해는 동시대 학자였던 토마스 홉스의 비관적 견해와 대조되는 것이었다. 홉스는 시민을 통제하기 위한 강력한 리더십이 필요하다고 생각했다. 강력한 정부가 없으면, 사람들이 서로에게 포악하게 행동해 사회가 늘 불안할 것이라고 보았다. 그러나 시민들을 균형과 자정(自淨)능력을 갖춘 존재로 보았던 로크는 시민들이 정부의 간섭을 받지 않고도 조화롭게 생활할 수 있다고 보았다. 정부의 역할은 주로 시민의 안전과 자연상태의 안정성을 유지하는 정도로만 필요하다고 생각했다.

로크가 자유주의자로 불리는 데 반해, 홉스는 보수주의자, 심지어는 권위주의자라고 불린다. 이러한 두 가지 견해, 즉 자유주의와 권위주의는 로크의 《통치론》과 토마스 홉스의 《리바이어던》에서 각각 극명하게 대비되어 나타난다. 로크의 사상은 토마스 제퍼슨 및 여타 미국의 건국자들에게 막대한 영향을 미쳤으며, 미국 저널리즘 역사에도 큰 영향을 미쳤다. 반대로 토마스 홉스의 견해는 루소, 스탈린과 히틀러 그리고 기타 독재자들에게 큰 영향을 미쳤다.

로크의 도덕개념은 이성과 종교에서 온 것이다. 로크는 신의 계시가 모든 도덕적 진실을 포용하지는 못하지만, 그 진실의 기초는 '신성법'에서 찾을 수 있다고 말했다. 또, 이성을 통해 발견될 수 있는 자명한 도덕적 진실도 있다고 했다. 비록 도덕적 진실에 대한 로크의 생각이 다소 모호하긴 하지만, 기독교 도덕률에 근간을 두고 있다. 그는 사람들이 각자의 목적에 맞게 정의(*justice*)를 정의(*define*)할 수 있다고 말하지 않았다. 이런 개념은 상대적이지 않기 때문에 기독교적 진실이나 이성으로 추론된 진실의 튼튼한 토대 위에 세워져야 한다는 것이다. 그렇다면, 이성적 진리는 어디에서 오는가? 로크는 이성적 진리가 교육이나 사회로부터 온다고 말했다. 사회화과정은 부분적으로 도덕규범을 배우는 과정을 포함한다. 로크는 다양한 저술에서 이성을 통해 깨달을 수 있는 자연법을 다음과 같이 정리해 보여주었다.

- 신에 대한 사랑과 숭배
- 상사에 대한 복종
- 다정다감하고 유순하며 순수한 기질
- 사실을 말하고 약속을 지키는 것
- 이유 없이 다른 사람의 생명이나 재산을 침해하지 않는 것

- 도둑질이나 살인하지 않는 것
- 이웃과 부모를 사랑하는 것
- 어려운 사람을 돕고 배고픈 사람에게 양식을 제공하는 것
- 자녀를 보호하고 양육하며 교육하는 것

이러한 '자연법'은 로크가 성경을 바탕으로 도덕률을 만들었다는 사실을 여실히 보여준다. 하지만, 로크는 성경 없이도 도출해낼 수 있는 '이성적' 계율이라고 말할 것이다. 그는 이것이 '상식적' 계율 및 실용적 계율로서, 종교적 도덕률과 일치하면서도 이에 종속되지는 않는다고 했다. 또한, 로크는 행동을 인도하는 다음과 같은 세 가지 법을 말했다. 신성법(신이 내리는 영원한 상이나 벌), 시민법(법적 형벌), 여론법(칭찬이나 비난을 통한 사회적 압력)이 그것이다. 이 세 가지 형태의 법 모두 인간의 도덕적 발전을 돕는다.

그렇다면, 로크의 삶과 사상이 현대의 저널리스트에게는 어떤 영향을 미치는가? 로크는 저널리스트에게 다음과 같이 충고할 것이다.

절대론자가 되지 말고 중도(中道)를 지킬 것, 신중하게 관찰하고 말할 것, 자신은 물론 타인을 위해서도 자유를 사랑할 것, 언어를 중요하게 생각해 열심히 공부하고 정확하게 구사할 것, 정부는 국민의 동의를 얻어야 하며 부패한 지도자는 몰아낼 것, 행복하고 긍정적인 자세를 갖고 문제제기뿐만 아니라 문제해결에도 적극적으로 임할 것, 말만 하는 사람이 아니라 행동하는 사람이 될 것, 합리적이고 사려 깊은 사람이 될 것, 종교적 기본기를 갖출 것, 사회의 복지와 권익과 함께 개인의 자유를 최대화하는 데 앞장설 것 등이 그것이다.

언어를 중시하고 경험적 지식을 신뢰하며 윤리적 행동을 깊이 고민하고 자유를 이성적이고 책임감 있게 누리며 교육에 대해 기본적 관심을 가졌던 로크의 특징들은 현대 저널리스트들에게 매우 큰 지혜의 유산으로 남는다. 인민의 동의가 권력행사의 기초이고, 인민이 저항

권을 지님을 인정하고 있는데, 이런 점들은 그의 정치이론이 지닌 민주적 요소에 속한다.

그러나 그의 이론은 정치사회를 결성하는 주체를 실질적으로는 유산자층으로 제한하고 있고, '치자(治者)와 피치자의 일치'를 적극 사고한 장 자크 루소와는 달리 권력의 '양도'를 정치사회 결성의 전제로 삼고 있는 것과 같은 한계점을 가진다. 그런 한계점에도 불구하고 로크의 이론은 미합중국의 독립혁명과 프랑스 혁명에 많은 영향을 미치고, 이후 '자유주의의 민주화'를 추구한 '진보적 자유주의'의 출발이론으로 기능했다는 점에서 커다란 역사적 의의를 지닌다.

존 로크는 반세기 전에 살았던 존 밀턴과 마찬가지로 영국의 검열제도를 없애려고 부단한 노력을 기울였다. 영국 하원에 공식적인 검열제도의 폐지를 요청하기 위해 장황한 이론을 마련하기도 했다. 딱히 저널리즘의 자유를 말한 것은 아니었지만, 이미 관습법을 통해 사회가 무분별한 발언으로부터 보호되고 있기 때문에 검열제도가 필요하지 않다고 주장했다. 또, 그가 강조한 재산권은 정부통제로부터 독립해 민영화된 오늘날 신문사의 현실과 연결해 생각해 볼 수도 있다. 이것은 언론의 자유에 있어 큰 발전이었다.

11

볼테르

Voltaire (1694 ~ 1778)

볼테르는 널리 알려진 프랑스 계몽주의 작가이다. 일부에서는 볼테르가 무신론자였다고 주장하지만, 역사속의 볼테르는 개신교도 종교의 자유를 가져야 한다고 주장할 정도로 진보적인 로마 가톨릭교회 신자였다. 부르주아 출신인 그는 예수회 교도들이 경영하는 학교에서 공부하였다. 그는 일찍부터 문학에 뜻을 두고 자유사상가와 사귀었다. 1717년 루이 16세의 섭정 오를레앙 공작 필리프 2세를 풍자한 시를 썼다고 오인돼 투옥되었다. 출옥 후 비극 《오이디푸스》의 대성공으로 이름을 날렸고, 궁정에서도 주목을 끈다. 생전에 많은 비극을 발표하여 고전 비극의 계승자로서 자타가 공인하였으나, 오늘날에는 《자디그》나 《캉디드》 등 사상소설과 저널리스틱한 계몽활동이 높은 평가를 받는다.

프랑수아 마리 아루아 볼테르는 18세기 모든 프랑스 철학가 중에서도 오늘날 저널리스트들 사이에 가장 많이 회자되는 인물이다. 그는 소설, 희곡, 정치, 평론, 에세이, 편지로 사회에 대한 이해와 사회의 요구, 진보를 전달하고자 했던 다재다능한 문학가였다. 다른 예를 들 필요 없이, 그의 유명한 금언(金言), '나는 당신의 견해에 동의하지 않는다. 그러나 자신의 견해 때문에 핍박을 받는다면 나는 당신 편에 서서 싸우겠다'만으로도 저널리스트에게 많은 지지를 받고 있다. 이 말은 표현의 자유에 대한 저널리즘의 진언(眞言)과도 같은 것이기에 지속적으로 회자(膾炙)되고 있다.

그는 입증되지 않은 정보는 불신하는 한편, 폭넓은 관심사와 신랄한 문체로 100권이 넘는 책을 쓴 대문학가이다. 그가 저널리스트와 작가에게 주는 교훈은 '열심히 일하라'이다. 일에 몰두하지 못하는 사람은 존재하지 않는 것과 같다고 믿었던 그는 '선하지 않은 유일한 사람은 게으른 사람'이라고 말하곤 했다. 확실히 그는 근면과 이성주의, 그리고 그 시대의 논쟁을 좋아하는 사람의 전형이었다. 빅토르 위고는 볼테르가 18세기의 모든 특징을 가지고 있다고 말할 정도였다.

이 사나운 프랑스인은 타고난 싸움꾼이었다. 거친 유머와 냉소주의로 미신과 부패를 비웃었다. 또한, 교회와 정부의 폭압과 맞서 프랑스 대혁명으로 프랑스 왕권을 붕괴시켰던 로베스피에르나 당통과 같은 혁명주의자에게 지식의 근원을 제공했다. 그는 83년의 전 생애 동안 사회에 많은 영향을 미쳤다. 망명과 투옥, 수차례의 금서령에도 불구하고 끊임없이 사회의 부조리를 풍자하는 한편, 이성과 교육이 정치적 변화를 일으킬 수 있어야 한다고 촉구했다.

그는 1737년 저서인 《저널리스트에게 보내는 편지》에서 저널리스트들에게 독자의 흥미를 지속적으로 끄는 동시에 신뢰감을 주는 글을 쓸 것을 촉구하였다. 그 스스로 자신의 글에서 이를 확실하게 실천했는데 사람들은 그가 글을 너무 잘 써서 철학을 논하고 있다는 사실조차 깨닫지 못할 정도였다고 한다. '좋은 글이란 말 그대로 잘 쓴 글'이라고 믿었던 볼테르는 저널리스트라면 누구보다도 글을 잘 써야 한다고 다그쳤을 것이다.

또한, 볼테르는 저널리스트라면 무엇이든 자신이 직접 확인하기 전에는 믿지 못할 정도로 의심이 많아야 한다고 생각했다. 그리고 그는 계속해서 표현의 자유를 찬양했다. 특히 그 유명한 《철학사전(당대의 자유주의 작가들이 쓴 글모음)》에서, 그는 검열에 대해서 조목조목 반박하고 이성의 자유로운 표현을 주장하며 언론의 자유가 지닌 가치를 고찰했다.

사회개혁주의자인 볼테르는 몽테스키외, 루소, 엘베시우스 등의 다른 철학자들과 같이 낡은 사회구조를 타파하고 새로운 사회를 열어야 한다고 생각했다. 이를 위해 그는 대중들이 기존의 생각을 어리석다고 생각하게 하여 변화를 촉구하게 하는 풍자법(諷刺法)을 만들었다. 그의 풍자법은 세련되다 못해 체계적이었으며 그의 기지를 알아차릴 수 있을 만큼 충분히 교양 있고 예민한 사람들을 상대로 하는 것이었다. 볼테르는 무엇인가를 조롱하고 의심하는 것이 이성에 대한 존중이라고 생각했다. 이성을 풍자의 전제조건으로 보았다.

볼테르의 풍자에서 가장 인기 있는 영역은 종교였다. 그는 조직화된 종교를 싫어하고 종교적 관용을 옹호하였다. 볼테르는 다음과 같이 말하였다. '사상과 사람을 조롱하라. 조롱은 진지한 방식으로 하라. 사회의 부조리를 보여라. 가볍되 그 안에 가시를 감춘 채 악인을 조롱하라. 주제를 재치 있고 새로운 방식으로 다루되 신중한 경험과 비판적 분석을 갖춰라. 가능하다면 과학적 방법도 사용하라.' 또, '직접적으로 인용하거나 다른 자료를 옮겨 쓸 때는 정확해야 하며 주의 깊은 관찰을 해야 한다'고도 말했다. 볼테르는 로크나 흄과 같은 영국의 경험주의자에 의해 많은 영향을 받았다. 그의 과학적 태도는 후세의 저널리즘에 상당한 영향을 끼쳤다.

그러나 볼테르는 그의 과학적 성향에도 불구하고 사실을 있는 그대로 수집하기를 거부하고 화려한 글쓰기를 하였다. 그는 주로 역사에 대한 글을 썼으나 저널리즘에 대한 글도 쓸 수 있었을 것이다. 그는 글이란 재미있고 생생해야 한다고 생각했다. 무엇보다도 내용을 가장 중시했음에도 불구하고, 문체에도 매우 열중했다. 문인에게는 두 가지 중요한 의무가 있다고 생각했는데 욕하지 않는 것과 다른 사람을 지루하게 하지 않는 것이 바로 그것이다. 볼테르의 글은 절대로 진부하지 않았다. 풍자와 재치가 겸비된 그의 경험론은 결코 현학적이거나 저열하지 않았다. 그렇기 때문에 오늘날의 저널리스트는 그의 저서를 통해 많은 것을 배울 수 있다.

볼테르의 합리주의와 맞대결을 이루는 것이 장 자크 루소가 불러일으킨 프랑스의 새로운 낭만주의다. 교육자인 윌 듀랑은 그의 저서 《철학 이야기》에서 '프랑스의 복잡한 정신은 너무나도 다르면서도 여전히 프랑스적인 이 두 사람으로 나누어진 듯하다'라고 쓰기도 했다. 여기서 볼테르는 지성을 대표하고 루소는 본능을 대표한다. 볼테르는 이성을 옹호했지만, 루소는 이성에 대한 믿음이 거의 없었다. 볼테르는 사회가 관리되어야 한다고 믿었으나 루소는 법이 없어져야만 모든 사람이 평등의 상태로 돌아갈 수 있다고 생각했다.

루소가 그의 저서 《인간 불평등의 기원》을 볼테르에게 보냈을 때, 볼테르는 '야만인과 동물에게서 보이는 자연상태로의 회귀를 위해 문명, 문자, 과학을 거부하는 논쟁을 담은 새로운 책'에 대해 루소에게 감사를 표했다. 그리고 볼테르는 《사회계약론》에서 다시 나타나는 자연의 자연스러운 상태를 향한 루소의 애착을 보고 슬퍼했다. 그는 원숭이가 사람을 닮았듯이 루소는 철학가를 닮았다고 친구에게 편지를 썼다. 그러나 동시에 그 책을 금지한 스위스 정권에 대해 비난하였다.

볼테르는 귀족정치를 옹호했으며 민주주의 사상과는 거리가 멀었다. 많은 편지에서 그는 일반 대중들을 '서민들'(*rabble*)이라고 칭하면서 이들이 투표권을 가져서는 안 된다고 밝혔다. 사실, 프레더릭 황제에게 보낸 글에서는 서민은 계몽할 가치조차 없다고 쓰기도 했다. 그는 프랑스 사회에 개혁이 필요하다고 보기는 했으나 권력체계에 의한 위로부터의 개혁을 선호하였다.

미국의 독립운동가들, 그 중에서도 특히 토마스 제퍼슨은 이러한 볼테르를 매우 존경하였다. 그러나 그들은 볼테르의 저서 중 자신들이 받아들일 수 있는 것만 선별적으로 받아들였다. 예를 들어 '어리석고 야만스러운' 대중에 대한 경멸은 제퍼슨이나 다른 개혁가들에게 전혀 영감을 주지 못했을 것이다. 그러나 표현의 자유에 대한 지지와 이성에 대한 깊은 사랑은 초기 미국의 사상가와 정치개혁자에게 큰 영향을 주었다. 제퍼슨과 그 친구들은 존 로크를 당시 최고의 지성으로 존경하고 있었다. 볼테르의 사상이 로크와 비슷하였으므로 그에게서도 매력을 느꼈을 것은 당연하다.

볼테르는 가끔 염세주의자로 불리기도 하지만 스스로를 현실주의자라고 여겼다. 그가 낙천적인 시각이 없는 것은 사실이지만, 절망에 좌지우지되지도 않았다. 그는 행동주의자였고 사회에서의 행동과 참여를 통해 자신을 만들어가야 한다고 믿었다. 이러한 점에서 볼테르는 후에 프랑스 철학의 궤도를 완성할 실존주의적 경향을 보이고 있다. 그는 행동하기를 주장하면서도 사색과 평화, 책과 함께하는 삶을 사랑했다.

볼테르의 동료 철학가였던 엘베시우스는 도덕을 종교의 제약으로부터 자유롭게 하여 현세의 이성적 사고의 영역에 편입시킨 데이비드 흄의 실용주의 사상을 영국으로부터 소개하였다. 흄과 엘베시우스에 의하면 선이란 즐거움을 추구하고 고통을 피하고자 하는 것으로 이루어져 있다. 또, 사회에서 행복이 최대화되는 것이 선과 도덕의 핵심이라고 하였다. 엘베시우스는 그러한 사상을 프랑스에 소개하면서 그의 저서 《정신론》에서 종교와 철학의 세계에 반대한다. 그러나 이 책은 소르본의 권력층에 의해 비난받으며 1년 뒤 의회의 명령에 의해 소각되고 그의 저서가 나온 지 7년 뒤인 1765년에 또다시 국가교회위원회에 의해 폐기조치가 되고 만다. 볼테르는 이 책이 강조하는 세속주의와 물질주의에 분노하면서 엘베시우스에게 자신은 조금도 동의하지 않는다고 명확하게 통보했다. 그러나 볼테르는 의견에 동의하지 않는 것과는 별개로 엘베시우스의 말할 수 있는 권리를 지키기 위해서라면 죽을 때까지 함께 싸우겠다는 유명한 말을 했다.

볼테르는 실용적 문제에 관심이 많아 프랑스 사상에 사회체계를 변화시키고 오래된 지배구조를 개혁해야 할 필요성을 주입시키는 데 큰 역할을 했다. 이로 말미암아 중간계층은 루이 14세의 절대왕정에 어떻게든 대응하려는 시도를 했고 이것이 결국 프랑스를 정치적 · 도덕적으로 취약한 상태에 놓이게 하였다. 중간계층의 실용적인 사람들이 옹호한 경제적·정치적 변화에 지적 기반을 마련해 준 사람들이 바로 볼테르를 비롯한 18세기 철학자들이었던 것이다. 이같이 볼테르가 영국에서 들여와 프랑스에 지적 토양에 심은 경험주의와 이성주의의 씨앗은 불공정한 법과 사회악, 종교를 계몽하는 역할을 했다.

합리주의와 경험주의는 볼테르가 평생 주창한 저널리즘과도 마찬가지로 대중을 각성시켜 기존 권력에 대해 합리적 반론을 제기할 수 있는 분위기를 조성해 주었다. 볼테르는 결코 혁명을 옹호하지 않았다. 그의 사상은 이성적이고 단계적인 사회개혁을 지향했다. 그러나 볼테르와 그 외 철학자들이 혁명의 불씨를 심자 당시 조급했던 프랑스 혁명가들은 좀더 이성적인 방식의 개혁이 성공적이지 못할 것을 깨닫고 결국 프랑스 대혁명이라는 폭력적이고 극단적인 방법의 개혁을 이루게 된다.

12

데이비드 흄

David Hume (1711~1776)

데이비드 흄은 스코틀랜드 출신의 철학자이자 경제학자, 역사가이다. 서양철학과 스코틀랜드 계몽운동에 관련된 인물 중 손꼽히는 인물이다. 역사가들은 대개 그의 철학을 회의론의 연장선상에 놓인 것으로 본다. 그러나 많은 학자들이 자연주의적 요소가 흄의 철학에서 중요하게 다뤄지는지 여부에 관해 논쟁을 벌여왔다. 즉, 흄을 연구하는 사람들은 그의 회의적인 면모를 강조하는 사람들과 자연주의자적 면모를 강조하는 사람들로 나눌 수 있다.

사회적으로 윤리적인 것이 무엇인지 말해주는 것은 이성이 아니라 사회적 관습일 것이다. 스코틀랜드 철학자 데이비드 흄은 지각과 인상이 개인에게 윤리적인 것이 무엇인지를 알려주는 도덕의 기본이 된다고 말할 것이다. 흄은 스코틀랜드 에든버러에서 태어나 에든버러 대학교에서 법학을 전공했다. 1734년부터 약 4년간 프랑스에 머물면서 《인성론》을 집필했다. 18세기의 선도적인 영국 사상가인 흄은 극단적인 회의론자이자 상대주의자로서 절대주의를 거부했고 선험적 원칙을 따르지 않았으며 사회적 관습에서 생겨난 윤리를 믿었다.

흄은 우리가 그 어떤 것도 확실하게 알 수 없다고 주장했는데 이것은 옳은 것과 그른 것을 구분하기 어렵다는 주장과 관련되어 있다. 우리가 찾고 모으는 진실은 이미 우리가 가지고 있는 자기만의 진실과 도덕적 규범에 대한 인상 및 지각과 섞여있기 때문에 그것은 '진실'의 일부분에 지나지 않는다고 할 수 있다. 흄은 인상이란 매우 강력해서 관념보다 더 큰 힘을 발휘한다고 했다. 윤리학에서는 이것을 인상, 직감, 변덕 혹은 특정한 상황과 환경에 바탕을 둔 행동으로 해석한다.

흄은 감각을 통해 인간의 사유가 가능하다고 보았다. 앞을 보지 못하는 사람은 색에 대한 관념을 지닐 수 없고 소리를 듣지 못하는 사람은 소리에 대한 관념을 갖지 못한다. 따라서 어떤 관념을 가지려면 먼저 원초적인 요소가 필요한데 흄은 그것을 인상(印象)이라고 불렀다. 인상은 자연적 대상과 인간의 마음이 만나 감각을 통해 각인되는 것을 말한다. 인상은 생생하고 구체적이며 명확하다. 관념은 인상으로부터 파생된 것이다. 관념은 마음이 만들어 놓은 인상의 사본이라고 할 수 있다. 인상은 대상과의 접촉에서 생기는 것이기 때문에 머지않아 사라지게 된다. 하지만, 인상의 사본인 관념은 오래도록 남는다.

흄은 그의 저작 《인성론》에서 그의 대표적 철학인 회의론을 제시했는데, 회의론은 인기를 끌지 못해 영국에서 한 세기가 넘도록 비판을 받았다. 그러나 미국에서는 그의 철학이 초기 사상가들에게 영감을 주었다. 또한, 독일에서는 임마누엘 칸트에게 영향을 주었다.[3] 계몽주의 철학자 흄은 아리스토텔레스학파의 합리주의, 과학, 이성, 객관주의의 전통을 버리고 영국과 대륙에서 막 떠오르던 감각 중심의 낭만주의를 이끌었다.

흄은 감각이나 이성이 신뢰할 만한 지식을 제공한다고 믿지 않았다. 이러한 극단적인 회의주의는 이 세계를 이해하기 어려운 곳으로 가정한다. 인간은 그 어떤 것에 대해서도 확신할 수 없으며 다만 지각과 인상의 소용돌이 속에서 유용한 통찰을 가질 수 있다는 것이다. 흄의 철학은 아직 아무것도 지각하지 않은 인간의 마음은 백지와도 같으며 여기에 무엇인가가 그려질 때 지식이 생긴다는 경험주의 원리에서 비롯되었다.

지각을 중요시했던 흄은 우리가 지각할 수 없는 '자아'나 개인의 정

---

3 **편역자 주** | 칸트는 흄의 영향을 받았지만, 흄의 회의적이고 상대주의적인 생각들에 반대되는 윤리적 의무론 체계를 발전시켰다.

체성은 알기 어려운 것이라고 생각했다. 그리고 흄은 미래는 '인식할 수 있는 것'이 아니기 때문에 미래를 예견하려고 노력할 필요가 없다고 생각했다. 오직 '지각하거나', '느끼거나', '직관하거나', '의견을 말하는 것'으로부터만 결론을 끌어낼 수 있다고 보았다. 다시 말하자면 흄의 생각은 우리는 아무것도 알 수 없으며 어떤 논쟁이나 인상에 대한 선호를 가질 뿐이라는 것이다.

저널리스트는 보통 회의적인 시각을 갖는 경향이 있기 때문에 어느 정도 흄의 사상에 공감할 것이다. 저널리스트는 주변에서 일어나는 다양한 사건을 지각하고 가능한 자세하게 보도하려는 경험주의자이다. 물론 저널리스트들은 다양하고 복잡한 인상과 저널리즘적 지각을 통해 어느 정도 타당성을 갖춘 진실을 밝혀내기를 희망한다.

흄은 선과 악에 대한 어떤 이성적인 원칙도 존재하지 않는다고 말한다. 회의주의자로서 그는 어떤 사람에게 좋은 것이 다른 사람에게도 반드시 좋은 것일 수는 없다고 했다. 흄에게는 칸트의 정언명령이나 보편적 도덕률, 윤리적 행위에 대한 절대적 기준 같은 것이 없었다. 도덕은 단순히 개인적 선호의 문제이며 느낌의 문제이지 지적 사고의 문제가 아니다. 흄이 《인성론》 제 3권에 썼던 바와 같이 '도덕적 선과 악은 반드시 이성이 아닌 감정에 의해 구별된다.'

여러 사람들의 공통된 감정이 합쳐졌을 때 관습이 생겨나고 그러한 관습만이 우리가 가야할 길을 안내할 수 있다. 이러한 윤리학 이론은 일반적으로 옳다고 하는 것을 옳은 것이라고 생각하고 일반적으로 그르다고 하는 것을 그르다고 생각하는 관습을 중시하는 저널리스트들에게 호소력 있게 다가온다. 그러나 이러한 저널리스트들은 흄이 용기 있고 자존감이 높으며 친절하고 정의로운 품성을 가지도록 강조했다는 사실도 함께 기억해야 한다.

흄은 만약 다수의 사람이 선하고 옳다고 느끼는 것이라면 그것을 선과 정의라고 부를 수 있다는 다수결에 의한 윤리, 이른바 민주주의적 윤리관을 믿었다. 흄은 사회적 승인을 얻어야 긍정적 결과를 가져오는 행위라고 할 수 있다고 했다. 우리는 이 부분에서 공리주의의 전조를 발견할 수 있다. 다수 의견을 무조건 '옳은' 의견 또는 '최선'의 결론으로 받아들이는 것에는 논란이 있을 수 있다. 소수가 옳고 다수도 틀리는 경우도 있기 때문이다.

흄이 다수가 도덕적이라는 자신의 윤리관을 어떻게 개인의 도덕 및 인성 개발과 더불어 균형 있게 설명할 수 있었는지 궁금한 사람이 많을 것이다. 사실 이 부분이 다소 이해하기 어렵다. 흄은 다수가 어떤 방식으로든 다수의 도덕적인 개인들에게서 분명하게 발견되는 선의 요소를 자신의 삶에 반영하리라고 생각했던 것 같다. 그러나 흄이 사람들이 도덕적 인간이 되기 위해 실제로 어떤 행동을 하는가의 문제를 고려하지 않았다고 생각한다면 오산이다.

사람의 행위는 그의 품성에서 비롯된다고 믿었던 흄은 사람의 기본 품성에 더 관심을 가졌다. 사실 흄도 아리스토텔레스와 마찬가지로 인간의 본성은 도덕적이며, 인간이 스스로 삶을 반성하고 스스로 존중받을 수 있도록 행동하게 하는 자존감을 갖추고 있다고 보았다. 또한, 덕을 강조하였는데 단순히 특정 행동에서의 도덕성이 아니라 그러한 행동이 일어나게 하는 자존감을 가진 자아 전체에 중심을 두었다. 흄에게 있어 자부심을 느낄 만하다는 것은 인격의 정수이자 최상의 덕목이었다.

흄은 상대주의자의 관점을 견지했음에도 불구하고 사회를 혼란과 무질서에 빠지지 않도록 지키는 것은 '일반적이고 확고한 원칙'이라고 했다. 이러한 원칙 중 하나가 다수의 행복이 앞서 말한 '민주적 윤리'에서 비롯된다는 점이다. 흄은 이러한 일반법칙을 열거하거나 해명하지는 않았지만 '사람들은 어떤 식으로든 서로 관계를 맺는다'와 같은 원칙들을 믿었던 것이 분명하다. 흄은 흔히 생각하는 것처럼 완전한 상대주의자라고 보기보다는 일반 상대주의와 칸트의 도덕적 형식주의 사이를 잇는 중재자라고 할 수 있다.

흄은 사람을 자신의 이익에 따라 움직이는 존재로 보았다. 흄 이전에는 토마스 홉스가, 2세기 후에는 아인 랜드가 같은 이야기를 했는데 이들은 인간이 고통을 피하고 행복을 추구하기 위해 이기심에 의해 행동하고 자기 이익을 추구하려는 자연적 욕망을 가진다고 보았다. 인간에게는 행복해지고자 하는 성향이 있다고 강조한 그의 주장은 제레미 벤담과 존 스튜어트 밀의 공리주의 및 목적론적 도덕론의 발전에 기초가 된다.

흄의 사상은 '비인지적(*non cognitive*) 윤리학'이라 불린다. 비인지적 윤리학이란 옳은 행동과 옳지 않은 행동에 대해 역설하는 진술이 진실도 거짓도 될 수 없다는 것을 의미한다. 이런 진술은 지식의 범위에 속하지 않는다. 진실성과 허위성을 넘어서 단순히 개인적 취향이나 감정의 표현일 뿐이므로 비인지적이란 이야기다. 이것은 개인적 의견이나 편견을 드러낼 뿐이고 개인의 변덕, 충동, 욕망과 관련되기 때문에 이러한 진술에서 진실을 찾으려고 노력할 필요가 없는 것이다.

흄은 윤리학에 영향을 미친 정치철학에서 이상적인 국가의 모습을 가족에 빗대어 설명하고 있다. 가족 구성원들은 각자가 이기적이면서도 서로를 따뜻하게 이해한다. 부모는 채찍과 당근을 동시에 사용해 엄격함과 부드러움을 함께 드러냄으로써 아이를 통제한다. 현대의 신문과 방송을 운영하는 데 있어서도 이러한 방식을 적용하지 말란 법은 없을 것이다. 그러나 흄이라면 그것이 모든 미디어에 적합한 공식은 아니라고 확실히 말했을 것이다.

흄은 언론의 자유가 통치자를 위협하지 않는다고 보았기 때문에 우리가 '개방사회'라 부르는 요소에 공감했으며 시민의 자유를 옹호했다. 비록 언론의 자유가 남용된다 하더라도, 책이나 신문이 사회를 혼란스럽게 하거나 위험에 빠지게 하지는 않을 것이라고 말했다. 흄은 독자가 미디어와 서로 상호작용을 하기보다는 약간 거리를 두고 독립적으로 감상하기 때문에 미디어가 어떠한 행동을 유도하기는 어렵다고 보았다. 물론, 이때 흄은 인쇄매체만을 두고 이야기한 것이기 때문에 텔레비전이나 라디오를 알았다면 이것들이 책이나 신문보다 선동적이며 사회의 안정을 깨뜨릴 수 있는 잠재요소가 될 수 있다고 생각했을 수도 있다.

기본적으로 회의주의와 상대주의를 믿는 저널리스트라면 흄에게서 배울 점이 있을 것이다. 그러나 흄의 상대주의조차 기준이나 제약이 있었다는 점에서 그 역시도 상대적이라고 할 수 있다. 행복을 극대화하기 위한 결정과 같은 결과들에 대해 고민하는 저널리스트라면 존 스튜어트 밀과 함께 흄에게서 같은 고민을 발견할 수 있을 것이다. 또한 '모든 진실', 모든 권위, 모든 확실성에 의구심을 갖는 저널리스트 역시 흄의 철학에 동의할 것이다. 그러나 모든 위대한 사상가들이 그렇듯이 흄 또한 복잡한 사상가이다. 흄은 자신의 사상 역시 진실의 이미지가 아니라 하나의 인상을 낳는 순간의 통찰에 불과하다고 말했다. 이런 회의주의적 생각들은 자신의 직관적 인상을 기사화하려는 경험주의적인 저널리스트에게 의미 있게 다가올 것이다.

13

임마누엘 칸트

Immanuel Kant (1724 ~ 1804)

임마누엘 칸트는 프로이센의 철학자로, 근대 계몽주의를 정점에 올려놓았으며, 피히테, 셸링, 헤겔로 이어지는 독일 관념철학의 기초를 놓았다. 그는 21세기의 철학에까지 영향을 준 새롭고도 폭 넓은 철학적 관점을 창조했다. 또한 인식론을 다룬 중요한 저서를 출간했고, 종교와 법, 역사에 관해서도 가치 있는 책을 썼다. 그의 탁월한 저서 중 하나인 《순수이성 비판》은 이성 그 자체가 지닌 구조와 한계를 연구한 책이다. 이 책에서 칸트는 전통적인 형이상학과 인식론을 공격하였으며, 자신이 그 분야에 공헌한 점을 부각시켰다. 그가 만년에 출간한 다른 주요 저서에는 윤리학을 집중적으로 다룬 《실천이성 비판》과 미학, 목적론 등을 연구한 《판단력 비판》이 있다.

칸트는 말했다. 선행은 이타(利他)나 대의(大義) 혹은 공존공영을 '위해서' 하는 행위라기보다는 어떤 행위를 그렇게 하는 것이 '옳기 때문'이라는 오직 그 이유 때문에 하는 행위이다. 윤리 도덕은 우리 모두에게 혹은 다수의 사람들에게 이익이 되기 때문에 가치가 있는 것이 아니라, 그 자체가 가치 있는 것이다. "언젠가 이웃에 도움을 청하게 될 때를 생각해서 항상 이웃에 친절하라" 따위의 가언적 처세훈들은 도덕적 선의 표현이 될 수 없다. 선은 인격적 주체의 가치이고 그렇기 때문에 그 자체가 목적이지 무엇을 위한 수단이 아니다. 또한 사람으로서 사람은 인격적 주체이고, 주체란 문자 그대로 무엇을 위한 수단으로 취급될 수 없는 그 자체가 목적인 것이다.

많은 경우에 이로움이나 유용함은 한갓 감성적인 욕구충족에 대응하는 것이다. 감성적 욕구충족에 상응하는 명령은, 모든 경험으로부터의 교훈이 그러하듯이, 능란한 처세의 요령은 될지 모르나 보편적 도덕법칙이 되지는 못한다. 도덕은 처세의 기술이 아니라 인격의 표현이다. 선은 감성적 욕구를 충족시켜 주기 때문에 좋은 것이 아니라, 그 자체가 좋은 것이다. 이 '선'의 관념으로부터 비로소 '좋음', '가치' 등의 개념이 유래한다.

임마누엘 칸트는 동(東)프로이센의 수도 쾨니히스베르크에서 태어났다. 프랑스 혁명 시대에 살았던 칸트는 서유럽 근세 철학의 전통을 집대성하였고, 철학발전에 새로운 기초를 확립하였다. 의무론적 윤리학의 대표로 여겨지는 칸트는 스스로가 부여한 의무에 의한 행동만이 윤리적이며, 자신이나 타인에게 미칠 결과를 고려하는 것은 행동의 도덕적 본질이 가진 가치를 떨어뜨린다고 믿었다.

칸트는 저널리스트가 의무적으로 믿고 따라야 할 선험적 원칙과 격률을 가져야 한다고 주장한다. 선험적 원칙은 윤리적 행동을 이끌어내는 절대적 이성의 원칙을 말한다. 칸트적 저널리스트는 결과에 따라 행동하지 않고, 원칙을 따르는 의무에 따라 행동한다. 칸트에게 도덕성이란 자신이나 타인의 즐거움, 행복을 추구하는 욕망으로부터 완전히 분리되어야 한다. 도덕원칙은 정언적 명령(*categorical imperative*)으로 무조건적이고 절대적으로 따라야 할 의무이다.

이러한 원칙 중심의 윤리를 급진적 자유주의의 하나로 간주할 수 있다. 칸트는 저널리스트가 도덕원칙에 충실할 때, 비로소 도덕적 상대주의와 결과예측의 끊임없는 굴레에 속박된 자연상태의 모든 욕망과 고민으로부터 자유로워질 수 있다고 말했을 것이다. 저널리스트가 선험적 원칙을 자유롭고 이성적으로 받아들이면 스스로가 자유로워져 도덕적 행위를 할 수 있게 된다. 저널리스트는 이성적으로 결정한 원칙을 따를 때 도덕적으로 행동할 수 있다는 것이다. 이성적 원칙을 따르면 도덕적 저널리스트가 되고 그렇지 않으면 비도덕적 저널리스트가 된다는 단순논리다.

칸트는 이른바 '정언명령'이라는 도덕원칙에 어긋나는 예외상황에 대해서도 도덕적으로 불필요하다고 말할 것이다. 칸트는 '가언명령'이라고 불리는 개념도 제안했는데, 이는 인간이 특정한 목적을 이루기 위해 꼭 해야만 하는 것을 지칭한다. 가언명령은 도덕적이지 않고 실용적 성격을 갖는다.

정언명령이란 개인의 특정한 욕망과 상관없이 꼭 해야만 하는 일을 말한다. 이러한 의무는 단순히 그것이 이성적이고 자유롭게 받아들여지기 때문에 구속력을 가질 수 있다. 칸트는 그의 정언명령을 '당신이 생각하기에 보편적인 법이 될 수 있다고 생각하는 격률에 따른 행동만 하라'는 말로 시작한다.

칸트는 사람을 사람 자체로 존중했다. 두 번째 정언명령에서 그는 사람을 목적을 위한 수단이 아니라 목적 그 자체로 보아야 한다고 말했다. 사람에 대한 기본적 존경, 인간 존엄성에 대한 진실한 가치평가, 그리고 일관성을 갖춘 이성적 격률이 칸트 윤리체계의 초석이 된다. 물론 마키아벨리적 저널리스트는 칸트의 윤리에 흥미를 느끼지 못할 것이다.

오늘날 저널리스트들이 곧잘 되새기는 의무의 원칙(*duty-based principle*) 은 칸트의 도덕철학에 기초한 윤리관이다. 모든 인간들이 보편적으로 인정하는 절대적인 윤리적 기준이 있음을 전제로 한다. 일례로 남을 속이고 취재를 위해 신분을 사칭하는 행위는 비도덕적, 혹은 비윤리적이므로 인간의 존엄성을 지킬 의무가 있는 우리들은 절대로 그러한 행위를 해서는 안 된다는 것이다. 칸트는 공리주리에서처럼 행위의 결과가 어떠한지를 따지지 않는다. 그러한 행위 자체의 도덕성에만 초점을 맞추고 있다. 따라서 칸트의 목소리는 결과가 수단을 정당화할 수 있다는 공리주의(*utilitarian principle*) 와는 근본적 차이를 보인다.

칸트에게 도덕적 완전함은 법과 아무런 이해관계가 없는 것이 아니라 이해관계에 상관없이 법을 충실하게 지키는 것을 의미한다. 이것은 자기만족이나 다른 사람에게 미칠 결과에 상관없이 행동할 수 있는 무욕(無慾)의 경지를 의미한다. 이런 측면에서 칸트는 윤리적 혁신가라고 할 수 있다. 그의 형식주의 윤리는 무조건적인 자기희생을 제안한 최초의 철학이었다. 칸트는 다른 윤리학자들이 도덕이 아닌 화용론(化用論)을 이야기하고 합리화하는 법을 다룬다고 보았다. 그가 보기에 다른 윤리학자들은 도덕을 발견하지 못했다. 왜냐하면, 그들은 도덕을 의무의 문제로 보지 않고 자기의 이해를 충족하며 특정한 목적을 달성하기 위한 필요에 의한 수단으로서만 보았기 때문이다.

결국 칸트의 시각에서 보면 인간으로서 마땅히 지켜야 할 도덕적 의무를 다하지 못했다면 그것은 당연히 윤리에 벗어나는 행위로 간주되며 예외는 단연코 인정되지 않는다. 따라서 저널리스트들이 취재원을 속이거나 협박하여 뉴스를 취재하는 행위는 그 뉴스가 국민의 알 권리(*people's right to know*)를 충족하는 아무리 의미 있는 기사라 하더라도 정당화될 수 없으며 나아가 비윤리적이라는 비판을 면하기 힘들다. 그래서 의무의 원칙을 따르는 저널리스트들은 취재원 보호를 위해 최악의 경우 감옥에 가는 상황도 나타나게 된다. 법정에서조차 취재원에 관한 증언을 거부함으로써 법적 제재까지 감수하는 경우도 나타난다.

칸트의 주장은 예외를 인정하지 않는다는 점에서 일관성 있는 윤리적 기준을 제시한다는 긍정적 측면이 있다. 실제로 정직하고 진실한 저널리스트들은 궁극적으로 취재원으로부터 존경과 신뢰를 받게 된다. 하지만 대부분의 저널리스트들은 윤리의 절대성을 강조하는 칸트의 목소리는 융통성 없고 비현실적이라고 외면한다. 언론의 자유에 앞서 취재의 어려움을 몰라도 너무나 모른다는 것이 반대편에 있는 언론인들의 볼멘소리다. 더구나 복잡한 현대사회에서 윤리의 절대적 기준을 마련하고 지킨다는 것은 쉬운 일이 아니다. 보다 중요한 도덕적 명분을 위해 몰래카메라 등을 사용하게 되는 경우가 있기 때문이다. 인질극을 취재하는 방송이 인질의 생명을 구하기 위해 테러범에게 거짓 정보를 흘렸을 때 이를 두고 우리는 문제 많은, 비윤리적 취재기자라고 비난하기 힘듦과 같은 이치다.

이른바 언론선진국이라 불리는 미국의 경우 비칸트적인(비윤리적인) 취재기자들의 위장 취재는 오랜 전통이었다. 이미 1890년대 〈뉴욕월드〉 신문은 취재기자를 정신병자로 위장시켜 잠입시킨 뒤 정신병자 수용소에서 일어나는 갖가지 학대행위를 폭로하는 등 수많은 위장취재가 오늘날까지 이뤄져 왔다. 전설적인 기자인 〈워싱턴 포스트〉의 벤 바그디키안은 1971년 펜실베이니아 법무장관의 양해를 얻은 뒤 죄수로 가장해 수개월 동안 10여 개의 주내 교도소를 취재해 보도했다. 물론 교도소장조차 그의 신분을 알지 못했다. 저 세상의 칸트가 노발대발할 이 같은 취재로 종종 퓰리처상을 받는 경우도 있었다.

국내의 경우를 보자. 1994년 3월, 서울 서초구 상문고 재단 비리 사건이 터지자 중앙일보 모 기자는 검찰 수사관을 사칭해 상문고 서무과장 집에 들어가 서류 등을 뒤져 이 중 일기장과 일부 서류를 들고 나와 주거침입, 공무원 사칭 등의 혐의로 불구속 기소되었다. 검찰은 징역 1년을 구형했지만 재판부는 "기자가 실정법을 어긴 것은 인정되지만 그동안의 언론사 취재관행과 언론의 사회적 역할을 감안, 관용을 택한다"며 선고유예를 선고했다.

이처럼 지금도 상황과 정도의 문제일 뿐 저널리스트들이 자신의 신분을 속이고 하는 취재행위는 광범위하게 이뤄지며 또 대부분 정당한 것으로 인정받는다. 예컨대 좋은 식당을 소개하는 기자, 판매원들의 서비스 태도를 조사하는 소비자 담당기자, 여행사의 폭리나 친절도 등을 취재하는 여행 담당기자들이 기자신분을 감추는 것은 대부분의 국가에서 정당화된다. 그렇게 해서라도 기사를 내보내지 않았을 때 부정한 공직자나 부유한 기업, 상인들이 자신들의 배를 불리는 반면,

공중은 피해를 보게 된다. 그래서 민주사회에서 공중의 알아야 할 권리는 공직자들이 속임을 당하지 않아야 할 권리보다 더 중요하다는 이론적 근거 위에서 속임수 취재는 광범위하게 이뤄진다.

이 같은 상황을 들어 취재현장의 저널리스트는 보통 칸트의 도덕철학이 지나치게 냉정하고 형식적이며 구속적이라고 생각한다. 그럼에도 불구하고 저널리즘적 책임감을 갖고 칸트주의자가 되려는 사람들이 많다. 사실, 칸트는 저널리즘계에 빈번하게 인용되는 사람이다. 하지만 칸트의 길을 따르는 것은 어려운 일이며 대부분의 저널리스트들이 그 길에서 방황하기 마련이다. 그러면서 많은 예외를 두게 되어 도덕적 행위의 일관성을 떨어뜨리는 결과를 낳게 된다.

칸트는 모든 목적론적 도덕론을 거부했다. 대신에 선의지(善意志)만이 선한 것이라고 보았으며, 다른 모든 형태의 선은 상황이나 조건에 따라 달라진다고 말했다. 칸트의 이런 견해에 대해 그의 도덕적 법률마저도 인간의 이성에 의해 판단되기 때문에 상황에 종속된다는 점을 들어 비판하기도 한다. 물론, '선의지'와 이성에 의해 결정된 행위는 보편적일 수 있지만 사람에 따라 이성의 정도의 차이가 다 다를 수 있기 때문이다. 예를 들어 저널리스트가 모두 '이성적'이라고 해서 강간 희생자의 이름이나 취재원의 신상을 공개해야 된다는 데 같은 생각을 갖는 것은 아니다.

칸트 사상은 그 내용의 난해함에도 불구하고 도덕원칙의 기본 개념만큼은 전 세계 저널리즘에 확실히 뿌리내렸다. 저널리스트 대부분은 따라야 할 원칙을 가지며 또 스스로가 '원칙에 따르는' 저널리스트로 알려지길 원한다. 그러나 그들은 원칙을 어기고 그것을 합리화해 버리며 자신이나 타인에게 미칠 결과에 신경 쓰는 등 원칙을 실행하는 데 종종 실패하기도 한다.

만약 칸트가 편집 · 보도국의 책임자였다면, 그는 당연히 저널리스트에게 요구되는 원칙을 어떤 상황에서라도 확실하게 지키는 이성적인 직원을 고용할 것이다. 예를 들어, 만약 저널리즘의 기본 원칙이 확인된 정보를 완전히 공개하는 것이라면, 저널리스트는 예외 없이 모든 경우에 의무적으로 원칙에 따라 행동해야 하는 것이다.

또한, 칸트는 취재기자들에게 자신의 원칙이 보편적 원칙이 되길 원한다면 정언명령에 따라 그것을 시험하고 어떤 경우든 끝까지 실행해 보라고 말할 것이다. 이때, 결과에 대해서는 걱정할 필요가 없다. 칸트는 당신이 만약 진실을 전달하는 사람이고 모든 것을 가감 없이 밝힐 수 있는 기자라면 자신의 행동의 결과가 가져올 파장에 대해서는 걱정할 필요가 없다고 말할 것이다. 결과에 대해 걱정하기 시작하면 검증된 사실은 왜곡되기 시작하고 결국 당사자는 진실하지 못한 저널리스트가 될 것이기 때문이다.

칸트의 철학은 난해해서 많은 사람이 받아들이기 어려워한다. 그러나 그가 제공하는 저널리즘의 도덕적 기초는 확고하고 원칙화되어 있어 많은 사람의 흥미를 끈다. 그의 철학은 도덕적 난관에 부딪힌 저널리스트에게 지침을 제시한다. 그리고 '나는 윤리적인가?'와 같은 문제에 대한 답을 줄 수 있는 도덕적 이론의 기초를 제공한다. 예를 들어 저널리스트로서의 원칙 중의 하나가 직접 인용한 것을 함부로 바꾸지 않는 것이라면, 그 원칙에 따라 말을 바꾸고 인용문을 다르게 쓴 행동이 비윤리적 행동이었다고 스스로 반성할 수 있는 것이다.

그러나 저널리스트 대부분은 윤리적으로 행동하기 위해 행동이 가져올 결과를 고려해야 한다고 생각하는 경향이 있다. 단순한 의무감이나 준법정신에 따라 행동하는 것은 너무 상투적이라서 저널리스트 스스로가 윤리적 행동에 대해 판단할 줄 모르는 로봇처럼 느껴진다. 주어진 원칙과 법에 따라 행동하라는 칸트의 제안은 도덕적 난관을 그때그때 슬기롭게 헤쳐 나가고자 하는 자유롭고 독립적인 저널리스트에게는 맞지 않을 수 있다.

칸트는 의무를 다하고 선험적인 도덕률에 따라야 하는 필요성을 그의 책 《도덕형이상학의 기초》에서 다음과 같이 구체적으로 밝혔다.

> 어떤 행동의 도덕적 가치는 그 행동이 가져올 결과, 혹은 결과를 기대하고 행한 행동의 원칙에 있지 않다. … 우리가 도덕이라 부르는 최상의 선은 이성적 존재에게서만 가능한 '법칙의 성립'으로 이루어진다. 행동에 의한 결과가 아니라 그 법칙 자체가 선의지를 결정한다. 이 법칙에 잘 맞게 행동하는 사람에게는 이미 선이 나타나게 되므로 행동의 결과에서 선을 찾을 때까지 기다릴 필요도 없다.

칸트의 윤리를 따르는 저널리스트는 의무의 중요성을 인식해야 한다. 칸트는 다른 어떤 사상가들보다 이를 강조했다. 그는 신학이 아닌 윤리학에 관심을 두었기 때문에 신성명령에 대해 언급하지 않았다. 계몽주의자였던 칸트는 신이 아닌 이성을 도덕률의 근거로 사용했다. 그에 의하면 이성이 정언명령의 기초가 되고 정언명령은 다시 윤리적 행동으로 이끌어진다.

공리주의자 같은 목적론적 신념을 가진 저널리스트라도 그의 윤리가 이성적이라고 주장할 수는 있다. 그러나 이때의 이성은 특정한 경우의 결과를 고려하는 데에만 쓰였기 때문에 일시적이다. 칸트라면 이러한 문제를 미리 해결했을 것이다. 그는 우리를 윤리적인 행동으로 이끌어 주는 원칙이나 격률을 이성으로 미리 판단했다가, 윤리적 결정을 내려야 할 때가 되면 준비한 답을 내놓을 수 있을 테니까 말이다.

저널리스트 중에 가장 흔한 유형이 부분적으로는 칸트주의자이고 또 다른 부분적으로는 결과론자인 사람들이다. 이들은 저널리즘의 일반적으로 의무라고 여겨지는 기본적 규칙이나 격률을 받아들이고 인정한다는 점에서 칸트주의자라고 할 수 있다. 그러나 예외를 인정하고, 대안을 마련하며, 특별한 상황을 고려해야 하는 상황이 있기 마련이다. 즉, 신중하게 생각한 후, 일반적으로 받아들여지는 원칙을 어기고 더 윤리적이라고 생각하는 행동을 자유롭게 할 수 있어야 한다. 그렇기 때문에 자신을 기본적으로 칸트주의자라고 보는 사람이라 하더라도 일차적인 원칙 밖의 문제들에 대해 '생각하기'를 멈추지 않아야 한다.

아마도 의무론(*duty-based*)과 목적론(*end-based*)을 종합한 형태의 도덕론이 일반적인 것 같다. 그러나 그것은 칸트의 핵심적인 형식윤리 체계를 벗어나 합리화하려는 시도에 지나지 않을지도 모른다. 대부분의 철학자는 칸트와 공리주의 사상을 결합하려는 저널리스트의 시도가 단순히 자신에게 편리한 규칙을 마음대로 만들어내는 것이라며 비판할 가능성이 높다. 그것은 의무와 자율성이라는 두 가지 윤리를 모두 만족시킬 수 있는 유일한 방법이겠지만 칸트에게는 받아들여질 수 없다.

19세기 말부터 시작해 20세기에 이르자, 칸트의 선험적이고 절대적인 도덕철학은 지지를 받지 못하게 되었다. 윤리학자들은 점차 도덕이 사회적 생존의 필요에 따라 결정된다고 보는 이후의 철학을 받아들이고 칸트의 철학을 냉정하게 버렸다. 이들이 믿게 된 사상은 칸트의 사상과는 반대로 그 자체로 선한 행동은 없다고 가정하기 때문에 이제 윤리학에서는 행동 자체보다 동기와 결과가 중요해졌다.

그러나 일부에서는 어느 정도 절대적이고 '의무를 강조하는' 윤리가 필요하다는 주장이 다시 불거지고 있다. 현대의 저널리스트들은 윤리의 상대주의와 불확실성에 빠져 있고 통제되지 않는 개인주의가 사회안정을 위협하고 있으니, 분열된 세계가 임마누엘 칸트의 의무론을 다시금 찾게 될 날도 멀지 않았다고 볼 수도 있겠다.

14

에드먼드 버크

Edmund Burke (1729 ~ 1797)

에드먼드 버크는 아일랜드 출신으로, 영국의 정치인이자 철학자이다. '보수주의의 아버지'로 알려져 있으며, 주요 저서로는 보수주의의 바이블로 여겨지는 《프랑스 혁명에 관한 성찰》(*Reflections on the Revolution in France*, 1790)이 있다.

아일랜드의 정치가이자 철학자인 에드먼드 버크는 풍부하고 대담한 사회적 공리주의를 주장하였다. 영국과 미국 보수주의의 원조로 꼽히는 인물이다. 자본주의 가치관에도 족적을 남겼다. 아일랜드 출신에다 부친이 개종 국교도라는 약점에도 그는 런던의 시선을 끌었다. 철학비평 · 미학 서적이 호평을 받은 덕분이다. 필명을 얻은 그는 정치를 택했다. 30세에 정계에 입문한 버크는 친구 애덤 스미스의 소개로 유력 정치인 밑에 들어가 37세에 하원 의석을 얻었다.

그의 초기성향은 진보였다. 식민지 과세를 반대하고 노예제 폐지에 힘을 쏟았다. 그러나 시간이 흐를수록 그의 정치적 성향의 색채는 바뀌어갔다. 노예제 옹호론자로 변한 버크가 낸 책, 그의 보수성향의 결정판은 《프랑스 혁명에 관한 고찰》이었다. 하층민은 추잡한 다수이며 프랑스 혁명은 미개한 문명으로의 후퇴라고 공박한 이 책은 각국 왕실과 귀족의 갈채 속에 자유평등사상의 전파를 막는 데 기여했다. 버크는 자유무역에도 영향을 미쳤다. 지역구인 브리스톨의 이익과 상반되는 통상자유화 법안에 앞장서 선거에 떨어진 적도 있다. 흉년을 맞은 정부가 곡물가격 조정에 나서자 '가격은 시장에 맡기라'고 역설한 대목은 영국 보수당의 '시장제일주의' 전통을 낳았다.

벵골 총독 '헤이탕이스 탄핵재판'으로도 유명하다. 동인도회사 주식에 거액을 투자했다가 날린 후 인도로 찾아가 손실보상을 요구했으나 거절당한 데 대한 개인적 보복이라는 지적도 있지만, 동인도회사의 부정과 비리를 10년간 파헤친 탄핵재판 과정과 형태는 훗날 1·2차 대전 전범재판의 원형으로 평가받았다. 야당의원 버크가 평생을 승승장구한 비결은 여론 활용이었다. 국회연설용 메모지 작성, 편집과 연설, 출판물 간행의 3단계를 통해 쏟아지는 저작들이 힘을 실어줬다. 그가 남긴 '가장 중요한 전쟁은 여론전쟁'이라는 말이 새삼 실감난다.

버크의 시각으로 본 현대 저널리즘의 가장 중요한 과제는 저널리즘의 자유가 보장되는 평화롭고 조화로운 사회의 유지라고 할 수 있다. 그는 자율성과 책임을 통합한 사상가였다. 그는 저널리스트의 역할에 필수적인 개념들인 자유, 책임, 진실에 대해 많은 이야기를 했다.

버크는 대체로 보수주의자로 보이지만, 자유주의자로 볼 수도 있다. 그는 강한 권위주의적 측면과 동시에 자유주의적 특성도 많이 보여준다. 만약 그가 오늘날 살아 있다면, 저널리즘의 사회적 책임을 강조했을 것이다. 버크는 전통과 사회적 도덕성을 존중하여 사회안정을 도모하고 국가안보를 증진시키는 것이 매스미디어의 책임이라고 생각했다.

버크는 정부의 미디어 통제를 원하지는 않았지만 언론은 사회질서를 유지해야 할 기본적인 책임을 가지며 이러한 사회 유지기능이 언론의 '공정성' 및 '객관성'보다 더욱 중요하다고 말할 것이다. 그는 유대기독교적 가치와 역사적 전통에 기반을 둔 영원불변의 법률이 사회 안정과 발전의 토대가 된다고 보았다. 버크는 공자나 아리스토텔레스처럼 풍습, 선입관, 제도와 같은 사회적 '관습'을 중시하였다. 그는 프랑스 혁명에는 반대하였다. 그 이유는 혁명이 사회의 종교적 · 도덕적 전통과 확신을 뿌리 뽑는다고 생각하였기 때문이다. 버크는 혁명적 변화는 결코 선(善)이 될 수 없으며, 사회적 변화는 차근차근한 계획에 따라 이루어져야 한다고 보았다.

버크는 1729년 더블린에서 천주교인인 어머니와 개신교인인 아버지 사이에서 태어나 노동자 계급의 가족 안에서 성장하여 1748년에 더블린의 트리니티 칼리지를 졸업하였다. 그는 1765년에 하원의원으로 선출되어 30년간의 재직기간 동안 사회적으로 논란을 불러일으키기도 하고 많은 존경을 받기도 했다. 그는 하원의원 중 가장 재능 있는 연설가이자 저작가였으며, 18세기 영국의 선도적인 사상가로서 자리를 굳혔다.

버크는 혁명주의자들이 일으킨 프랑스 봉기에 크게 좌절했다. 전술한 바와 같이 그의 1790년 저서 《프랑스 혁명에 관한 성찰》에는 유럽 역사에 충격적 사건이었던 프랑스 혁명에 대해 가장 감동적이고 열정적인 비판이 나타나 있다. 버크는 프랑스 혁명을 단순히 부르봉 군주정에 대한 타도라고 보지 않고, 유럽의 도덕과 문명 전통에 대한 거부의 움직임으로 보았다. 버크는 죽는 날까지 프랑스 혁명을 비판했는데, 그것은 사회관습에 대한 반성 없이 자유만 얻으면 사회가 더 발전할 수 있으리라고 믿었던 세대에게 보내는 경고였다.

버크는 현대 저널리즘의 사회적 책임을 옹호할 것이 틀림없지만, 자유주의자의 면모를 보이기도 한다. 권력남용이 야기할 수 있는 문제를 잘 알고 있었기에 권력에 대해 극도로 회의적이었다. 그는 저널리스트에게 권력남용을 폭로하고 사회안정을 도모하며 전통과 교양을 강조함으로써 사회가 갑작스럽고 충격적인 변화를 겪지 않도록 하라고 촉구했을 것이다. 저널리즘 자체도 갑자기 변화해서는 안 된다고 주의를 주었을 것이다. 아무리 우수한 사상가가 전혀 새로운 개념의 저널리즘을 소개한다 해도 여러 세대에 걸쳐 실천의 결과로 맺어진 관행과는 그 유효성을 비교할 수 없다는 것이다. 제도의 변화는 시간을 가지고 신중하게 이루어져야 하며 변화 자체를 위한 변화는 무분별하고 위험하다고 보았다.

버크는 저널리스트를 현장에서 일어난 사건의 주인공 및 의미에 대한 평가를 좌지우지할 수 있는 힘을 가진 사회 도덕성의 수호자라고 보았을 것이다. 그리하여 저널리스트는 선과 악의 중재자가 되고, 드러나지는 않더라도 지속적으로 국가의 가치체계를 결정짓는 존재가 될 것이다. 버크는 마돈나, 케보키언 박사,[4] 코레쉬[5]와 같이 논란의 여지가 있는 인물들을 크게 과장하는 저널리즘의 행태는 비생산적이고 무책임하다고 비난했을 것이다. 오히려 1940년대 저널리즘을 연구한 허친스 위원회처럼 진지하고 사회적으로 의미 있으며 긍정적인 뉴스를 보고 싶어 했을 것이다. 버크가 오늘날의 자극적인 타블로이드 저널리즘을 본다면 저널리즘이 교양 있는 담론과 풍부한 분석, 도덕적 의미를 이끌어내는 데 아무런 기여를 하지 못하고 있다며 눈살을 찌푸릴 것이다.

버크는 저널리즘이 활발하고 건강한 사회를 구성하는 아버지, 가족, 일터와 재산 간의 연결고리를 유지하고 강화하는 역할을 하리라고 기대하였다. 이 연결고리는 영구적인 것으로, 신성한 근원에서 비롯되었다고 보았다. 오늘날에는 구식모델이 되어버린 듯하지만, 버크는 이 개념에 중요한 의미를 부여하였다. 이 연결고리는 사회의 핵심이자 개인의 안정 및 도덕성의 기초가 되므로 저널리즘이 이러한 가치들을 수호하기 위해 최선을 다해야 한다는 것이다. 아버지는 자아존중감을 길러주고 가족은 자아정체성을 제공하며 일터는 개인

4 **편역자 주** | 일명 죽음의 시술사(Dr. Death)로 불리는 병리학 의사. 그는 스스로 목숨을 끊을 수 있는 신체적 여건을 가진 환자의 자살을 도와주어 사회적 파장을 불러 일으켰다.

5 **편역자 주** | 웨이코 사교집단의 교주로 그의 영도 아래 130여 명의 신도는 웨이코시의 외곽에 있는 곳에서 집단생활을 하고 세상의 종말을 준비하며 비이상적인 행동을 하였다.

의 정체성과 가치를 높이는 데 기여한다. 또한, 재산을 소유할 권리는 인간을 과거, 현재, 미래와 연결시켜 줄 수 있다.

버크는 항상 매너를 중시했다. 매너가 도덕과 조화를 이룰 수 있으며, 또 이뤄야만 한다고 믿었다. 아마도 현대사회의 그 누구도 버크만큼 매너의 중요성을 강조했던 사람은 없을 것이다. 그는 법도 매너에 기반을 두기 때문에 매너가 법보다도 중요하다고 믿었다. 그는 《평화제안건에 관한 편지》에서 매너에 대해 다음과 같이 언급했다.

> 매너는 우리가 숨 쉬는 공기처럼 지속적이고 일관되며 알아차리지 못하는 사이에 우리를 자극하거나 가라앉히고, 부패시키거나 정화시키며, 품위를 떨어뜨리거나 높여주고, 타락시키거나 교화시킨다. 매너를 통해 우리의 삶은 완전한 형태와 색깔을 갖게 된다. 매너의 질적 수준에 따라 도덕적 품행에 도움이 되기도 하고 때로는 그 반대가 되기도 한다.

저널리스트는 이러한 버크의 말을 진지하게 받아들여 그들 자신의 윤리관에 응용해 볼 수 있다. 인내심, 일관성, 배려, 공감, 신중함, 존경, 신속함과 같은 습관적 매너는 저널리스트의 전반적인 도덕성과 잘 어우러져 윤리적 의사결정을 내리는 데 도움이 될 것이다. 공자와 아리스토텔레스가 일찍이 강조한 바와 같이 매너는 도덕을 뒷받침하고 내면화시키는 역할을 한다.

밀턴과 밀의 사상의 일부를 반영하듯 버크는 가치가 있는 의견과 사상 간의 다원주의를 지지했다. 그는 저널리스트에게 경쟁적이고 변증법적인 태도를 가지라고 제안했을 것이다. 버크는 경쟁을 통해 질적 혁신과 향상이 이루어진다고 보았다. 경쟁을 비판하는 사람은 경쟁이 적대적 관계를 만든다고 하지만, 버크는 오히려 경쟁이 라이벌의식과 자극을 일으켜 더 좋을 수도 있다고 말했다. 언론사 간의 경쟁도 긍정적 역할을 하지만, 하나의 언론조직 내에서의 경쟁도 조직의 질적 향상을 돕는 역할을 한다.

저널리즘에서의 경쟁은 관련 당사자는 물론 미디어와 전체 언론, 나아가서는 사회 전체에 혜택을 가져다준다. 경쟁은 질적 개선을 가져오므로 장려되어야 한다. 버크는 경쟁에 대해 인간은 경쟁하게 될 때 강해지고 기술은 더욱 정교해진다고 저술했다. 또한, 우리는 적을 동지로 생각할 수 있어야 한다고 했다.

만약 버크가 '누가, 무엇을, 언제, 왜, 어떻게'의 문제를 다루는 현대의 뉴스 리포터라면, 기사의 배경에 더 많은 관심을 두면서 '왜'의 측면을 강조했을 것이다. 기사를 실었을 때 발생할 수 있는 잠재적인 사회적 손익에 대해 세심한 주의를 기울이면서 사회를 자세하게 밝히는 데 집중했을 것이다. 이런 식의 기사작성은 역사와 미래 모두를 중시하기 때문에 흥미롭다. 미래에 중점을 두는 것은 사회적 결과 중심의 기사작성(사회적 목적론)이라고 불릴 수 있다. 그러나 현재의 사건의 이유를 밝히고 미래에 미칠 결과에 대해 관심을 갖는 것은 역사적 분석의 형태라고도 볼 수 있다. 버크는 현재 사건의 단순한 사실을 아는 것보다 역사적·미래적 의미를 밝히는 것을 더 중요하게 생각했다.

이것은 기사의 '진실'과 관련이 있다. 버크는 사건 자체만 자세히 들여다볼 것이 아니라 과거와 미래에 대한 분석적인 시각을 가짐으로써 저널리스트가 스스로 진실을 발견할 수 있어야 한다고 했을 것이다. 다른 사상가와 마찬가지로 버크에게도 진실은 복잡하고 다변적인 것이었다. 하지만, 사회에 최선의 결과를 가져다주는 것이 진실이라고 보았다. 뉴스 리포터를 위한 진실에 대한 실용적인 개념이 일반적으로는 맞지 않을 수도 있겠지만, 그는 진실이 이성적인 언론에 요구되는 책임 있는 저널리즘의 하나라고 생각했다.

버크가 보기에 윤리적 개념은 언론의 자유를 상당부분 제한하는 것이었다. 저널리스트는 취재윤리에 신경 쓰느라 저널리스트로 해야 할 행동에 제약을 받고 특정한 사실을 생략하게 된다. 또, 주관에 따라 특정 사실을 부각시키고, 기사의 다양한 측면을 간과하며 특정 취재원을 밝히는 문제에 영향을 끼친다. 다시 말해, 윤리는 자율적 결정이나 자유를 스스로 통제하게 하는 역할을 한다. 버크는 윤리를 자발적 통제수단으로 보았고, 도덕적 의사결정은 저널리즘에 여러 가지 제약을 두어야만 가능하다고 보았다. 저널리즘의 자기 통제가 합법적인 관행일 뿐만 아니라 저널리스트가 기사를 선택하고 편집을 결정할 때마다 나타날 수 있는 사회적으로 책임 있는 관행이라고 보았던 것이다. 이를 위해서는 사회의 안정을 유지하고 대중의 도덕적·지적 수준을 향상시킬 필요가 있다.

오늘날 저널리스트에게 이런 철학은 이단으로 보일 수 있다. 1927년 허친스 위원회의 초기 권위주의와 매우 유사하게 보일 수도 있다. 그들은 자율적 편집권을 옹호하면서도 사회안정 및 안보와 관련해서는 예외를 두었다. 이러한 특징이 기존의 자유주의 언론과는 많이 다르다고 느껴질 수 있다. 그러나 버크는 자유에는 책임이 따르며 우리는 사회의 요구를 잊어서는 안 된다는 사실을 끊임없이 강조하였다.

결론적으로 버크는 정확한 사실보다는 의미 있는 진실을 더 중요하게 생각했고, 단순한 자연권으로서의 자유주의보다는 사회적 책임이 따르는 자유를 더 중요하게 생각했다. 영향력 있는 아일랜드 사상가 버크의 이러한 생각들은 현대의 저널리스트들이 다시금 진지하게 고려할 만한 것들이다.

15

아서 쇼펜하우어

Arthur Schopenhauer (1788 ~ 1860)

아서 쇼펜하우어는 한자동맹의 회원인 자유도시 단찌히에서 상인의 아들로 태어났다. 괴팅겐대학에 입학하여 한 학기 동안 자연과학과 철학(특히 플라톤과 칸트)을 공부한 후, 베를린대학으로 옮겨 신학자 슐라이어마허와 철학자 피히테의 강의를 듣는다. 1813년 "충족이유율의 네 겹의 뿌리에 관하여"라는 논문으로 예나대학에서 박사학위를 받는다. 1819년에 약 5년간에 걸쳐 구상하고 집필한 주저 《의지와 표상으로서의 세계》를 출판하였다. 1820년에 베를린 대학에서 강의를 맡게 되었으며, 이때부터 헤겔과 경쟁관계를 맺게 된다. 리하르트 바그너, 프리드리히 니체, 지그문트 프로이트, 찰스 다윈, 유진 오닐, 카를 융, 루트비히 비트겐슈타인, 알베르트 아인슈타인, 토마스 만 등에게 영향을 준 것으로 알려져 있다.

독일 철학자 아서 쇼펜하우어는 유럽의 유명한 사상가 중 가장 염세적이고 신비스러운 존재이다. 그럼에도 불구하고 그는 저널리즘에 도움이 될 만한, 적어도 생각해 볼만한 거리를 제공하는 통찰을 갖고 있었다. 그의 신랄한 신문방송에 대한 비판은 분명히 저널리스트로 하여금 스스로를 돌아보게 한다. 쇼펜하우어는 신문을 역사라는 시계의 초침이라고 보았으며, 초침은 종종 시침과 분침에 밀려 제대로 작동하지 않기도 한다고 지적하였다.

쇼펜하우어는 《수필과 잠언》에서 신문의 글쓰기에는 항상 과장이 나타난다는 의견을 보였다. 저널리스트는 무엇이 조금만 움직여도 바로 물려고 대드는 개와 같이 '쓸데없이 과도하게 걱정하는 사람들'이라는 것이다. 그는 저널리즘에 대해 여러 가지 이야기를 했지만 대체로 부정적이다. 그는 신문을 확대경, 더 나아가 벽에 비친 깜빡거리는 그림자와 같다고 보았다.

역사를 별로 중요시하지 않았던 쇼펜하우어는 저널리즘을 조급하게 쓰인 역사로 보았다. 물론 그가 역사나 저널리즘의 모든 가치를 부정한 것은 아니지만, 그보다는 철학이 더 중요하다고 생각했다. '사람들이 만화경을 통해 같은 물체를 새로운 각도에서 보는 것과 같이' 저널리즘과 역사는 같은 사건을 반복해서 보는 것에 불과하다고 말했다. 이것은 오늘날 저널리즘 비평에서 여러 차례 언급되는 관점과 유사하다. 그것은 바로 뉴스가 불완전한 현실의 소소한 일부와 조각난 파편에만 집착하고 있다는 사실이다.

쇼펜하우어의 철학은 복잡하기 때문에 짧게 요약하기는 불가능하지만 칸트의 이상주의와 힌두교의 신비주의가 혼합된 것으로 볼 수 있다. 그는 형이상학은 물론이고 도덕에 있어서도 서구에서 가장 위대한 직관론자이다. 쇼펜하우어는 아리스토텔레스의 논리학이 불완전하다고 생각해 합리주의를 신뢰하지 않았으며, 직관이 현실을 파악하기 위한 올바른 대안이라고 믿었다. 쇼펜하우어는 직관이 말로 증명할 수는 없어도 진실한 것이라고 생각했다. 그는 느낌을 중시했으며, 이성은 믿지 않았다. 그의 기본 문체는 산문적이고 과학적이라기보다는 시적이고 종교적이었다.

쇼펜하우어는 인간이 자신의 내면에 있는 어떤 역동적인 에너지를 아무런 매개 없이 지속적으로 발전시켜나가는 것이 중요하다고 생각했다. 인간과 현실에 대한 직관적 이해 사이에는 '의지'라는 것이 존재한다. 그는 이러한 난해한 개념을 《의지와 표상으로서의 세계》에서 자세히 설명한다. 정신의 하위형식이 의지이며, 의지의 하위형식은 지성이다. 그는 직감이나 직관적인 미적 감각 같은 것을 훨씬 상위에 두었을 것이다. 자연계는 그가 의지라고 부르는 세계이고 표상계는 지성에 의해 창조되는 세계이다. 미적 세계, 즉 명상적 행복은 의지를 억제할 때 생겨난다.

쇼펜하우어는 인간이 끊임없이 무엇인가를 추구하려는 의지를 억제하는 대신에, 지적이고 미적인 명상에 몰두해야 한다고 말했다. 부처가 열반을 추구했던 것처럼 욕망을 억제하여 좋고 나쁨, 옳고 그름과 같은 관념을 초월할 수 있어야 한다는 것이다.

그는 오늘날 저널리스트에게 지혜를 얻을 수 있는 좋은 책들을 읽으라고 조언할 것이다. 책 자체가 아닌 책의 내용이 전하는 가치를 발견할 수 있어야 한다고 했다. 진정으로 중요한 것은 물질적 재화가 아니라 사상과 관념, 내면의 삶이다. 그는 밖에서 주어지는 것에 의존하지 말고 자기 안에서 행복을 찾으라고 조언할 것이다. 그는 세상이 우리가 보는 대로 만들어지기 때문에 자신을 지탱시켜 줄 수 있는 내면과 자기만족을 가꾸어 나가는 것이 중요하다고 말했다. 욕망이 떠오를 때마다 끊임없이 자기 삶을 명상하는 사람은 계속해서 일어나는 의지작용을 억제함으로써 행복과 자유를 얻게 된다. 의지를 다스리고 통제할 수 있어야 한다. 의지로부터 자유로울 수 있는 저널리스트는 지금까지 중요하다고 믿어왔던 것이 사실은 중요하지 않다는 사실을 깨닫게 되면서 세계를 있는 그대로 볼 수 있게 된다.

쇼펜하우어는 사회에서 인정받기를 원하고 성공의 사다리를 부지런히 오르는 저널리스트를 실패자로 규정한다. 쇼펜하우어는 지적이나 미적으로 열등한 사람들이 열등함을 채우기 위해 사회적 관계를 필요로 하게 된다고 생각했다. 우수한 사람들은 타인이나 이 세상의 물질적 산물의 도움을 필요로 하지 않기 때문이다. 그것들은 확신이 없고 자신에게 만족하지 않는 사람들에게나 필요한 것이다. 동양철학에 깊은 관심을 두고 있던 쇼펜하우어는 자연과 예술로부터 얻을 수 있는 위안과 아름다움에 심취한 사람은 일상을 관조할 수 있게 되어 행복해지고 더 나아가 세계를 더 분명하게 볼 수 있게 된다고 믿었다.

쇼펜하우어는 직관을 중요하게 생각했다. 세계에 대한 내적이고 직관적인 통찰은 외적이고 이성적인 관찰보다 더 실재적이다. 지성은 모든 것을 쪼개버리지만, 직관은 모든 것을 하나로 통합시킨다. 쇼펜하우어적인 저널리스트는 직관을 신뢰할 것이며, 미적 성향을 발전시키려 노력할 것이다. 주지주의에서는 인정하지 않겠지만, 본능은 이성보다 더 근본적이다. 궁극적인 선은 미(美)이며, 궁극적인 행복은 그러한 미를 창조하고 소중히 여기며 누리는 데 있다.

진정한 의미에서 쇼펜하우어의 윤리학과 미학은 서로 섞여 있다. 그의 윤리학은 인간이 얼마나 자신의 의지를 통제하고 개인의 욕망과 경쟁심을 누그러뜨려 자기 자신을 미적 세계와 합일시켜 나갈 수 있는지를 강조한다. 쇼펜하우어라면 윤리학에서의 이기주의나 이타주의에 관한 문제제기는 하지 않을 것이다. 그의 윤리학은 자아를 소멸시키기 때문에 이타적 행위에 대해 걱정할 필요가 없는 비윤리학의 하나인 초월윤리학에 가깝다고 할 수 있다. 미학에 대한 찬사와 예술에 대한 사랑은 인간을 일시적으로 승화된 영역으로 밀어 넣는다. 그곳에서 인간의 의지는 승화되고 덧없는 영달의 추구는 멈추며 모든 욕망이 사라진다. 이것은 쇼펜하우어가 말하는 세계와 하나가 되기 위한 첫 번째 단계에 불과하다.

앞에서 말한 단계에서 쇼펜하우어 도덕론은 삶을 만인에 대한 만인의 투쟁으로 보는 홉스적 이기주의를 탈피한 면이 있다고 볼 수도 있다. 쇼펜하우어는 다음 단계에서 나의 의지뿐 아니라 타인의 의지도 존재하며 다른 사람도 욕망을 추구하는 창조물이라는 사실을 깨닫는다. 이 단계에서 개인의 순수한 이기심은 정의, 평등, 동료에 대한 관심으로 대체된다. 그 결과, 우리는 고통과 욕망, 경쟁상태로부터 벗어나 기독교나 힌두교에서 추구하는 성인의 경지처럼 관조적인 평화가 가득한 고요한 초월의 경지에 이를 수 있게 된다. 그러므로 쇼펜하우어는 모든 이기적 동기를 버려야만 도덕적 가치를 얻을 수 있다고 보았다.

쇼펜하우어의 마지막 단계에서 의지는 소멸한다. 그리하여 개인은 전체의 일부가 되며, 전체는 개인의 일부가 된다. 쇼펜하우어 도덕발달의 가장 마지막 단계이자 가장 높은 단계에서 개인은 자발적으로 무욕과 무의지의 상태에 이르게 된다. 이 마지막 단계는 키르케고르가 제시한 최종 단계, 즉 종교적 단계와 유사하다.

칸트 이후의 독일의 다른 낭만주의자들과 마찬가지로 쇼펜하우어는 과학적 방법론과 객관성의 개념에 적대적이다. 이 점에서 그는 과학에 근거한 '정밀 저널리즘'과 저널리즘의 객관성을 그 어느 때보다도 신봉하는 오늘날 대부분의 미국 저널리스트들과는 거리가 있다. 현대 저널리스트는 쇼펜하우어의 신비적이고 감성적인 직관과 무의지(無意志)의 철학이 과연 무슨 소용이 있는가를 물을지도 모른다. 저널리스트가 사실과 견해를 제공해야 하는 어려운 작업을 수행하기 위해 강한 의지를 가져서는 안 된다는 말인가?

쇼펜하우어를 포함한 낭만주의자들은 직관, 느낌, 신념, 열정이 지식의 근원이라고 믿는다. 또, 그들은 사람이 이성적이기보다 감정적인 존재라고 믿는다. 그들은 계몽의 가치를 인정하지 않으며, 아리스토텔레스의 논리학을 경멸하고 감정의 내면세계로 이루어진 현실을 알아내기 위해 주관주의를 택한다. 이때, 이 세계는 기본적으로 고통 속에 존재한다는 비관론이 나타나는데, 쇼펜하우어가 제시하는 유일한 해결책은 인간의 의지를 부정하고 열반(涅槃)과 같은 망각에 이르는 것뿐이다. 프리드리히 니체와 같은 낭만주의자는 쇼펜하우어와는 반대로 오히려 의지를 고양하고 긍정해야 '초인'이라는 초월적 단계에 이를 수 있다고 했다.

쇼펜하우어의 철학이 마음에 와 닿고 도움이 된다고 생각하는 저널리스트들이 많을 것이다. 이들은 대부분 현대적 낭만주의자들이나 동양 종교 및 실존주의를 좋아하는 사람들일 것이다. 이들은 아마도 '객관적 저널리즘'을 부정하고, 주관적 기록을 통해 '큰 그림'을 발견하려고 할 것이다. 또한, 1960년대에 노먼 메일러, 게이 탤리스, 톰

울프 등이 전개한 '뉴 저널리즘'[6]을 옹호하려고 할 것이다. 그러나 이러한 저널리스트에게마저도 쇼펜하우어의 철학은 지나치게 신비적이고 불확실하며 이데올로기와 자아의식이 결여되어 다소 이질적으로 다가온다.

하지만, 오늘날 많은 저널리스트가 쇼펜하우어의 염세(厭世)주의에 도취해 있기도 하다. 그들은 최후의 심판을 알리는 예언자로 사회가 붕괴하는 것을 일반 대중보다 먼저 본다. 범죄, 인종 차별, 편협이 증가하고 혁명과 폭력이 일상적으로 일어나며 선의 존재마저 부정하는 냉소주의가 만연된 사회를 본다. 이러한 현실은 '하늘이 무너지는 것'처럼 비관적이기에, 할 수 있는 일은 둘 중에 하나다. 니체의 말에 따라 의지를 가지고 자신을 다독이며 끊임없이 고군분투하거나, 쇼펜하우어의 말에 따라 의지를 승화시켜 갈등을 피하는 것이다.

대부분의 저널리스트에게는 니체의 말이 더 와 닿을 것이 틀림없다. 쇼펜하우어의 철학을 충실하게 따르려는 저널리스트는 결국 저널리스트라는 그룹에서 소외되거나 수용자에게 개인적 직관, 느낌, 견해, 인상을 제공하는 정도로 만족하게 될 것이다. 이런 주관적 저널리즘이 어떤 경우에는 꽤 흥미롭고 의미 있을 수도 있다. 그러나 저널리즘 전체가 그런 주관적 메시지로 가득하게 된다면 뉴스 중심의 전통적 저널리즘은 사라지게 되고 인상과 선동에 의한 허무주의가 확산되어 사실보도와 공신력 있는 정보제공의 기능이 말살될 것이다.

그러나 적어도 쇼펜하우어 도덕 발전론의 자아가 타인의 자아의 중요성을 인식하는 두 번째 단계만큼은 저널리스트에게 유익한 사회의식을 제공해 준다. 쇼펜하우어는 도덕에 대해 설교하기는 쉽지만 그 근거를 제공하는 것은 어렵다고 쓴 적이 있는데, 이는 확실히 옳은

---

6 **편역자 주** | 1960년대부터 미국에서 논의의 중심이 되었던 보도양식의 변혁을 일컫는 말. 기성 저널리즘의 단편성과 상투적 수법에서 오는 결함을 피하고 보다 독자를 승복시킬 수 있는 표현을 목표로 하는 주장.

지적이다. 우리가 사회적 자각이라는 두 번째 단계에 이를 수 있다면 도덕의 근거를 위한 틀을 마련할 수 있을지도 모른다.

'무(無)'의 경지에 이르기 위해 자신을 희생해야 하는 마지막 단계에 이르면, 사회에 적극적으로 참여하고 보도해야 하는 현대의 저널리스트에게 쇼펜하우어의 철학은 쓸모없는 것이 되고 만다. 한 개인이 전체의 세계와 합일되는 이 마지막 단계에서는 모든 사회적 고민을 무의미한 것으로 만들어 버리는데, 여기서 쇼펜하우어의 도덕적 기반 역시 사라져 버린다고 할 수 있다. '역사라는 시계 위의 초침에 불과한' 저널리즘에 있어서도 그 역사의 일부라도 기록하고자 하는 저널리스트의 의지는 반드시 존재하기 때문이다.

16

알렉시스 드 토크빌

Alexis De Tocqueville (1805 ~ 1859)

프랑스의 정치학자이자 역사가이다. 노르망디의 귀족 출신으로 1827년 베르사유재판소 배석판사에 취임하였으며, 1831년 교도소 조사를 위하여 미국으로 건너갔다. 귀국 후 《미국의 민주주의》(*De la démocratie en Amérique*, 2권, 1835~1840)를 저술하였다. 이 저서에서 그는 미국사회의 민주성에 감복하며, 미국이 미래의 유일한 강대국으로 부상할 것을 일찌감치 예견했다. 이를 바탕으로 근대 민주주의 사회로의 이행을 필연적 현상으로 보았으며, 더 나아가 이러한 사회의 부정적 영향인 개인주의나 정치적 무관심 등에 대해서도 관심을 가졌다. 1833년 영국으로 건너가 J. S. 밀 등과 교유했으며, 밀에게 큰 영향을 주었다. 1849년 외무장관을 지냈으며, 1851년 나폴레옹의 쿠데타에 반대하여 체포된 후, 정계에서 은퇴하고 역사연구에 전념하였다.

토크빌은 예리한 관찰자요, 심오한 예언자다. 미국을 불과 7개월 여행하면서 미국 민주주의의 장점과 한계를 면밀히 파헤쳤으며, 장래 미국과 러시아가 두 세계강국으로 등장할 것이라고 정확히 예측했다.

미국 저널리즘에 대한 '외부적 시각'을 얻길 원하거나 미국에서 민주주의가 어떻게 작동하는지를 파악하고자 하는 저널리스트라면 1835년과 1840년 프랑스에서 발간된 《미국의 민주주의》를 알아야 한다. 저자인 알렉시스 드 토크빌은 프랑스 혁명의 격동기인 1805년에 유서 깊은 귀족가문에서 태어나 1827년 배석판사에 취임하였으며, 1831년 미국으로 건너가 2년 동안 뉴욕에서부터 서부 극단까지 두루 여행했다. 여행의 명분은 베르사유의 재판관으로서 미국의 행형(行刑) 제도를 시찰한다는 것이었지만, 민주주의에 큰 관심을 뒀던 토크빌은 미국의 민주적 정치제도와 습속을 관찰하고 프랑스가 무엇을 배워야 하는가를 탐구하는 것에 목적을 두었다. 그는 근대 민주주의 사회로의 이행을 필연적 현상으로 보았고 더 나아가 사회의 부정적 영향인 개인주의나 정치적 무관심에 대해서도 관심을 두었다.

토크빌은 미국 사회가 프랑스 사회보다 민주적인 이유를 미국의 활성화된 지방자치, 자발적인 결사체, 배심원 제도 등에서 찾았다. 시민의 정치참여를 높이고 법치주의 교육에 이바지하는 제도들이기 때문이다. 토크빌은 미국에서의 관찰과 성찰을 토대로 1835년 《미국의 민주주의》 1권을 출판했다. 그 후 2권을 집필하였고 1840년에 마침내 1, 2권으로 완성하였다. 그는 미국 전역을 여행하면서 존 퀸시 아담스, 다니엘 웹스터, 샘 휴스턴 및 앤드류 잭슨 대통령과 같은 다양한 인물들과 대화를 나눴다. 이 책은 아마도 미국의 정신을 가장 잘 묘사하는 책이자, 정치이론에서 가장 자주 인용되는 책 중 하나로 손꼽힐 것이다. 이 책의 큰 성공은 토크빌에게 예리한 관찰자와 분석가로서의 명성을 가져다주게 된다.

이 책에는 미국 사회의 기원과 성립에 대한 예리한 통찰 및 자본주의와 민주주의가 만들어낸 논란들이 기술되어 있으며, 미국의 민주주의 발전과정에서 야기된 문제점들이 암시되어 있다. 특히 그는 개인주의가 일으키는 민주적 전제주의의 위험을 경고했다. 민주사회에서 개인주의가 만연하게 됨에 따라 사람들의 삶은 서로 고립되고, 서로를 연결시켜 주던 전통적 유대는 거의 해체된다. 게다가 중앙정보의 기능이 강화되어 국가와 개인 사이에 전통적으로 존재하던 교회, 가족, 길드, 지역공동체 등 거의 모든 중간집단의 기능이 약화된다.

대중의 여론도 전제주의를 부추겨 개인주의가 만연하게 됨에 따라 개인들의 다양한 의견보다는 다수가 형성한 여론이 오히려 더 강한 지적, 도덕적 권위를 행사하게 된다. 이로 말미암아 개인들은 다수의 견에 복종하고 안주함으로써 책임을 회피한다. 그뿐만 아니라 정치적 무관심 또한 문제가 되는데, 정치가 시민들의 관심으로부터 떨어져 나갈 때 사적 이해관계가 공적 영역을 침범하기 때문이다.

다양한 행정경험을 바탕에 둔 토크빌의 사상은 보수주의와 자유주의를 넘나들 정도로 독특하고 뛰어나서 당대의 정치사상가들이 미처 생각하지 못했던 미래 민주사회의 문제점을 날카롭게 지적하였다. 그는 귀족주의와 민주주의가 가진 각각의 장점을 의외로 공평하게 밝히고 있는데, 이는 오늘날 저널리스트에게 좋은 본보기가 된다. 토크빌은 아리스토텔레스로부터 비롯된 '모든 사람은 대중 안에서 동질화되기 때문에 개인보다는 사회가 더 중요하다'는 주장을 표명했다. 그는 모든 시민은 언젠가는 서로 동질화되어 군중 가운데서 자아(自我)를 상실하게 되고, 결국 '거대하고 화려한 대중으로서의 이미지' 외에 아무것도 아닌 존재가 될 것이라고 경고하고 있다.

흥미롭게도 토크빌은 당시의 급진자유주의자 및 사회주의자들과 달리 자유와 평등을 이율배반적인 것으로 보았다. 민주사회에서 사람들이 자유와 평등 두 가지를 모두 추구하지만 자유보다는 평등을 선호하기 때문에 평등을 위해서라면 기꺼이 자유를 포기하는 경향이 있다는 것이다. 시민들은 자유를 물질적 복지를 추구하기 위한 방법으로 선호하기 때문에 자유가 번영을 위협하는 상황에서 물질적 복지와 조건의 평등을 위해 기꺼이 자유를 희생할 것이라는 견해다. 특히 자유는 획득하기도 어렵고 그 이점도 잘 보이지 않는 반면 평등은 그 이점이 매우 즉각적이기 때문에 사람들이 평등을 더 선호하게 된다는 것이다.

토크빌은 평등화의 경향으로부터 오는 민주적 전제주의의 가능성뿐만 아니라 개인주의로부터 오는 민주적 전제주의의 위험성에 대해서도 경고했다. 민주사회에서 개인주의가 만연하게 됨에 따라 사람들의 삶은 서로 고립되고 서로를 연결시켜 주던 전통적 유대는 거의 모두 해체된다. 게다가 조건의 평등과 물질적 복지에 대한 애착으로 중앙정부의 기능은 강화되고, 이로 인해 국가와 개인 사이에 전통적으로 존재하던 교회, 가족, 길드, 지역공동체 등 거의 모든 중간집단은 약화된다.

토크빌은 민주주의에 대해서 대체로 위와 같이 기술하면서도 '대중은 진정으로 자신의 운명, 목적, 가치를 자유롭게 구현하기를 갈망하는가'에 대한 의문을 제기한다. 이는 후대에 에리히 프롬이 그의 저서 《자유로부터의 도피》에서 제기하는 문제이기도 하다. 또, 20세기 작가들이 지적하는 '대중사회', '조직인간', '외로운 군중'의 문제와도 닿아 있다.

정부가 다수의 의견만을 열정적으로 지지하게 되면 소수 의견이 무시될 수 있다는 점을 미리 예견했다. 토크빌은 다수의 횡포에 의해 운영되는 정부는 위험하다고 보았다. 다른 많은 철학자들과 마찬가지로 그도 다수가 폭군이 될 가능성을 인지하고 있었다. 즉 인민의 자발적 동의에 근거한 '민주적 전제'(*democratic tyranny*)의 출현에 주목한다. 혁명적 전제가 공권력에 의한 강압적인 자유의 탄압으로 특징지어진다며, 민주적 전제는 시민들이 평등이나 질서 등 다른 가치를 추구하기 위하여 자유를 자발적으로 포기함으로써 정부권력이 강화되고 시민들이 정치적으로 무기력해지는 현상을 의미한다. 토크빌은 이러한 위험의 지배적 경향을 정치적·사회적 민주주의가 구대륙인 유럽에 비해 선진적으로 진척된 미국 민주주의를 분석함으로 예시한다. 이 점에서 그는 20세기 미국의 보수파에 가깝다. 토크빌은 비록 민주주의에 대해 비판적이었으나, 그의 분석과 주장은 민주주의를 지지하고 있으며 미국이 자유사회의 문제점을 스스로 잘 풀어갈 수 있을 것이라고 확신했다.

《미국의 민주주의》 1권에서 토크빌은 미국의 저널리즘 자유를 다루었다. 그는 미국과 프랑스 신문을 비교하였는데, 이 분석은 1800년대에 그랬던 것처럼 오늘날에도 그대로 적용될 수 있다. 프랑스에서 신문 광고지면은 엄격한 제한을 받는 데 반해 미국 신문은 전체 지면의 4분의 3을 광고로 채운다. 프랑스 신문은 '열띤 토론'에 다수 지면을 할애하는 반면 미국 신문은 '정치공작이나 사소한 일상사' 등을 주로 보도한다.

토크빌은 미국 신문이 사상의 권력을 남용한다고 보았다. 주로 감정에 호소하거나 개인의 인신을 공격하는 기사로 채워져 프라이버시를 침해하거나 개인의 부정적인 부분을 부각시키는 부작용을 낳고 있다고 지적했다. 프랑스와 달리, 미국에서는 존경과 권위를 가진 대중이 신문에 기고하기를 두려워하기 때문에 대중은 자신들의 권익을 신장할 수 있는 가장 강력한 수단을 박탈당한다고 토크빌은 밝혔다.

토크빌은 미국 여론에서는 미국 편집자의 개인적 소견이 영향력을 발휘하지 못한다는 점을 지적했다. 대중이 신문에 원하는 것은 사실적 지식에 국한되고, 저널리스트가 자신의 관점을 드러내기 위해 할 수 있는 것은 사실을 바꾸거나 왜곡시키는 것이 전부라는 것이다. 오늘날 미국 신문에서는 상황이 다소 바뀌어 사설, 칼럼, 레터, 의견 게재기사 등이 활발하게 실리며 높은 열독률을 보인다.

《미국의 민주주의》 2권에서 토크빌은 공공 결사조직과 신문의 관계를 주로 다루었다. 그는 대중이 동질화되고 개인주의가 위협을 받을수록 신문의 필요성도 커진다고 기술하였다. 신문은 자유를 수호할 뿐 아니라 시민사회조직을 유지하는 역할을 하기 때문에 매우 중요한 역할을 하고 있다는 것이다. 신문은 공공 프로젝트나 공공결사조직에 핵심역할을 하며 신문이 없다면 공공활동은 있을 수도 없다. 토크빌은 신문이 공적 사업을 수행하는 데 있어 대중들을 서로 결속시키기 위해 반드시 필요하다고 보았다. 대중 결사체가 늘어날수록 신문의 수도 함께 늘어난다.

토크빌은 언론의 자유를 크게 지지하지는 않았으며, 언론의 자유를 필요악(必要惡)으로 보았다. 그는 저널리즘 자유의 긍정적인 면을 언급하기보다는 '정부에 대한 감시견'으로서의 기능을 강조했다. 토크빌은 미국 저널리스트가 대중을 계몽시키고 공공의 이익이나 도덕수준을 증진시키기보다는 부정적이고 자극적인 문제에 집중하면서 개인의 사생활을 침해하는 데 언론의 자유를 사용하고 있다고 관찰했다.

대중의 여론도 전제주의를 부추긴다. 개인주의가 만연하게 됨에 따라 개인들의 다양한 의견보다는 다수가 형성한 여론이 오히려 더 강한 지적·도덕적 권위를 행사하게 된다. 이로 인해 개인들은 다수의 의견에 복종하고 거기에 안주함으로써 책임을 회피한다. 정치적 무관심 또한 문제다. 정치가 시민들의 관심으로부터 떨어져나갈 때 사적 이해관계가 공적영역을 침범하게 된다. 현대사회의 병폐라 할 로비문화와 정경유착(政經癒着)이 나타나는 맥락이다.

토크빌은 미국인이 매너와 같은 인간행동의 외형적 양식을 경시하는 점에 대해 유감스럽게 생각했다. 그는 매너가 그 사람의 행동에 일관성과 위엄을 부여해 준다고 보았기 때문이다. 공자, 아리스토텔레스, 이슬람 사상과 마찬가지로 토크빌에 사상에서도 습관과 예절의 중요성이 강조된다. 그는 민주주의 국가의 매너에는 위엄이 결여되어 있다고 보았다. 그 이유는 민주주의 사회에서의 삶은 '개인의 사소한 일상에 매몰되어 극단적으로 소심해지기' 때문이라는 것이다.

토크빌에 따르면, 진정한 위엄을 갖춘 매너란 각각의 사람들이 자신에게 알맞은 지위에 있을 때 가질 수 있는 것이다. 계급사회에서 매너는 소작계층이나 군주계층 어디에나 존재하지만, 민주사회에서는 계급과 계층 간 구분이 모호하기 때문에 매너는 오만으로 가득 차게 되고 위엄을 잃게 마련이라는 것이다. 미국 저널리스트들은 이 같은 지적에 대해 동의하지 못할 것이다. 민주언론사의 편집실에는 유연하고 편안한 동료애가 있어서 편집자, 저널리스트, 인쇄공 등 수위를 막론하고 모두가 비교적 동등한 처우를 받는데 이것은 긍정적으로 생각해야 할 부분이지 '위엄의 결여'로 볼 부분이 아니기 때문이다.

토크빌은 예절이 도덕을 만드는 것은 아니지만 도덕을 빛나게 한다고 말했다. 예절에 맞게 행동함으로써 취향이 일정하고 세련된 방식으로 다듬어져 '사상과 감정이 자연스럽게 흘러나오게 된다'는 것이다. 이러한 예절은 '인간의 본성에 매력을 더해' 우리를 기쁘게 한다. 신중하고 예의바르게 행동함으로써 저절로 인격이 수양되는 것이다.

현대의 저널리스트들이 토크빌의 철학적 통찰에서 배울 수 있는 게 별로 없다고 생각할지도 모르겠다. 그러나 그의 정확한 관찰과 분석 능력 및 직설적이고 명확한 언어만큼은 높이 평가할 수 있는 부분이다. 파리의 유서 깊은 귀족가문에서 태어나 다양한 행정경험을 쌓은 토크빌의 사상은 보수주의와 자유주의를 넘나들 정도로 독특하고 뛰어나서 당대의 정치사상가들이 미처 생각하지 못했던 미래 민주사회의 문제점을 날카롭게 파악하였다.

그가 우려했던 대로 자유의 자발적 포기, 평등에 대한 열망, 다수의 횡포, 그리고 로비문화와 정경유착 등은 오늘날 미국을 위시한 여러 민주주의 나라들에서 나타나고 있다. 자유와 평등 사이의 갈등 또한 풀어가야 할 중대한 과제다. 토크빌은 미국식 민주주의에서 자유에 대한 가장 심각한 위협의 하나로 평등에 대한 열정을 들고 있다. 민주사회를 특징짓는 지배적 열정은 평등에 대한 열정이며 이는 사회의 모든 정열, 이념, 문화, 습속 등에 깊숙이 침투되어 있고 이를 얻기 위해서 인간은 심지어 자유까지 포기하고 평등과 양립할 수 있는 전제정치마저도 받아들일 수 있다는 것이다. 시민들은 본래 자유와 평등을 다 누리고자 하나 자유보다는 평등에 대한 갈망이 더 강하며 지속적이다. 시민들은 자유인으로서의 평등을 원한다. 그러나 그것을 달성할 수 없으면 차라리 노예로서의 평등을 원한다는 무서운 말도 그의 입에서 나왔다.

오늘날 미국의 저널리즘에서 발견되는 수많은 문제들을 외국인의 눈으로 19세기 초에 이미 예견한 사실은 매우 놀랍다. 사실, 《미국의 민주주의》를 읽어 본 사람이라면 2차 대전 직후 미국 저널리즘이 찬사를 아끼지 않은 허치슨 위원회의 업적이 토크빌의 의견을 그대로 확장시킨 주석 정도에 불과하다는 사실을 쉽게 발견할 수 있을 것이다.

17

존 스튜어트 밀

John Stuart Mill (1806~1873)

존 스튜어트 밀은 영국의 철학자이자 정치경제학자로서, 논리학, 윤리학, 정치학, 사회평론 등에 걸쳐 방대한 저술을 남겼다. 경험주의 인식론과 공리주의 윤리학, 그리고 자유주의적 정치경제사상을 바탕으로 현실 정치에도 적극적으로 참여해 하원의원을 지내기도 했다. 그의 공리주의는 그의 대부이자 스승이었던 벤담으로부터 물려받은 것이지만, 여기에 생시몽주의와 낭만주의를 가미해 나름의 체계로 발전시켰다. 저서로는 《논리학 체계》, 《정치경제학 원리》, 《자유론》 등 전 33권으로 이루어진 전집이 있고, 그밖에 동인도회사에서 일하면서 집필한 수많은 보고서가 있다.

흔히 현대는 자유와 개성의 시대로 일컬어진다. 그러나 다른 한편으로는 몰개성(沒個性)과 획일성의 풍조 또한 확산되고 있다. 통설과 대세에 동조하는 '자유로부터의 도피' 현상은 현대사회가 직면한 위기의 한 징후이기도 하다. 간섭받지 않을 자유를 갈망하면서 동시에 자유를 부담으로 여기고 그로부터 벗어나려는 모순적 상황을 어떻게 이해해야 할까.

존 스튜어트 밀은 19세기 영국 공리주의 철학자 가운데 가장 유명한 사람이다. 밀은 런던에서 태어나 경제학자였던 아버지 제임스 밀로부터 엄격한 교육을 받아 이미 10대에 어엿한 지식인으로 성장하였다. 제임스 밀은 주입식 교육을 피하고 어떤 문제든 혼자 힘으로 생각하고 해결하도록 아들 밀을 가르쳤다. 그는 개인의 정치적 자유를 옹호했던 사회개혁가로서 자유에 대한 최고의 서적 중 하나인 《자유론》(*On Liberty*)을 집필했다. 밀은 '진정한 자유란 타인의 자유를 방해하거나 빼앗지 않으면서 자신의 이익을 자유로이 추구할 수 있게 하는 것이다'라고 자유에 대해 정의했는데, 이 같은 생각은 자유주의의 기초가 되어 오늘날 언론선진국 저널리즘의 바탕을 이루고 있다.

《자유론》의 목적은 사회가 개인을 상대로 정당하게 행사할 수 있는 권력의 성질과 그 한계를 살피는 것이다. 전통적으로 개인의 자유는 정치권력을 제한함으로써 획득될 수 있는 것으로 생각되어 왔다. 하지만, 사회가 발전하고 정치권력의 행사가 제도화된 상황에서는 사회적 다수가 행사하는 권력이 개인의 자유에 더 큰 위협이 될 수 있다. 그래서 밀은 개인의 자율성과 개성을 살리려면 국가권력이 아닌 사회의 압력에서 벗어나야 한다고 주장한다.

민주사회에서 '다수의 횡포'는 공권력을 통해 행사되기도 하며 관습이나 여론의 압력이라는 형태로 침투하기도 한다. 다수의 횡포는 어떤 형태의 정치적 탄압보다 훨씬 더 가공할 만한 힘을 발휘하기도 한다. 밀은 이것을 '다수의 횡포가 개인의 사사로운 삶 구석까지 침투해 마침내 개인의 영혼까지 통제하면서 도저히 빠져나갈 틈을 주지 않기 때문'이라고 설명하고 있다.

밀은 《자유론》을 통해 자유에 대한 대원칙을 다양한 방식으로 밝히고 있지만, 기본적으로 남에게 해를 입히고 자기를 방어하기 위한 경우만큼은 그 자유를 제한한다. 이것은 저널리스트에게 문제가 되는데, 저널리스트가 하는 일은 그것이 진실하다고 해도 항상 누군가에게 피해를 가져다 줄 가능성을 가지고 있기 때문이다. 그렇기 때문에 밀이 자유를 소중하게 수호하고자 했음에도 불구하고, 우리는 여전히 자유를 어디까지 제한해야 하는지에 대해 분명하게 알기 어렵다. 이 때문에 저널리스트를 상대로 명예훼손 논쟁과 법적 소송의 문제가 자주 불거지며 사람들은 끊임없이 자유의 본질과 한계를 정의하고자 노력하고 있는 것이다.

행복의 조건인 개별성과 자아 발전을 위해서는 무엇보다 사상의 자유가 필요하다. 또 사상의 자유가 보장되려면 다른 의견에 대한 관용이 요구된다. 토론과 비판의 대상이 될 수 없는 진리는 독단에 지나지 않는다. 오류 가능성과 부분적 진리를 인정할 때 사회진보는 가능하다고 밀은 주장한다. 《자유론》은 '전체 인류 가운데 한 사람이 의견이 다르다고 해서 그 사람에게 침묵을 강요하는 일은 옳지 못하다. 그것은 어떤 한 사람이 자기와 생각이 다르다고 나머지 사람 모두에게 침묵을 강요하는 것만큼이나 용납될 수 없는 일'이라고 설명한다.

《자유론》을 제외한 밀의 가장 영향력 있는 저서로는 1861년에 출판된 《공리주의》(*Utilitarianism*)가 있다. 이 책에서 밀은 어떤 행동의 결과가 가져오는 행복의 정도에 따라 행동의 선(善)이 결정된다는 도덕이론을 제시한다. 밀에 의하면 모든 사람의 선(善)은 개인에게 가져다주는 행복으로 결정되고 이것은 전체 사회에도 이득이 된다는 것이다. 이러한 주장은 많은 비판을 받았지만, 오늘날 사회윤리학으로 알려진 대부분의 사상에 영향을 미쳤다. 밀은 이 책에서 공리주의 도덕원칙으로 알려진 '최대다수의 최대행복'(*the greatest happiness of the greatest number*)의 원칙을 정립한다. 이것은 제레미 벤담과 더불어 홉스, 흄, 엘베시우스의 영향을 받은 그의 아버지 제임스 밀의 사상을 계승한 것이다.

'최대다수의 최대행복' 원칙의 공리주의는 다음과 같이 설명할 수 있다. 예를 들어, 어떤 사업가가 자신의 이득을 최대화하려고 노동자에게 임금을 아주 적게 지급하였다고 하자. 이 상황에서 윤택한 생활로 인한 사업가의 행복정도는 100이다. 하지만, 일한 만큼의 대가를 받지 못한 노동자의 행복정도는 오히려 5만큼 감소하였다. 총 15명의 노동자가 있다면 사업가와 노동자를 포함하는 전체의 행복은 100 × (-5 × 15) = 25 정도가 된다. 반대로 사업가가 자신의 욕심을 줄이고 노동자에게 더 많은 임금을 제공한다면 사업가의 행복정도는 100에서 30으로 줄어들겠지만 각 노동자의 행복정도가 5만큼 올라 결국 전체의 행복은 30 + (5 × 15) = 105가 되므로 전자보다 후자의 경우가 더 최대다수의 최대행복에 들어맞는다고 볼 수 있다. 즉, 공리주의는 극소수의 사람이 행복을 독점하기보다는 더 많은 사람이 행복하게 사는 것이 옳다는 생각을 전제로 한다.

그러나 이러한 '최대다수의 최대원칙'에는 다음과 같은 문제점이 나타난다. 히틀러의 나치스 당 집권 시 히틀러와 괴벨스는 당시에 일어나는 불운한 사건이나 사고를 모두 유태인과 연관시키며 사람들이 유태인을 싫어하도록 조건화시켰다. 그 결과, 그 당시 대다수 사람은 유태인에 대해 좋지 않은 감정을 갖게 되었다. 만약 이러한 상황에서 한 유태인이 살인을 저지른 독일인 대신 억울하게 누명을 쓰게 되었다고 하자. 유태인을 처벌하면 유태인의 행복정도는 50,000만큼 감소한다. 하지만, 유태인은 모두 나쁜 놈이라고 믿는 5만 명의 독일인의 행복은 2만큼 증가한다(전체 행복정도 50,000 = 50,000 × 2 - 50,000). 반대로, 진범인 독일인을 처벌하면 유태인의 행복은 30,000정도 증가하고 5만 명의 독일인의 행복은 1씩 줄어들게 된다(전체 행복정도 20,000 = 30,000 + 50,000 × 1). 공리주의에 따르면 억울한 유태인을 처벌하는 것이 더 옳다는 결론이 나올 수도 있게 된다. 이는 비록 극단적인 예이긴 하지만, 공리주의가 안고 있는 문제점을 잘 보여준다. 공리주의는 사람의 기본권을 무시하는 행동이 수만 명의 행복을 합한 것보다도 더 큰 불행을 가져올 수 있다는 사실을 간과한다. 밀은 초기 공리주의의 기본 토대를 유지하면서도 위와 같은 불합리한 결과를 방지하기 위해 공리주의를 보다 인간적으로 수정했다. 그는 《공리주의》에서 이러한 부분들을 강조한다.

공리주의는 행동 공리주의와 규칙 공리주의로 나뉜다. 행동 공리주의는 무엇이 올바른가를 결정해야 할 때, 어떤 행동이 최대의 행복을 가져다주는가를 고려해야 한다는 것이다. 이때, 특별한 규칙은 없으며 모든 것은 상황에 의해 결정된다. 그러나 밀이 말한 공리주의에서는 모든 이에게 최대의 선(善)을 가져다줄 것으로 믿는 규칙에 따라 결정을 내린다. 규칙 공리주의에서는 행복이나 선(善)을 최대화시키는 행동이 아니라 규칙을 요구한다. 사실, 벤담의 행동 공리주의와 칸트의 규칙 공리주의의 중간쯤에는 일반적 공리주의라고 불리는 세 번째 공리주의가 존재한다. 일반적 공리주의는 어떤 특정 행동을 하는 데 있어서 무엇이 일반적인 공공의 선을 가져올 것인가를 문제 삼는다. 벤담과 칸트의 사상을 결합함으로써 공리성을 일반화하려는 경향이 생겨나게 된 것이다.

공리주의는 첫째로 이웃을 사랑하라고 하고, 둘째로 기쁨을 사랑하라고 하는데 이는 기독교와 쾌락주의의 사상이 결합된 것으로 볼 수도 있다. 공리주의는 사람에게 최대의 기쁨을 가져다주는 행동만이 도덕적이고 가치의 양적 기준을 충족시키는 것이 사람의 의무라고 말한다. 다른 사람이나 국가의 행복이 아닌 최대다수의 최대행복을 추구해야 한다. 밀은 개인의 행복에 대해서는 '사심 없이 공정한 태도'를 유지할 수 있어야 한다고 했다. 개인이 자신의 행복을 전체의 행복으로 승화시키도록 한 것이다.

밀은 자유개인주의 사상을 '집단이 개인에 우선한다'는 사회 공리주의 사상의 아래에 두면서 자신의 철학에 존재하는 난제를 풀기 위해 노력했다. 그는 개인의 자유가 사회복지에 기여한다고 주장함으로써 자기주장을 합리화했는데 훗날 자신의 주장에 대한 모순을 발견하고는 말년에 이르러 스스로를 '질적 사회주의자'로 명명하고 정치적 견해를 수정했다. 비록 벤담의 영향을 받아 공리주의자가 된 밀이었지만 그는 애덤 스미스식의 자유방임을 수용하지 않았다. 그는 인간이 처절한 경쟁을 통해 서로 짓밟으며 이뤄내는 성장보다는 차라리 자본과 부의 정체상태가 더 나을 수도 있다고 주장했다. 모든 경쟁을 없애면 행복한 낙원이 될 것으로 믿는 철부지 사회주의자들에게 "경쟁이 없는 곳에는 독점이 있음을 잊지 말라"고 경고하기도 했다.

오늘날 대부분의 저널리스트는 자유주의자인 동시에 예측되는 결과에 따라 행동의 도덕적 판단을 내리는 공리주의자이기도 하다. 많은 저널리스트들이 자기가 깨닫지 못하는 사이에 자유로운 언론이 사회의 이익을 가장 잘 실현할 수 있다고 믿으며 사회 공리주의적 명분으로 언론의 자유를 정당화시키는 경향이 있다.

이러한 공리주의의 원리는 존 로크의 '자연권'과는 다른 방식으로 자유에 대한 명분을 제시한다. 언론은 '사회적 책임을 구현하는' 범위 내에서만 자유를 가질 수 있다는 것이다. 언론은 자연권으로서의 자유가 아닌 공리성의 원칙에 따르는 범위 내에서의 자유만을 가질 수 있다. 공리주의에 대한 이런 해석은 밀을 언론의 자유를 크게 지지한 사람이라고 볼 수 없게 한다. 밀에게 가장 중요했던 것은 사회 전체의 선(善) 또는 행복이었기 때문이다. 물론 대부분의 사람들은 밀의 공리주의를 그렇게 해석하려고 하지 않는다.

밀은 로크가 그랬던 것처럼 표현의 자유를 절대적으로 지지하지는 않았다. 밀은 표현의 자유가 사회적 피해를 불러온다면 제한되어야 한다고 믿었다. 로크는 언론의 자유를 신이 부여한 자연권이라고 보았던 반면에, 밀은 자유가 사회적 선(善)이나 행복을 가져다줄 수 있어야 한다는 공리적 조건을 달았다. 그러나 밀은 확실히 자유를 옹호하였다.

그는 《자유론》에 다음과 같이 썼다. "전체 인류 가운데 한 사람이 의견이 다르다고 해서 그 사람에게 침묵을 강요하는 일은 옳지 못하다. 그것은 어떤 한 사람이 자기와 생각이 다르다고 나머지 사람 모두에게 침묵을 강요하는 것만큼이나 용납될 수 없는 일이다." 이때 밀이 강조하는 표현의 자유는 개인이 의견을 밝힐 권리를 말하는 것으로 오늘날 급속히 퍼지는 대량의 정보에 해당되는 이야기는 아니다. 밀은 전반적으로 표현의 자유가 가지는 가치를 높이 평가한다. 심지어 표현의 자유가 좋은 정부를 이루는 데 필수적이라고까지 말한다.

밀은 자신이 내세우는 자유의 원칙이 이성적인 자유의 행사가 가능한 비교적 높은 교육수준의 사회에서만 적당하다고 생각했다. 그는 자신의 자유에 대한 생각을 모든 사람에게 적용하지는 않았다. 즉, '발전에 뒤쳐진 사회'에는 자유이론을 적용시키지 않고 국민들이 서구 문명의 수준으로 발전할 때까지 전제정치가 불가피하게 요구될 것으로 믿었다. 밀은 자유를 사회의 진보와 행복을 위해 쓸 수 있는 사람을 위한 것으로 보았다.

밀은 자유의 한계를 인정하면서도 아리스토텔레스와 마찬가지로 인간은 표현의 자유를 통해서만 진정한 인간으로 거듭나 완전한 자기 실현을 이룰 수 있다고 믿었다. 그는 또한 다원주의, 과단성 있는 결정, 세밀한 관찰, 신중한 사고, 흑백논리를 탈피한 글쓰기 등을 강조함으로써 현대 저널리즘에 기여했다. 밀은 진실을 잠깐 감출 수는 있어도 완전히 사라지게 할 수는 없다고 생각했다. 진실을 수차례에 걸쳐 억압하더라도 결국은 세상에 알려지게 된다는 것이다. 그는 자유 속에서 진실은 거짓에 항상 승리하게 된다는 존 밀턴의 유명한 자기 수정의 원리에 동의하지 않았다. 그는 자기 수정의 원리를 가리켜 현실에서 절대 일어나지 않을 '가장 달콤한 거짓말 중 하나'라고 비난했다. 그는 진실이 거짓과의 싸움에서 이기는 것이 아니라 진실 자체가 사라질 수 없는 것이라며 진실의 불멸성(不滅性)을 외쳤다.

밀은 또 "무엇이 유럽 민족들로 하여금 정체되지 않고 계속해서 진보할 수 있게 만들었는가? 유럽을 유럽답게 만든 요인, 그것은 바로 성격과 문화의 놀라운 다양성이다"고 말한다. '자유와 다양성'은 지적 진보의 조건이다. 사회 내 다수의 의견이 사회 전체를 지배하게 된다면 정체 또는 쇠퇴의 시기가 도래할 것이다. 밀의 '자유론'은 이러한 시대상황에 대한 인식을 토대로 한다. 대중민주주의 사회에서 가장 큰 위험은 자유의 과잉이 아니라 순응적 태도의 확산이다.

그러나 자유를 최대한 향유하기 위해서는 그에 합당한 질서와 안정이 요구된다. 밀은 “질서란 진보와 함께 이루어져야 할 추가적 목표가 아니라 진보 그 자체를 위한 수단이며 그 일부분이다”고 정의했다. 즉, 사상의 자유가 신장되기 위해서는 높은 수준의 사회적 합의가 필요하며 그 합의는 건전한 교육과 공론에 의해 유지된다. 밀의 ‘자유론’은 진보적 역사관과 경험적 인간관을 기초로 한다. 그의 전체 저작의 맥락에서 볼 때 ‘자유론’은 원칙적 자유주의의 천명이라기보다는 특정한 상황과 조건에 국한된 교훈으로서의 성격을 띤다. 그럼에도 불구하고 ‘자유론’은 분명 자유주의의 고전이며 자유에 관한 현재의 논의에서도 그 가치를 잃지 않고 있다.

현대의 저널리스트는 밀에게서 많은 것을 배울 수 있다. 첫 번째는 우리가 다른 사람의 행복, 선(善), 복지를 고려해야만 한다는 점이다. 두 번째는 표현의 자유가 다양한 행동을 통해 일반적인 선에 이를 수 있게 한다는 사실이다. 세 번째는 지식은 절대로 완성되는 법이 없으므로 끊임없는 노력이 요구된다는 점이다. 마지막으로는 선택의 자유, 표현의 자유, 결사의 자유 없이는 인간의 잠재력이 완전하게 발휘될 수 없다는 점이다. 그리고 밀은 말한다. 불멸의 진실이 밝혀지기를 기다리고 있다고.

여기다가 몇 가지를 덧붙일 수 있겠다. 밀은 어정쩡한 절충주의자를 배격했다. 그는 진리라고 확신하는 것에 대해서는 좌고우면(左顧右眄)하지 않고 실천했으며 불완전한 진리에 대해서는 토론과 성찰을 통해 보완해 나갔다. 그가 가장 위험하게 본 것은 군중심리에 야합하는 일이었다. 대중들의 기호에 자의반 타의반으로 휘둘리는 오늘날 저널리스트들이 새겨볼 대목이 아닐 수 없다.

18

키르케고르

Søren Kierkegaard (1813~1855)

키르케고르는 19세기 덴마크 철학자이자 신학자이며, 실존주의의 선구자이다. 그는 헤겔의 관념론과 당시 덴마크 루터교회의 무의미한 형식주의에 반대하였다. 그의 저작 중 많은 수가 신앙의 본질, 기독교 교회의 제도, 기독교 윤리와 신학, 그리고 삶에서 결정을 내려야 할 순간에 개인이 직면하게 되는 감정과 감각 같은 종교적 문제를 다루었다. 이 때문에 그는 무신론적 실존주의자에 속하는 사르트르나 니체와 달리 '기독교 실존주의자'로 평가되기도 한다. 그는 철학과 신학, 심리학 그리고 문학의 경계를 넘나들었기 때문에, 현대 사상에서 매우 중요하고 영향력 있는 인물로 여겨진다.

덴마크의 철학자 키르케고르는 언론철학에 개인주의적이고 존재론적인 토대를 제공한다. 코펜하겐 출신인 그는 어린 시절부터 아버지에게 엄한 기독교 수련을 받았고 대학에서는 신학과 철학을 공부하였다. 그는 세속화된 종교와 개인의 의사결정 및 인간실존을 경시하는 교리를 경멸했지만, 기본적으로는 독실한 기독교 신자였다.

키르케고르는 니체와 더불어 20세기 실존주의 선구자로 알려져 있다. 키르케고르는 당시의 이성 중심의 인문주의를 공격하고 열정과 감정에 의한 '신념의 도약'이라는 개인적 헌신을 촉구했다. 그가 보기에는 한 개인의 삶의 본질적 의미와 가치를 추구하기 위해서는 열정과 감정이 이성과 지성만큼이나 중요했다. 키르케고르는 집단의사에 순종하기를 반대하고 개인의 주권을 옹호했다. 그는 특히 집단에 소속되어 참여할 때만 개인은 의미를 가질 수 있다는 헤겔 철학을 경멸했다.

저널리스트에게 중요한 가르침을 주는 키르케고르의 저서에는 《공포와 전율》, 《이것이냐 저것이냐》, 《인생행로의 여러 단계》, 《자기 검토》 가 있다. 키르케고르의 실존주의는 적어도 그 핵심 사상에 있어서는 이후의 가브리엘 마르셀, 알베르 카뮈, 장 폴 사르트르와 같은 프랑스 실존주의자들의 사상과 비슷하다. 이들은 모두 개인의 순수한 선택을 강조하고 있다. 키르케고르 철학의 영향을 받은 저널리스트라면 기존의 기준과 원칙 대신 자신만의 기준을 갖고 불확실성과 의심 속에 머무르며 판단하려고 할 것이다. 이처럼 아무런 외부의 지시 없이 상황에 따라 그때그때 결정하는 선택은 진실한 실존이며, 이는 신의 존재를 긍정하는 신념의 도약을 통해서만 가능하다. 이러한 선택이나 신념의 도약은 다른 사람의 조언이 아닌, 오로지 자기 자신만을 믿는 '공포와 전율' 속에서 이루어져야 한다.

키르케고르가 자신만의 선택을 내리는 것과 더불어 중요하게 생각한 것은 자신의 행동에 책임을 지는 것이다. 그는 사람은 자신의 행동에 대해 책임을 져야 한다고 말한다. 신념의 도약이 꼭 좋은 결과만을 가져다주지 않더라도 인간은 그 결과에 대한 책임을 지고 살아갈 수 있어야 한다. 키르케고르의 철학에 의하면 저널리스트는 비난받을 행동의 책임을 편집자나 발행인과 같은 타인에게 전가시켜서는 안 된다. 저널리스트가 행동했을 때, 행동의 모든 책임은 저널리스트 그 자신에게 있다.

키르케고르의 기본 신조인 자유, 헌신, 행동, 책임은 저널리스트에게도 중요하다. 이는 실존주의 저널리즘의 기초를 마련한다. 키르케고르적 저널리스트는 헌신적이며 열정적이고, 선택을 통한 인간의 성장에 관심을 두는 사람이다. 또, 가능성을 지향하고 수동적인 태도이나 무관심을 불편해하는 사람이다. 자연히 이들은 자유와 진실을 존중하고 개인주의를 찬양하며 순응하는 것을 견디지 못한다. 기본적으로 인식론에 있어 객관주의자가 아닌 주관주의자이며, 끊임없이 변화를 모색하고 발전하며 헌신과 행동을 통해 자신을 창조해 나가는 사람이라고 할 수 있다.

키르케고르는 인간의 도덕적 성장에 관한 발전모델을 제시한 초기 사상가 중의 한 명으로 인간은 세 단계를 경험한다고 보았다. 첫 번째 '탐미적 단계'는 가장 낮고 근원적인 것으로, '즉흥적 감각'이 이성보다 앞서나가는 젊고 역동적인 단계이다. 이 초기단계의 인간은 '자기애'(自己愛)에 사로잡혀 즉흥적으로 좋고 싫음을 표현한다. 이 단계에서 옳고 그름은 주로 감정과 직관에 의해 결정된다.

꼭 예술가에 한정되지 않는 탐미주의자의 삶은 항상 어떤 만족을 추구하기 때문에 끈기가 부족하고 파편적이다. 향락을 갈망하지만 무엇인가에 매이는 것을 혐오한다. 더불어, 지성과 체력, 아름다운 외모와 같이 우연히 주어진 재능에 의존하고 흥미를 중심으로 판단하는 삶이다. 탐미주의자에게는 좋고 나쁨보다 흥미로운지 흥미롭지 않은지가 더 중요하다. 이들은 재미있고 흥분되며 스릴 있는 삶을 추구한다. 이러한 삶은 내적인 본질보다 외적인 물질에 영향을 받는다. 탐미적 단계에 있는 사람은 삶의 성공이 자신의 내면에 달렸다는 것을 이해하지 못하고, 자신을 바꾸기보다는 환경을 조종하려 한다는 것을 키르케고르는 발견했다.

이 초기단계에서 인간은 다양한 기쁨을 추구하지만, 권태와 고뇌로부터 벗어나지는 못한다. 인간이 추구하는 평화와 행복은 찾아오지 않는다. 결국, 절망이란 결론에 이르고 이 절망은 인간이 의무, 복종, 객관적 도덕방침에 따르고자 하는 동기를 부여한다. 이 시점에서 키르케고르가 '윤리적 단계'라고 부른 두 번째 단계로 옮겨간다. 여기에서 인간은 윤리적 행동을 위한 지침을 추구하고 이기주의에서 더욱 이타적인 위치로 나아간다. 이성적 행동은 단일성과 일관성을 획득하는 삶과 함께 숭배된다. 이때의 인간은 각자의 도리를 다하며 사회적 의무와 투철한 공공심에 관심을 갖는다. 이 단계의 삶에서는 단순히 흥미가 아닌 의미를 추구한다. 선과 정의와 가치를 추구하는 인간은 의미 있게 행동한다. 삶은 더 이상 순간적 흥분의 연속이 아니며, 방향을 가지고 연속성 있게 나아간다.

키르케고르는 윤리적 인간이 삶의 중요한 비밀을 알게 된다고 말한다. 첫째, 인간이 자신을 발견하기 위해서는 의무와 권리를 포기해야 한다는 것, 둘째, 윤리적 기준을 충실히 따르면 행복과 성취의식이 높아진다는 것, 셋째, 세상은 선과 악 사이의 투쟁이 만들어내는 드라마로 채워져 있기 때문에 선을 추구하는 인간의 노력은 계속되어야 한다는 것. 이렇게 세 가지다.

그러나 키르케고르는 인간이 이와 같이 이성적이고 윤리적인 단계에 이르고 나면 그것이 너무 냉정하고 형식적이며, 이성에 치중되고 모든 행동을 정당화하는 데 급급하다는 것을 알게 된다고 말한다. 그리하여 인간은 세 번째, 즉 키르케고르의 단계 중 마지막인 '종교 또는 신념의 단계'로 옮겨가게 된다. 이 최고의 단계에서 인간은 다시 느낌, 믿음, 감각, 감정, 직관에 의존하게 된다. 비이성적인 것을 강조하는 부분이 첫 번째 단계와 비슷하지만 큰 차이점이 있다. 세 번째 단계는 자기가 중심이 아니라 신이 중심이 된다. 인간은 이 마지막 발단 단계에 이르렀을 때 비로소 이성을 통한 사물의 분별과 만족의 실현이 실패했다는 것을 깨닫고 인간의 약함을 자각한다. 그리하여 신과의 합일을 추구하는 최종 단계에 다다른다.

신념의 도약이 일어나게 하고 그것이 지속되게 하는 것이 신념 단계의 핵심이다. 키르케고르는 인간이 도덕적 결과를 보장하는 외부 원칙 및 시스템에 따르지 않고 자신의 신념에 따라 행동할 때 비로소 존재할 수 있게 된다고 믿었다. 신에 대한 믿음은 인간이 윤리적 선택을 하도록 '강요'하지 않는다. 그보다 인간으로 하여금 객관적 윤리를 버리고 자신만의 윤리적 삶을 구성하게 한다. 그 결과 개인의 실존이 확인되는 것이다.

키르케고르와 같은 기독교 윤리주의자에게 있어 사랑은 윤리의 토대가 된다. 종교적 사랑(아가페)은 그 원천이 신이라는 점에서 다른 모든 종류의 사랑과 구분된다. 아직 숨어 있는 봄처럼 그 원천을 눈으로 볼 수는 없지만 믿음을 통해 발견할 수 있다. 신을 사랑하는 사람은 필연적으로 다른 사람을 사랑하게 된다. 윤리는 이런 사랑에 의해 바른 길로 인도된다. 그것은 쉽게 변하고 시샘하고 소유욕을 갖게 되며 퇴색되고 소멸되기 마련인 인간의 사랑과는 다르다. 신으로부터 주어지는 사랑은 변하지 않는다. 그것은 모든 것을 견디어 내며 절대 실패하지 않는다. 또한, 다른 사람을 돌보고 선을 행하게 한다. 그것은 상대방이 사랑할 만한 특성을 가지고 있어서가 아니라, 단지 '아가페'가 사랑을 요구하기 때문이다. 보편적이고 한결같은 사랑이다.

따라서 키르케고르가 생각하는 기독교적 사랑은 의무와 관계되는 윤리의 단계를 초월한다. 그것은 특정한 사람에게만 향하는 사랑이 아니다. 사랑에 대한 의무는 없다. 단지 그렇게 하겠다는 신을 향한 충동만을 느낄 뿐이다. 이러한 충동은 키르케고르와 대부분의 기독교 윤리주의자에게 있어서 도덕체계를 움직이는 원동력이 되고 최상의 윤리적 행동을 실천하게 하는 동기의 촉매제가 된다.

키르케고르의 세 단계 모델이 자신에 대한 의무, 타인에 대한 의무, 신에 대한 의무에서 비롯했음을 알 수 있다. 몸으로부터 정신, 영혼으로의 발전으로 설명할 수도 있다. 키르케고르는 모든 사람이 다 이 단계를 거친다고는 생각하지 않았다. 많은 이들이 첫 번째 단계를 벗어나지 못할 것이고 그 중 몇몇이 두 번째 단계로 발전해 거기에 머무른다. 오직 소수의 사람만이 세 번째 단계인 가장 높은 신념의 단계에 이를 수 있다.

키르케고르는 인식론에는 큰 관심을 보이지 않았지만, 객관적 진리와 주관적 진리에 대해 몇 가지를 언급했다. 그는 '객관성'에 대한 통념이 칸트의 '이해관계를 개입시키지 않은 공정한 판단'에 관계된 것임을 깨달았다. 사실, 많은 사상가들이 어느 쪽으로도 치우침이 없는 공정한 진실, 즉 객관적 진실이라는 것이 존재한다고 믿고 있다. 물론 이것이 오늘날 저널리스트들이 객관적 저널리즘을 말하면서 믿고 있는 부분이기도 하다. 이들에게 객관성은 옳은 것이고 저널리즘이 지향해야 할 바이다.

그러나 키르케고르는 이런 종류의 객관성을 믿지 않았다. 그는 '이해가 관계되지 않은', 혹은 '감정에 지배되지 않는'과 같은 말을 경멸했다. 객관성이라는 목표는 불가능한 이상에 불과하다고 생각했기 때문이다. 그는 공정한 관찰자란 없다고 믿었다. 인간의 정신적·감정적·비평적·심리적 여과기를 통해 모든 진실은 걸러진다. 키르케고르는 인간 스스로가 중립적이고 공평한 입장을 취하기 위해 자기 자신의 틀을 깨려고 하는 어떤 시도도 진실하지 못하며 심지어 개인의 인격을 파괴하는 결과를 낳는다고 보았다.

키르케고르는 오늘날 포스트모더니즘이 제시하는 주요 관점을 시대에 훨씬 앞서 논의했다. 한 예로, 프랑스의 포스트 모더니스트 푸코와 마찬가지로 그는 공정한 이성과 객관성이라는 것은 인간의 가치와 관심에 크게 영향 받는다고 생각했다. 이처럼 키르케고르는 자신의 철학에 있어서 개인주의적 태도를 보였기 때문에 그의 책이 가장 읽기 쉬운 철학서 중 하나로 여겨지는 것도 어찌 보면 당연하다.

공정성의 개념은 객관성과 마찬가지로 저널리스트가 관심을 가지는 개념이다. 키르케고르도 마찬가지였다. 공정하기를 열망하는 저널리스트는 이미 공정성에 대해 공정한 태도를 잃게 되는 것이 분명하다. 키르케고르에게 있어서 공정성의 추구는 불가능할 뿐 아니라 불행한 것이었다. 공정함의 추구는 개인을 진정한 자아, 자신의 진정한 관심과 신념, 견해로부터 멀어지게 한다. 그리고 자신의 해석능력과 비평능력을 충분히 발휘하지 못하게 한다. 즉, 공정함의 추구가 의사결정의 고통과 개인의 성장을 방해하는 일종의 현실 도피적 메커

니즘으로서 작용한다는 것이다.

반면, 키르케고르는 주관성에 대해서는 어떤 문제도 제기하지 않았다. 그는 개인적 특질 중 가장 발달한 것은 인간의 주관적 감각이라고 생각했다. 그의 시대에는 이러한 믿음이 대중적이지 않았다. 상상력과 열정은 진실을 아는 데 방해가 된다고 주장했던 프랑스 철학자 데카르트의 영향이 아직 강하게 남아 있었던 데다가 철학자들은 보다 과학적 태도를 견지하려는 시대였기 때문이다.

키르케고르는 현재와 같은 객관적 저널리즘의 추구를 경멸했을 것이다. 그는 언론이 주관성, 개인의 참여, 입장의 표명, 선택, 행동, 개인의 책임과 같은 요소들을 더 많이 포함해야 한다고 촉구할 것이다. 또한, 여러 보도매체가 획일적으로 보도하는 경향을 비판했을 것이다. 그는 제도에 의한 탈개인화 경향으로 자아실현과 개인의 성장이 점차 사라지는 것을 보며 '매스' 커뮤니케이션이라는 개념 자체를 비난할지도 모른다.

사회적응이나 공공심과 같은 개념이 지배적인 현대사회에서 자아실현, 내면세계, 주관성을 강조하고 사회 내에서의 지위나 주변 환경과의 관계보다는 자기완성에 힘쓰도록 가르쳤던 키르케고르를 되새겨 보는 것은 흥미로운 일이다.

19

칼 맑스

Karl Marx (1818 ~ 1883)

칼 맑스는 독일 출신으로 후대에 큰 영향을 끼친 혁명가이자 역사가, 경제학자, 철학자, 사회학자이며, 과학적 사회주의의 창시자이다. 그는 공산주의자동맹을 창건하고, 프리드리히 엥겔스와 공동으로 집필한 《공산당 선언》과 《자본론》의 저자로 널리 알려져 있다. 그의 이론을 기반으로 레닌은 10월 혁명을 주도하기도 하였다.

19세기 이후 발간된 경제학 저서 중에서 현실경제에 가장 영향을 많이 준 책을 선택하라는 질문을 한다면 맑스의 《자본론》과 케인스의 《일반이론》 중 하나를 답하는 경제학자가 많을 것이다. 케인스의 《일반이론》은 자본주의를 개선하려는 시도이므로 자본주의의 근본적 멸망을 예견한 맑스의 《자본론》에 비한다면 변화의 방향 면에서 충격의 정도는 더 적다. 또한 질문을 바꾸어 현실세계에 가장 나쁜 영향을 준 경제학 책을 선택하라고 한다면, 가장 많은 경제학자가 《자본론》을 선택할 것이다. 이렇듯 좋은 의미든, 나쁜 의미든 맑스의 《자본론》은 가장 논란이 심한 경제학의 고전이라고 볼 수 있다. 그래서 맑스를 19세기 유럽 자본주의의 유일무이의 사상가(*the thinker*)라고 칭하는 사람들도 있다.

1840년대 초부터 죽을 때까지 맑스는 유럽과 그 바깥의 자본주의 사회들에 대해 가장 깊이 있는 분석과 가장 냉혹한 비판을 안겨주었다. 그래서 맑스는 자본주의에 관한 최초의, 그리고 최고의 비판적 분석가이자 자본주의의 사회적 역학과 자본주의를 극복하는 데 필요한 조건들을 사유했던 이론가였고, 또 그렇게 남아 있다. 그러나 실제 《자본론》의 내용은 자본주의 구조에 관한 체계적 설명을 담고 있어서 지극히 무미건조하게 보인다.

칼 맑스는 존 스튜어트 밀과 함께 20세기 저널리즘에도 가장 큰 영향을 미친 사상가이다. 맑스는 밀과 같은 여러 개인주의 자유주의자들과 달리 사회적 요구가 자유계몽주의보다 우선한다고 보았다. 그래서 사회주의 발전을 위한 저널리즘 체계의 구축을 강조했다. 맑스는 자본주의를 타도하고 노동계급에 절대권력을 부여해야 사회가 발전할 수 있다고 생각했다. 그래서 맑스는 최종 유토피아인 공산주의가 도래할 때까지 밀이 주장한 자유주의 언론은 유보되어야 한다고 생각했다.

밀이 개인의 궁극적 목표를 개인의 자기향상에 두었던 데 반해, 맑스는 사회공공의 이익을 실현하는 것이라고 생각했다. 구소련의 저널리스트들은 맑스주의를 비판하기에 앞서 레닌, 스탈린 시대부터 1990년 초반까지 계속되었던 맑스주의의 상당부분이 실제 맑스가 주장했던 것과 다르다는 사실에 유의해야 한다. 초기 맑스 철학은 기본적으로 인간을 중시하고 국가를 통제하려는 철학을 담고 있는데, 이는 소련, 중국, 쿠바와 같은 나라의 지도자들의 이데올로기 정당화를 위해 많은 부분이 왜곡되었다.

맑스는 독일 남부지방의 트리어에서 독실한 기독교신자였던 유태인 부모 밑에서 자랐다. 그는 본 대학을 거쳐 베를린 대학에서 공부하며 동 대학 교수로 있던 헤겔의 영향을 받았다. 특히 헤겔의 변증법에 매료되었다. 헤겔과 마찬가지로 맑스는 발전적 개념 및 그와 관련된 역사 철학에 관심이 있었다. 또한, 그는 개인소외 문제를 해결하려 했는데 이 방식은 헤겔과는 달리 급진적이고 혁명적이었다. 보수적인 독일 대학 강단은 이러한 맑스 사상의 급진성을 받아들이지 않았기 때문에, 결국 맑스는 그의 사상을 저널리즘을 통해 전파하기로 결심한다.

그는 〈라인신문〉을 프러시아 정부에 의해 폐간될 때까지 약 5개월 동안 발행했다. 1843년에 맑스와 그의 아내는 파리로 떠났고, 그는 그곳에서 출판금지를 당할 때까지 급진적 성향의 글을 썼다. 그의 글은 이론과 은유, 전문적 난해함과 정치적 투박함의 아주 독특하고 즐거운 혼합형으로 널리 알려져 있다. 그는 1842년 처음 만났던 반자본주의자인 엥겔스와 파리에서 재회한 후 함께 본격적인 연구에 돌입한다. 맑스와 엥겔스는 1847년 새롭게 조직되어 영국에서 개최된 공산주의자 동맹의 제2차 대회에서 공산주의 동맹강령의 집필을 위임받았고 이것이 1848년에 《공산당선언》으로 출판되었다.

독일, 프랑스, 벨기에에서 정치적 압력을 받던 맑스는 그 다음 해에 런던으로 이주해 남은 생애를 그곳에서 보냈다. 런던에서 맑스는 자신과 가족을 부양하기 위해 글을 써야 했다. 또, 정치적 토론과 논쟁에 참여하기도 하며 자본주의를 비판하는 그의 저서 《자본론》을 집필했다.

맑스는 50대에 이르러 《자본론》으로 유명해졌는데, 유럽 전역에 걸쳐 비슷한 생각을 하는 사상가들과 많은 교류를 가졌다. 그러나 그의 말년은 불행했다. 1881년 12월에는 아내가 죽고 1883년 1월에는 장녀가 죽자 충격을 받은 그는 만성적인 정신적 침체에 빠지게 됐다. 가족들의 죽음으로 고통스러운 나날을 보내던 그는 1883년 3월 런던 자택에서 엥겔스가 지켜보는 가운데 일생을 마감하였다. 엥겔스가 쓴 장례문에는 맑스가 자본주의를 타도하고 프롤레타리아를 부르주아에 의한 착취로부터 해방하는 데 얼마나 공헌했는지와 그가 전 세계의 '혁명 노동자 동지들'로부터 얼마나 많은 존경을 받았는지가 잘 나타나 있다.

맑스는 변호사의 아들로 대학교육을 받았으며 평생을 사상가, 연설가, 작가로서 보냈음에도 불구하고 엥겔스가 맑스를 프롤레타리아와 동일시하여 그를 '노동자'로 불렀다는 사실은 아이러니하다. 엥겔스 역시 부유한 방직업자의 아들이었다. 결코 프롤레타리아가 아니었던 맑스와 엥겔스가 프롤레타리아 이데올로기를 어떻게 만들어 낼 수 있었는가에 대해서는 의문이 제기된다. 독일 철학자인 칼 포퍼의 《열린사회와 그 적들》에서도 이러한 의문이 제기되고 있다. '자기가 속한 계급'을 떠나 프롤레타리아 계급에 들어갔다면, 격렬한 혁명 대신 교육과 설득을 통해 비슷한 수준의 광범위한 운동을 전개할 수 있지 않았을까? 그것이 사회를 완전히 해체해서 새로이 건설하는 것보다 더 인간적인 방식이 아니었을까?

사회변혁에 대해 조급했던 맑스는 그렇게 생각하지 않았던 것 같다. 그에게 이런 의문제기는 너무 철학적으로 느껴질지도 모른다. 맑스와 엥겔스는 '과학적 사회주의'로 철학을 대체함으로써 철학을 포기했다. 더욱이 맑스의 '과학'개념은 헤겔의 철학사상 중 역사발전이론으로부터 많은 영향을 받았다. 맑스는 헤겔의 관념주의와 의식발전의 변증법을 생산과 교환방식에서의 변화를 포함하는 유물론적 변증법으로 대체했다. 헤겔은 세계를 움직이는 것이 관념이라고 생각한데 반해, 맑스는 물질, 혹은 유물론이 역사의 원동력이라고 보았다.

헤겔은 나폴레옹, 프레더릭 대제, 훈족의 왕 아틸라와 같은 몇몇 사람이 이룬 혁명적 변화가 세계 역사에 끼친 영향을 인정하면서도, 기본적으로 변화는 점진적이고, 자연적이며, 진화론적으로 이루어져야 한다고 보았다. 그러나 맑스에게 변화란 부르주아와 프롤레타리아의 사이의 계급을 파괴하는 혁명을 의미했다. 이렇게 실증적 변화의 관점에서 본 맑스 사상은 계몽주의나 합리주의보다는 니체 사상 및 적자생존이론에 훨씬 더 가깝다.

맑스와 엥겔스는 그들의 이론이 과학적이라고 평가받길 원했지만, 많은 평론가는 그들 사상이 과학적 기초를 가졌다고 생각하지 않았다. 영국의 역사학자 폴 존슨은 그의 책 《지식인들》에서 맑스는 비과학적이기 때문에 자본주의를 제대로 이해하지 못했다며 《자본론》을 비롯한 맑스의 글들에서 종종 발견되는 오류들을 지적했다. 맑스주의가 실제 시스템에서는 의도한 결과를 이끌어낼 수 없었던 이유는 그것이 비과학적으로 설계되었기 때문이라는 것이다.

맑스의 윤리사상은 도덕적 기준이 존재 그 자체에 있다고 주장하는 도덕적 실증주의의 형태로 나타난다. 그러나 그의 도덕적 실증주의는 일반적 실증주의를 뛰어넘어 '강한 것이 옳은 것이다'라는 생각을 가정한다. 맑스는 이를 '앞으로 강한 것(공산주의 체제)이 옳은 것이다'라고 언급함으로써 미래적으로 제시했다.

저널리즘이 맑스가 제시한 이성적인 미래와 어떻게 조화를 이룰 것인지는 분명하지 않다. 맑스는 언론의 현실에 대해 관점을 제시한 바 없다. 그는 언론을 공산주의 체제로 가기 위한 혁명과 중재의 과정에서만 다루었다. 그는 언론이 노동자로 하여금 변화와 혁명을 이끌어낼 수 있도록 교육을 시켜주는 중요한 도구라고 보았다. 그가 〈뉴욕저널〉과 같은 신문에 영어로 글을 쓸 당시만 해도, 그는 신문이 진실을 추구하는 기능을 한다고 보았다. 동시에 저널리즘이 자유로운 탐구를 장려하기 위해 필요하며 검열은 사회악(社會惡)이라고 생각했다.

자유주의자는 위의 주장이 일견 타당하다고 생각하겠지만, 맑스가 일생 내내 이 주장을 견지했던 것 같지는 않다. 후에 그는 공산주의 저널리즘은 객관적 진실을 추구할 필요 없이 기본적으로 사회정책을 전파함으로써 사회주의 체제를 지속, 확장시키는 기능만 하면 된다고 생각했다. 또한, 실증적 사실을 찾아내는 것이 아니라 사회주의 정책 전달을 위해 존재한다고 설명했다. 그러한 체제 아래에서의 매스미디어는 정부와 공산당을 위한 수단이 된다. 인민의 정부가 소유하며 당에 소속된 사람들이 통제하는 미디어가 되는 것이다. 비판은 허용되지만, 기본적 이데올로기는 비판할 수 없다. 맑스주의 혁명에 있어서 개인과 더불어 매스미디어는 공산국가에 귀속된다.

따라서 맑스의 관점에서 본 윤리적 저널리스트란 공산주의 체제에 헌신적인 사람이다. 공산주의 체제에 대한 충성은 곧 윤리적 행위와 동일시된다. 공산주의 체제에 공헌하는 저널리스트나 언론매체는 도덕적이라고 평가받고, 공산주의 체제의 성장에 방해되는 것은 모두 비도덕적인 것으로 규탄받는다. 이러한 저널리즘에서 맑스는 여전히 진실을 추구했다고 볼 수도 있을 것이다. 다만, 이때의 진실이 '인민의 민주주의'나 공산체제의 존속을 위해서만 유용해야 한다는 조건이 있을 뿐이다. 맑스는 자본주의 저널리즘이 주장하는 자유의 개념을 무책임한 것으로 보았다. 이를테면, 자본주의 저널리즘은 저속한 내용의 기사와 광고를 통해 사회의 풍습과 품위를 흐리게 되는데, 이는 부르주아와 같은 지배계층들이 자신의 지위와 특권을 유지하기 위해, 노동자들을 어떻게 착취하고 수단화하는지를 노동자들 스스로가 깨닫지 못하게 한다.

맑스는 당(黨)에 의해 완벽하게 통제되는 사회주의 언론을 역사의 과도기에서 일시적으로만 존재하는 것으로 보았다. 국가와 각 조직 및 관료체제가 허물어지면 협력적이고 계급 없는 본연의 공산사회가 도래하리라고 본 것이다. 만약 그런 시기가 도래하면 저널리즘은 실제로 자유로워질 수 있을 것이다. 저널리즘은 인민의, 인민에 의한, 인민을 위해 존재해야 한다는 외적 제약으로부터도 자유로워질 수 있을 것이다. 그렇기 때문에 구소련에서 언론을 국가와 당을 위한 도구로 인식했다는 사실은 이해할 만하다. 맑스는 영구적인 언론통제를 의도했던 것이 아니기 때문이다. '미래적 자유주의자'라고 할 수 있는 맑스는 자신의 유토피아인 공산주의 사회를 건설하는 과정에서 일시적으로 권위주의를 필요로 했던 것이다.

저널리즘 철학 역시 맑스가 최우선으로 중시했던 사회 변증법으로 일관한다. 맑스는 자본주의〔正〕가 사회주의〔反〕와 만나 충돌하고 나면 그 후, 공산주의〔合〕가 도래하게 된다는 변증법적 역사관에 따라 역사발전의 가장 이상적인 단계로서 공산주의를 주장한다. 공산주의 단계에서는 아무도 생산수단을 통제하지 않으며 계급투쟁이 사라지며 모든 부르주아 계급이 몰락하게 된다. 맑스는 이것을 매우 낭만적으로 그려낸다. 공산주의 사회에서는 사회가 생산을 통제함으로써 사람들은 같은 일을 매일 반복하지 않는 삶을 살 수 있게 된다. 즉, 아침에는 사냥을 하고 오후에는 낚시를 하며 저녁에는 가축을 기르고 저녁 후에는 토론과 대화를 나눌 수 있는 인간적인 삶이다. 맑스의 궁극적 이상은 인간이 행복한 삶에 필요한 물질적 재화를 충분히 누리며 육체적·정신적 능력을 완전히 발휘할 수 있는 삶을 살게 되는 것이다.

맑스는 자유에 대해 많이 언급하였다. 공산주의에서의 자유개념은 주로 경제적 착취에서 비롯되는 소외와 반대되는 개념이다. 맑스주의적 자유는 타인으로부터 객체로 취급되는 상황으로부터의 자유를 의미한다. 즉, 자유의지의 선택에 의해 주체성을 회복하는 것을 말하는데 그런 의미에서 실존주의와 통한다고 볼 수 있겠다. 맑스는 주관성, 자의식, 자유를 강조했으며 자기만의 선택을 통해 주체성을 가진 자아를 만들어나가야 한다고 주장했다. 인간적, 사회적 목적을 위한 맑스의 주관성에 대한 관심은 그 당시 유럽의 일반 낭만주의는 물론, 심지어 맑스 사상의 급진적 요소에 적대적이었던 사람들에게조차 영향을 미쳤다.

맑스 사상의 영향을 받은 사회주의 사회가 채택한 자유의 개념은 기본적으로 경제적·사회적 결정을 내려야 하는 불쾌한 상황으로부터의 자유, 체제를 지지할 자유, 체제운영에 있어 오류를 바로잡을 자유에 해당된다. 이러한 자유의 개념은 언론에도 똑같이 적용된다. 그 자유란, 인민을 자본가들의 착취로부터 보호하고 공산주의에서 벗어나지 않도록 지켜주며 사회주의 이데올로기를 강화하고 확대시키는 자유를 말한다. 이러한 네오맑스주의적 자유에 대한 견해는 개인과 언론의 자율성을 극대화하고 비언론기관에 의한 편집권 통제를 완화시킨다는 점에 있어 자본주의 사회와는 반대된다.

정부와 언론을 적대적 관계로 규정하는 미국의 저널리스트들에게 맑스가 언론윤리에 '우호적'이었다는 사실은 의아하게 느껴질 수 있다. 정부를 지지하면 윤리적이고, 정부를 지지하지 않으면 윤리적이지 않다는 판단에 동의할 저널리스트가 어디 있겠는가? 그러나 다시 말하지만, 이것이 개인주의자 존 스튜어트 밀과 전체주의자 칼 맑스의 큰 차이점이다. 이들 둘 다 더 나은 사회를 꿈꾸었지만, 밀은 다원주의를 통한 개인의 노력을 강조했고 맑스는 협력을 통한 집단의 노력을 강조했다는 점에서 서로 달랐다. 밀의 방식을 따르는 저널리스트라면 다양한 논쟁과 사회적 마찰을 긍정하겠지만, 맑스를 따르는 저널리스트라면 협력과 집단의 결속, 사회조화를 추구할 것이다.

지금은 비판의 대상이 된 맑스의 경제사상과 비현실적 국가보장주의에 대한 견해는 논외로 하더라도, 맑스가 저널리즘 사상에 남긴 업적의 가치는 되새겨 볼만하다. 자본주의 사회의 천박성에 대한 그의 비판은 대체로 타당하다. 물론, 노동계를 자본 노동자와 착취자로 이분화한 생각은 지나치게 단순해서 그가 죽은 뒤 복잡하게 발전한 자본주의의 현실에 적용하기에는 무리가 있다. 그러나 객관주의의 허구적 신화를 일깨워 준 그의 사상은 오늘날 저널리즘에 많은 영향을 끼쳤다. 현대의 저널리스트는 사회 빈곤층과 약자를 걱정하는 그의 인간적 면모에서 배울 점이 있을 것이다.

홉스, 루소, 헤겔과 같은 전체주의자나 국가주의자에서 중요한 교훈을 얻을 수 있었던 것과 마찬가지로 맑스에게서도 비슷한 교훈을 얻을 수 있다. 20세기 말에 급부상한 저널리즘에서의 공산주의적 관점은 상당부분 맑스가 젊은 시절 보여준 인간적 이상에 빚지고 있다고 할 수 있다. 착취, 빈곤, 곤궁, 공포, 억압으로부터 자유로운 세상을 이루고자 했던 맑스의 인간적 주장에 동조하지 않을 저널리스트는 없을 것이다. 세상의 여러 가지 문제를 해결하기 위해 맑스가 내놓은 해결책이 지나치게 이상적이고 결함이 많다고 하더라도 그는 여전히 세상을 조금이나마 더 나은 곳으로 만들기를 열망하는 현대의 저널리스트에게 좋은 귀감이 된다.

20

표도르 도스토예프스키

Fyodor Dostoevskii (1821~1881)

도스토예프스키는 모스크바에서 태어난 러시아의 소설가이다. 주요작품으로 장편 《죄와 벌》(1866), 《카라마조프 가의 형제》(1879~1880) 등이 있다. 그는 러시아 문학의 최고 거장 중 한 명으로 인정받으며, 20세기 소설에 지대한 영향을 끼쳤다. 그의 작품들은 당시 사회주의사상의 영향을 받은 지식인층의 폭력적 혁명을 부정하고, 기독교, 특히 정교회 교리에 바탕을 둔 사상을 담고 있다. 그의 소설은 흔히 이질적, 극단적 심리의 인물을 등장시키면서 인간 심리에 대한 놀라운 이해력을 보여준다. 또 당대 러시아의 정치, 사회, 정신세계를 날카롭게 분석한다. 혹자는 그를 실존주의의 창시자로 여기기도 한다.

도스토예프스키는 그의 모든 작품에서 자유를 말한다. 그는 자유에 대해 현대의 저널리스트에게 해줄 이야기가 많을 것이다. 특히 그의 소설 《지하생활자의 수기》와 《카라마조프 가의 형제들》에서는 자유의 결과에 대해 다루었는데, 사회질서 속에서 조화를 이루며 살아야만 하는 개인의 진정한 자유의 문제를 풀려고 노력했다. 그는 윤리적 선택과 관련된 자유의지를 이해하려고 노력했고, 이는 현대 저널리스트의 문제이기도 하다.

도스토예프스키는 실존주의의 선구자로 불리지만, 《지하생활자의 수기》에서는 검증되지 않은 실존주의의 함정을 분명하게 보여준다. 그는 합리적인 자기 이익의 추구를 인간 존엄성에 대한 조롱으로 보고 이를 모두 부정했다. 《지하생활자의 수기》의 주인공은 인간이 이성적인 존재이기 때문에 예측가능하며 자기만의 자유의지를 갖지 못한다는 사실에 반대하고, 너무 이성적으로 행동한 나머지 모험을 상실한 사회에 반항한다. 이 주인공은 긍정적인 윤리적 이상이 필요하다는 것을 역설적으로 알려주는 반영웅인 셈이다. 현대의 저널리스트는 그런 윤리적 이상의 필요성에 대해 주의 깊게 생각해야 한다.

《지하생활자의 수기》의 지하생활자는 사회의 법을 무시하고 자유를 최대로 즐기는 사람이다. 이 이야기는 자유에는 큰 책임감이 따른다는 사실을 말해주고 있다. 자신의 신념을 따르는 저널리스트는 사회적 책임으로 주어지는 규칙을 따르는 사람 못지않게 자신의 행동에 책임을 져야 한다. 사실상 지하생활자와 같이 자유를 추구하는 저널리스트는 자신의 신념을 스스로 만들어가야 하기 때문에 져야 할 책임이 훨씬 더 크다. 여기서 저널리스트는 자신의 자유의지가 사회나 타인에게 피해를 주지 않는 범위 내에서 윤리적 틀을 만들어나가야 한다는 교훈을 얻을 수 있다.

도스토예프스키는 자유의 문제를 1880년에 쓴 마지막 소설《카라마조프 가의 형제들》의 대심문관 편에서 가장 잘 다루었다. 이 장에서는 사회적 순응이 원칙 없는 자유만큼이나 끔찍한 것으로 그려졌다. 심문 중 그리스도는 심문에 강한 불만을 느끼고 스페인의 세비야를 방문한다. 그리고 사람들이 자유로워지기를 원치 않으며, 자유는 짐이 될 뿐이라고 믿는 심문관에 의해 투옥된다. 인간이 원하는 것은 안정과 질서가 있는 사회라는 것이다. 이 의견은 사람들이 자유를 위해서는 어떤 대가라도 치를 수 있다고 주장하는 그리스도와 지하생활자의 의견과 대립된다.

도스토예프스키가 대심문관과 그리스도 중 누구의 편에 있었는지에 대해서는 오랫동안 논란이 있었다. 다만, 그가 기독교인이었기 때문에, 그리스도의 편에 있었을 것이라고 유추할 수 있을 뿐이다. 현대의 저널리스트는 이 이야기를 통해 사회와 언론은 권위를 필요로 하며 자유는 사치스럽고 파괴적이라고 생각하는 대심문관의 관점과 어떤 위험과 충격이 따르더라도 모든 인간은 자유로워야 한다는 그리스도의 관점을 비교해 볼 수 있을 것이다.

21

루이 브랜다이스

Louis D. Brandeis (1856～1941)

루이 브랜다이스는 미국 켄터키주에서 태어났다. 루이빌 공립학교와 독일 드레스덴에 있는 실업학교를 졸업한 후, 하버드 법대에 입학하여 1877년 수석으로 졸업했다. 그 후 미주리주 세인트루이스에서 1년가량 로펌에서 일한 후, 보스턴으로 옮겨 노동입법을 위해 활동하며 유명한 변호사로 명성을 얻게 된다. 그는 경제적 민주주의를 주장하였고, 진보적 사고를 가졌다. 1916년 윌슨 대통령에 의해 연방대법관 후보로 지명되었고, 반유대주의자들의 반대에도 불구하고 그해 6월 5일에 미국 최초의 유태인 출신 미국 연방대법관으로 취임했다.

미국의 주요 법학자 중 한 명인 루이 브랜다이스는 더 잘 알려진 그의 동료 올리버 웬델 홈스의 그림자에 가려져 종종 과소평가되는 사상가이다. 브랜다이스는 저널리스트에게 용기, 진실, 정직에 대해 생각해 보게 한다. 1980년 〈하바드 로 리뷰〉지의 겨울호에 논문을 통해 처음으로 프라이버시 개념을 소개한 덕분에, 그는 프라이버시의 아버지로 여겨지게 되었다. 프라이버시 개념은 혼자 있을 권리에 대해 다양한 법적·도덕적 사상을 마련해 준다. 브랜다이스는 저널리스트가 매일 마주치는 문제이기도 한 개인 사생활과 언론출판의 권리 간의 균형을 놓고 늘 고민했다.

연방 대법원에 재직한 1916년에서 1936년까지 브랜다이스는 제퍼슨이 제창한 언론의 자유를 옹호하는 한편, 자신의 대의를 진행시키며 사회개혁을 실행했다. 그의 동료인 전 하버드 교수 홈스가 철학자로 평가되는 반면, 브랜다이스는 실용주의자로 평가된다. 그러나 사실 브랜다이스의 사상은 사실관계 및 사회적 대의, 사회에 미치는 영향에 대한 훨씬 더 깊은 고찰을 바탕으로 하기 때문에 그러한 평가가 전적으로 옳다고 할 수는 없다. 브랜다이스는 절대적 진실을 믿었지만, 홈스는 이른바 '사상의 시장'을 믿는 공리주의자였다. 홈스는 '군중이 원하는 것'과 비교해 설명할 때를 제외하고는 법의 좋고 나쁨에 대해 말하지 않았지만, 브랜다이스는 좋은 법과 나쁜 법이 존재한다고 믿었다.

브랜다이스는 대체로 홈스의 '긴급명령(전쟁이나 위기상황에서 언론의 자유를 제한하는 것)'에 찬성했으나 평화의 시기에 언론의 자유를 제한하는 데 있어서는 항상 주의했다. 편협한 다수가 반대의 의견을 무조건 '불순한' 것으로 치부할 위험이 따르기 때문이다. 브랜다이스는 언론의 자유를 중시했던 만큼 언론의 자유 때문에 개인의 자유가 침해되는 모순을 늘 고민했다. 그는 개인의 사생활이 언론과 관련된 사생활보다 훨씬 더 중요하다고 보았다.

비록 브랜다이스가 언론의 자유를 중시하긴 했지만, 그의 법 이론은 개인이 정부의 간섭을 받지 않을 권리를 갖는다는 사상을 정립하는 데 가장 크게 기여했다. 그는 이것이 가장 기본적인 권리이며 '시민의 가장 중요한 권리'라고 했다.

그는 '옴스테드 대 미국 사건'에서 "프라이버시권을 보호하기 위해서는 어떤 수단을 동원해서라도 모든 종류의 사생활 침해를 수정헌법 4조(시민은 이유 없는 수색이나 압수로부터 보호받아야 한다)의 위반으로 간주할 수 있어야 한다"고 밝혔다. 이 말에서 미국의 가장 위대한 대법관 중 하나였던 브랜다이스의 신념과 용기 가득한 마음을 확인할 수 있다.

22

마틴 부버

Martin Buber (1878 ~ 1965)

마틴 부버는 오스트리아 출신의 유태계 종교철학자이다. 유태인 히브리 고전학자 솔로몬 부버의 손자로, 빈에서 태어나 빈, 취리히, 베를린 등지의 대학에서 철학과 미학을 배웠다. 프랑크푸르트대학에 초빙되어 종교철학, 윤리학을 강의했다. 나치의 유태인 박해로 독일에서 피난하여 여러 나라에서 망명생활을 하다가, 1938년 이스라엘 공화국의 히브리대학에서 사회철학 교수가 되었다. '나와 너'의 관계를 기조로 한 인격주의적 철학은 실존주의와 함께 제1차 대전 후의 유럽, 미국의 그리스도교적 신학이나 철학, 또한 정신의학계에까지 넓고 깊은 영향을 끼쳤다. 또한 구약성서의 새로운 독일어 번역을 시도하기도 하고, 하시디즘(신비주의적 유대교의 운동)에 깊이 참여하여 추진자가 되었으며, 유대교의 현대적 우위를 명백히 하는 데 큰 공헌을 하였다. 잡지 〈유태인〉 등을 편집, 발행하였다.

오늘날 세계에서 가장 주목받는 유태인 사상가 중 한 명인 마틴 부버는 상호 의사소통의 중요성을 강조했다. 부버는 소크라테스와 마찬가지로 자기 자신을 알아야 하며, 자기 자신을 알기 위해서는 타인과 내가 너와 나의 관계로 맺어져야 한다고 말했다. 예를 들어, 저널리스트의 책임에 대하여 이야기할 때는 타인과의 관계가 전제되어야 한다. 관계가 부재하는 홀로 있는 상황에서는 저널리스트로서의 책임을 다할 수 없다. 책임은 기본적으로 타인에게 미칠 영향을 고려할 때만이 의미를 가질 수 있다. 부버의 유명한 책 《나와 너》(*Ich und Du*, 1923), 《사람과 사람 사이》에서는 이러한 주제가 잘 드러난다.

'나와 너'는 언뜻 보기에 '만만한' 책같이 보인다. 제목에서는 연애소설 같은 가벼움마저 풍긴다. 하지만 산뜻한 마음으로 책을 펴들기에는 책장 전부를 관통하는 시적으로 압축된 철학의 난해함에 질릴지도 모른다. 사실 '나와 너'는 철학적 산문 시(詩)에 가깝다. 하지만 '나와 너'에는 마약 같은 매력이 있다. 답답해하면서도 좀처럼 책을 던져버리지 못할 터다. 마틴 부버는 종교적인 절정체험을 논리와 언어로 풀어내는 재주를 지닌 철학자다. 표현을 바꾸어 집요하게 반복되는 그의 핵심 주장은 일상에서 맛보기 힘든 높은 삶의 경지를 느끼게 한다. 그렇다면 '나와 너'에서 부버가 말하려는 바는 무엇인가?

부버는 '나-너'와 '나-그것'이란 두 개의 근원어로 세상을 분석한다. 부버가 직접 드는 예로 근원어를 설명해 보자. 우리는 흔히 나무와 '나-그것'의 관계로 만난다. 생물 종(種)의 하나로 나무를 분류하기도 하고 가구 재료로 쓰기 위해 몇 그루인지 수로 표시할 수도 있다. 그러나 나무와 '나-너' 관계로 만날 때도 있다. 나에게 나무가 단순히 감상하고 이용하는 '그것'이 아니라 내 전부를 바쳐 사랑하는 '너'로 나타난다는 뜻이다.

부버의 사상을 언론적 맥락에서 이해할 때, 책임 있는 언론을 위해서는 나와 너로 대변되는 주체와 대상의 관계가 요구된다. 먼저, 행위를 하는 사람(저널리스트)과 행위를 받아들이는 사람(독자)이 있어야 한다. 물론, 전달자의 익명성이 보장되는 언론의 세계에서 '나와 너' 관계를 발전시키는 것은 어렵고 불가능하게 느껴지기도 한다. 부버는 언론에서는 사회적 소통이 일어나기 어렵다고 생각했다. 그러므로 현실의 매스커뮤니케이션에서 진정한 의사소통은 불가능하며 가볍고 피상적인 소통만이 이루어진다고 할 수 있다.

부버는 다양한 관점과 사상들의 '자유시장'에 찬성했다. 언론이 그것을 마련하는 데 도움이 될 수도 있을 것이다. 그러나 사상의 자유시장에서 사람들은 자신의 입장과 생각을 표현하는 데 있어 신중해야 하고 타인의 의견을 공감할 수 있어야 한다. 타인에게 소리를 지르거나 이름을 부르거나 자기 의견만을 내세워서는 안 된다. 논설위원과 칼럼니스트는 이 같은 사실을 특히 주목해야 한다. 실존주의자였던 부버는 자기 자신 안에 머무르는 것에 만족하지 못하고 사람들과 관계를 맺고 서로 소통해야 할 필요를 느꼈다. 그러나 부버는 집단이 무거운 짐이 되기도 한다며 그 위험성에 대해서도 지적했다. 그는 아마도 '집단주의'라는 말보다는 '공동체주의'라는 말을 선호할 것이다. 집단에서 개인은 익명화되어 자기 자신을 잃게 되지만, 공동체에서 개인은 타인들과의 유대가 높아지기 때문이다. 익명성과 자기상실을 추구하는 실존주의자는 없을 것이다.

부버는 유능한 정치가나 경제인일수록 사람을 '사업이나 목표를 위해서 필요한 능력을 지녔는지'로만 가늠하고 대한다고 말한다. 그들이 몰인정해서가 아니다. 사회가 원래 그렇기 때문이다. 만약 지도자들이 사람 하나하나를 '너'로 대하면 어떻게 될까? 사회는 "당장 그네들 머리 위에서 무너지고 말 터"이다. 하나하나의 사정을 다 봐준다면 원칙도 정의도 사라지고 만다. 그러니 사람을 모두 '그것'으로 보고 법과 원칙에 따라 공평하게 대할 수밖에 없다.

'나-그것'으로 관계가 맺어지는 사회생활에서 사람을 대하는 방식은 자연과학에서 연구를 할 때와 별로 다르지 않다. 인과율이 무엇보다 중요하다. 원인과 결과를 따져서 성과와 책임을 나눈다는 뜻이다. 법칙과 원칙에 맞는지를 살펴서 뭐가 옳고 그른지를 가린다. 그래야 공정함을 유지할 수 있는 까닭이다.

마틴 부버는 비엔나, 베를린, 라이프치히, 취리히에서 공부하였으며, 한때 비엔나의 시온주의 잡지인 〈디벨트〉지에서 편집자로 일했다. 1916년부터 1924년까지 그는 독일 유태인의 목소리를 대변하는 〈유태인〉지의 편집을 맡았다. 나치 세력이 커지는 동안 그는 프랑크푸르트 대학에서 학생들을 가르쳤으며, 1938년부터는 예루살렘의 히브리 대학에서 철학 교수로 있다가 생을 마감했다. 그의 철학은 진정한 의사소통이란 무엇인지 언론의 관점으로 생각해 볼 수 있게 한다.

23

알프레드 코집스키

Alfred Korzybski (1879～1950)

알프레드 코집스키는 폴란드계 미국 논리학자로, 오늘날에도 상당한 지지를 받고 있는 일반의미론(*general semantics*)의 창시자이다. 폴란드 바르샤바에서 태어나 바르샤바 공업대학을 졸업하고, 1916년 미국에 이주(1940년 국적 취득), 1938년부터 시카고의 일반의미론 연구소 총재 겸 소장으로 있었다. 그가 제창한 '일반의미론'은 언어 · 이론에 지나치게 구애를 받아 현실을 부정하기 쉬운 오늘날의 경향에 대한 경고로서 높이 평가받는다. 주요 저서로 《인간의 남성성》(*Manhood of Humanity*, 1921), 《과학과 정신》(*Science and Sanity*, 1933) 등이 있다.

섬세한 언어를 사용해 다층적이고 복잡한 세상의 현실을 서술하고자 하는 저널리스트라면 알프레드 코집스키의 '일반의미론'을 공부해 볼 필요가 있다. 일반의미론은 언어가 사고에 미치는 영향과 사고가 행동에 미치는 영향에 주의를 기울여 좀더 현실적이고 과학적으로 언어를 사용해야 한다는 것을 강조한다. 코집스키는 현실을 언어로 잘 그려내기 위해 많은 노력을 기울여야 한다고 말했다.

폴란드 귀족출신인 코집스키는 바르샤바 공업대학을 졸업하고 1차 세계대전 직후 미국으로 갔다. 그는 엔지니어를 전공했지만 다양한 분야에 걸친 광범위한 지식을 갖고 있었는데 후에 이를 바탕으로 절충주의적 일반 의미론을 발전시킨다. 그는 1차 세계대전 당시 러시아군에서 복무했고 전쟁 후에는 미국과 캐나다에서 다양한 군사업무를 수행하기도 하였다. 첫 번째 저서인 《인간의 남성성》(*Manhood of Humanity*)이 출판된 이후, 그는 수 년 동안 연구해온 일반의미론에 관련된 생각을 발전시키기 위해 미국에 남기로 결정한다. 그 결과,

1933년에는 인식(*orientation*)에 대한 고전이라고 할 수 있는《과학과 정신》(*Science and Sanity*)을 출판하게 된다.

코집스키는 시카고 대학의 캠퍼스를 떠나 있던 기간을 포함하여 일정 기간 동안 다양한 장소에서 새로운 일반의미론을 가르쳤다. 당시 학자들은 대개 이 주제에 의혹을 품고 있었고 교과과정에 포함시키기를 주저했다. 1938년 코집스키는 그의 일반 의미론학회를 코네티컷과 다리언에 창설하였다. 세계 방방곡곡의 사람이 그와 연구하기 위해서 모여들었다. 그는 1950년에 생을 마감할 때까지 그곳에서 세미나를 개최하고 다양한 강연을 하였으며 여러 권의 저서를 집필하였다.

코집스키는 과학적 언어를 강조했으며, 적어도 언어를 과학적으로 사용해야 한다고 주장했다. 그는 고대 서양의 이치논리(二値論理)적 언어사용이 비과학적이며 대인관계 및 국제관계에 폐해를 일으킨다고 보았다. 아리스토텔레스에서부터 시작된 이분법적 언어사용의 관습은 좀더 '현실적'이고 '역동적'인 방향으로 바뀌어야 한다고 본 것이다. 그래서 그는 제자들과 함께 '다원주의' 혹은 '비 아리스토텔레스주의'로 일컬어지는 그의 일반의미론 체계를 발전시켰다.

코집스키의 새로운 체계는 현실세계의 역동성과 언어의 정적 특성을 강조했다. 일반의미론에서는 '유동성'의 개념이 중요하다. 이것은 현실에서 일어나는 끊임없는 변화를 가장 잘 묘사할 수 있도록 언어를 써야 한다는 것을 의미한다.

코집스키는 이를 설명하기 위해서 소크라테스 이전의 그리스 철학자 헤라클리투스의 말을 인용한다. "누구도 같은 강에 발을 두 번 담글 수는 없다. 강물이 끊임없이 흘러 새로운 강물이 되듯, 사람도 끊임없이 새로운 사람이 된다. 한 걸음 디딜 때마다 사람도 변하고 강도 변한다. 오래된 이름들이 남아 있다고 해도 모든 것은 새롭다." 그래서 코집스키는 사람이 현실을 따라잡을 수 없는 언어의 약점을 잘 파악해야 한다고 말하였다. 즉, 1970년의 빌 스미스는 1990년의 빌 스미스가 아니고, 1990년의 라인 강은 1994년의 라인 강이 아닌 것이다.

일반의미론에서 중요한 또 한 가지는 '지도는 지역이 아니다'라는 생각이다. 이것은 사람의 이름 뒤에 감춰진 실체를 볼 수 있어야 하며 사람이나 단체가 가지는 이름에 현혹되어서는 안 된다는 것을 의미한다. 그렇다면, 저널리스트가 해야 하는 일은 더 완벽한 '지도 작성자'가 되는 것이다. 지도가 지역이 될 수는 없어도, 보다 좋은 지도를 만드는 것은 가능하다. 저널리스트는 언어를 통해 지도를 만드는 작업을 하는 데 있어 이 점을 명심해 가능한 현실에 가까운 지도를 만들고자 노력해야 한다.

코집스키는 종교, 인종, 정당과 같은 동일한 집단 내의 구성원들이 실제로는 각자 다른 사람들이라는 것을 인식해 고정관념을 깨는 것을 매우 중시했다. 코집스키는 아랍 사람 갑(甲)은 아랍 사람 을(乙)과 다르며 소 병(丙)은 소 정(丁)과 다르다고 설명했다. 이는 저널리스트에게 시사하는 바가 매우 크다.

일반 의미론은 언어가 인간을 지배하며 노예화 할 수도 있다는 사실을 알려주는 복잡한 학문이다. 스튜어트 체이스, 웬델 존슨, S. I. 하야카와와 같은 20세기 중반의 작가 및 사상가들은 《말의 힘》(*The Power of Words*), 《위기의 인간들》(*People in Quandaries*) 그리고 《생각과 행동의 언어》(*Language in Thought and Action*)와 같은 책들을 통해 사고나 행동을 압도하는 언어의 위력을 강조했다. 코집스키와 그의 계승자들은 언어가 사람들이 더 정확하고 세련된 언어를 쓰도록 촉구했다.

일반의미론의 기본원칙은 모두 저널리즘에도 쉽게 응용해 볼 수 있는데 간략하게 살펴보면 다음과 같다.

- 똑같은 일이 두 번 일어나는 경우는 없으며 모든 사건은 유일하다.
- 언어가 만물을 특성에 따라 카테고리로 분류하려는 경향이 있음에도 불구하고, 하나의 사건은 또 다른 사건으로 연속되어 이어져 각 조각이 하나의 전체를 이루게 된다.
- 만물은 역동적 과정 안에 존재하는데, 언어는 이것을 그대로 비출 수 없다.
- 사건, 사물, 사람은 언어로 담아낼 수 없는 무한한 특징들을 갖는다.
- 현실을 이해하고 설명하기 위해서는 다원적 논리가 꼭 필요한데, 언어는 자유주의/보수주의, 좋은/나쁜, 짧은/긴, 검은색/하얀색과 같이 모든 것을 극단적으로 표현하는 경향을 갖는다.
- 단어나 상징은 그것의 지시대상과 같을 수 없다. 즉, '지도는 지역이 아니다.' 이름은 그 이름을 가진 실체의 본질이 아니다.
- 언어는 기본적으로 고정적이기 때문에, 과정이나 흐름 안에서 세상을 서술해야 한다.
- 집단의 각 구성원은 모두 다르기 때문에 집단에 대한 고정관념은 깨어져야 한다.
- 의미는 사람의 머릿속에 있는 것이지 사전에 있는 것이 아니다. 단어를 개념화하거나 해석할 때 그 사람이 어떤 의미로 쓰는지가 중요하지 다른 사람들이 말하는 단어의 의미가 중요한 것이 아니다.
- '기타 등등'과 같이 어떤 것에 대해 모든 것을 말하는 건 불가능하다.
- 모든 것을 말로 표현한다 해도 정의되지 않은 용어는 항상 존재한다.
- '온건하다, 충성스럽다, 아름답다'와 같은 추상적 용어를 가능한 한 사용하지 말고, 부득이 사용해야 할 때는 무엇을 의미하고자 하는지를 명확하게 설명해야 한다.

코집스키의 의미론은 저널리스트에게 기사가 갖춰야 할 완벽과 균형을 시사한다. 더 중요한 부분은 사람, 장소, 사건의 변화하는 성질에 관한 것이다. 일반 의미론의 핵심은 모든 것이 다른 무엇으로 변해가는 '과정'으로서의 세상에 대한 생각을 바탕으로 고정적인 'be 동사'(동일성을 표현)는 대개 현실을 왜곡하게 된다는 데 있다. 변화하는 세상을 어떻게 하면 가장 잘 설명할 수 있는지에 관심이 있는 저널리스트라면 코집스키에게 배울 점이 많을 것이다.

세상을 하나의 과정으로 보는 일반의미론의 사상은 불교에서 끊임없는 생성과 소멸의 변화를 일컫는 '상속'(相續, *samtana*)의 개념 및 인생의 덧없음을 의미하는 '무상'(無常, *anicca*)의 개념과 유사하다. 모든 것은 변하고 하나로 모이게 된다는 것이 코집스키 의미론과 불교사상의 핵심적 내용이다. 일반 의미론자는 저널리스트로 하여금 기사에서 사건을 다룰 때 이 점을 고려해 그 과정을 충실하게 묘사하도록 할 것이다. 반면, 불교에서는 그 과정을 언어로 표현하려는 시도 자체가 비현실적이거나 불가능하다고 생각할 것이다.

일반의미론의 지적 유산은 위대하다. 특히 현실을 전달하는 것이 주요 임무인 저널리스트에게는 더욱 중요하다. 저널리스트는 물론이고 일반 의미론자에게 있어서 세상은 하나의 조각이면서 계속해서 흐르다가 결국 하나로 합쳐지는 곳이다. 이러한 전체적 관점은 끊임없는 흐름에 대한 사상과 함께 현대 저널리즘의 기초를 이룬다고 할 수 있다.

24

멘켄

H. L. Menchen (1880～1956)

멘켄은 오늘날 저널리스트들이 가장 싫어하는 인물이다. 평생을 저널리스트로 보냈지만 저널리즘 그 자체에 대한 가혹한 비판으로 유명하다. 특히 오늘날 신자유주의 시대에서 언론은 자사의 이익을 위해 봉사하는 행동대원에 불과하다는 주장을 폈다. 이는 무한경쟁의 시대에 회사의 존속을 위해 몸부림치는 한국의 언론계에 시사하는 바가 적지 않다. 주로 필라델피아의 유력지인 〈볼티모어 선〉지에서 날카로운 관찰력으로 냉혹한 비평을 했다.

멘켄은 유능한 미국 저널리스트들 중에서도 거물급 인사다. 날카로운 비판을 기꺼이 받아들일 준비가 되어 있는 저널리스트에게 인정사정 봐주지 않는 멘켄의 강경한 언론사상은 재미있고 유용하게 다가올 것이다. 편집자, 저널리스트, 칼럼니스트, 논설위원으로 반세기를 보낸 멘켄은 주로 〈볼티모어 선〉지에서 날카로운 관찰력으로 냉혹한 비평을 했다. 이 신문에서 일하는 동안 멘켄은 언론과 언론인에 대해 신랄하게 비판하는 글들을 썼다. 그의 에세이를 모은 책 《위선자들의 갱》에는 그런 비판이 잘 나타나 있는데, 책에 드러난 멘켄은 심술궂어 보이면서도 유머감각이 풍부해 좀처럼 악의가 느껴지지 않는다.

그는 비평과 언어에 관해 여섯 권의 책을 냈으며 대표작에는 《서문에 관하여》와 《미국의 언어》가 있다. 1990년대 중반에는 두 권의 자서전 《언론인으로서의 35년》과 《작가와 편집자로서의 삶》을 남겼다. 멘켄은 1924년부터 1933년까지 미국에서 가장 중요한 잡지였던 〈아메리칸 머큐리〉를 편집했다. 그는 시어도어 드라이저, 윌라 캐더, 싱클레어 루이스, 스콧 피츠제럴드, 유진 오닐, 루이스 문폴드,

맥스웰 앤더슨, 벤헤크트, 도로시 파커 등 많은 사람들과 교류했으며 그들에게 큰 영향을 끼쳤다.

그의 글쓰기 철학은 '아무 생각 없는 사람들에게 파문을 일으키는 것'이다. 이러한 철학 때문에 그의 글은 매우 공격적이고 독하다. 그는 사설이 갖춰야 할 균형이나 공정성은 무시했으며, 사람들에게서 분노를 끌어낼 수 있는 색깔이 뚜렷한 비평이 필요하다고 생각했다.

멘켄은 미국 신문이 무식하고, 불공정하고, 위선적이고, 불성실하고, 외설적이고, 거짓말투성이라고 생각했다. 또, 저널리스트들이 어리석고 글쓰기 공식에만 의존해, 용기 있고 정직한 기사작성을 못한다고 생각했다. 대학의 언론학과 또한 그의 비판을 피해갈 수 없었다. 그는 '언론학과의 절반은 다른 직업인들과 겨루기에는 너무 모자란 학생들의 피난처'라며 호되게 비판했다.

멘켄은 저널리스트에게는 자유가 거의 없다고 말했다. 저널리스트가 윗사람의 명령에 복종해야 하는 하수인에 불과하다는 것이다. 그는 저널리스트들이 대중을 위해 봉사하는 것이 아니라 편집자, 출판자, 비즈니스인들에게 봉사하고 있다고 보았다. 또, 저널리스트가 진실보도에 대한 노력을 기울이지 않고 정부의 선전을 무턱대고 받아들이기 때문에 스스로 자신들의 자율권을 제한하고 있다고 비판했다. 그러나 멘켄의 신념에는 모든 저널리스트가 동의할 만한 부분도 있다. 그것은 바로 저널리스트가 언론의 자유를 최대화하기 위해 정부의 억압에 맞서 싸워야 한다는 사실이다.

멘켄은 성실한 작가였고, 냉철하고 날카로운 관찰자였으며, 다재다능하고 용기 있는 비평가였다. 그의 배움에의 의지와 의사소통 기술에서 현대의 저널리스트는 배울 점들을 발견할 수 있을 것이다.

25

로버트 허친스

Robert Maynard Hutchins (1899 ~ 1977)

로버트 허친스는 교육 철학자이다. 오버린대학 및 예일대학교를 졸업하고, 예일대학교 법학부 강사와 교수, 시카고대학교 총장, 미국 변호사 회원을 역임했다. 저서로는 《자유를 위한 교육》(1948), 《도덕 · 종교 · 고등교육》(1960) 등이 있다. 그는 교육에 있어 교양교육을 주장하며, 고전은 소수의 훌륭한 선인(先人)들이 만들어 놓은 정신적 노작(勞作)이며 '옛것인 동시에 새것'으로 시대와 국민을 초월한 보편적 가치가 있는 것으로 보았다. 고전을 통해 지성을 계발하고, 이성을 훈련시키는 것이 참된 교육이라고 보았다.

로버트 허친스는 기자는 아니었지만, 그의 사상은 1920년대 중반 이후 언론철학에 큰 영향을 미쳤다. '허친스 위원회'로 더 잘 알려진 허친스와 언론자유위원회의 멤버 12명은 2차 세계대전 말부터 미국 신문을 연구하였는데 언론의 자유를 강조하던 언론철학의 패러다임을 언론의 사회적 책임을 강조하는 쪽으로 바꾸는 데 크게 기여하였다. 언론의 사회적 책임에 관한 대부분의 이론은 허친스 위원회에서 비롯된다.

허친스 위원회 보고서의 영향력에도 불구하고 허친스라는 인물과 그의 언론사상에 대해서는 크게 알려진 바가 없다. 그러나 대부분의 기록에 의하면 그는 교육자, 도덕론자였다. 그는 실제로 언론에 대해서 글을 쓴 적은 없지만 언론에 대한 질문을 받으면 열정적으로 의견을 표시했다. 다만, 그 의견을 종합적으로 정리하지 않았다. 언론에 대한 그의 뛰어난 생각은 1947년 시카고 대학신문에 발표된 위원회 보고서를 통해 세상에 알려지게 된다.

미국 언론의 성과를 평가하기 위해 위원회를 만들자는 아이디어는 〈라이프 앤 타임〉의 편집장인 헨리 루소가 낸 것이었다. 2년 동안의 위원회 활동을 위해 그가 20만 달러를 기부했고 브리태니커 백과사전이 1만 5천 달러를 협찬했다. 그는 예일대 동창이자 당시 시카고 대학의 총장을 맡고 있던 허친스가 그 자리를 맡아주길 원했다. 허친스는 똑똑하고 사상적으로 올바른 사람들을 위원회의 구성원으로 선택하기 위해 고심했다. 객관적 조사를 위해 현직에 있는 언론인들을 위원에서 제외시켰고, 주로 법학, 경제학, 사회학, 역사학, 철학 등의 분야에서 미국 내 최고로 일컬어지는 학자들을 주축으로 위원회를 구성하였다. 허친스 위원회는 미국인에게 언론의 자유의 중요성을 알리고 언론에 대한 불신을 줄이기 위해 조직되었다. 즉, 허친스 위원회는 미국 언론의 자유와 책임에 대한 조사하는 순수 민간단체였던 것이다. 이들은 무엇이 언론의 자유를 억압하는지를 밝히고자 하였다.

허친스는 언론의 자유에 대한 관심이 컸다. 하지만, 위원회의 권고가 언론의 자유를 위협할 수도 있다는 생각은 하지 못한 것 같다. 그는 읽고 쓸 줄 아는 것만으로는 언론의 자유를 지키기에 충분하지 않으며 사람은 교육을 받고, 고전과 같은 좋은 책을 읽어야만 한다고 생각했다. 만약 모든 사람이 글을 읽을 수는 있어도 이들이 저속한 잡지, 외설 문학, 히틀러의 《나의 투쟁》 같은 것을 읽는다면 문제가 심각하리라고 보았다.

자유는 허친스가 저널리즘에 대해 말한 내용 중 가장 중요한 부분이다. 그는 이른바 긍정적 자유라고 하는 것을 강하게 지지했는데, 이것은 우리가 자유롭지 않고서는 할 수 없는 것을 하기 위해 필요한 자유를 말한다. 허친스가 언론의 긍정적 자유에 대해 더 관심이 많았던 것은 사실이지만, 그는 부정적 자유, 즉, 외적 통제로부터의 자유에 대해서도 관심이 있었다. 그는 언론의 자유가 '자유로운 사회의 유지와 발전'을 위해 필요하다고 강조했다. 일각에서는 그의 이런 생각을 공리주의적이라고 할지도 모른다. 저널리즘은 좋은 아이디어와 계몽성, 도덕성을 바로 세워 사회를 좀더 나은 곳으로 만들기 위해 자유로워야 한다는 것이다.

그는 언론이 사회의 선을 실천하는 일과 관련해서만 언론의 권리를 가진다고 생각했다. 1947년 시카고 대학의 라디오 방송에서 그는 언론의 자유에 대해 강조하는 한편, 언론이 사회의 요구에 부응하지 못하는 점에 대해 유감을 표명했다. 그는 '언론이 자유를 지키고자 한다면 먼저 언론의 책임을 다해야 할 것이다. 그렇지 않으면 정부와 같은 사회적 강압에 의해 언론의 자유를 빼앗길 수도 있을 것이다'라고 말했다. 그의 경고는 언론에게 아무런 위안이 되지 않았다.

허친스는 각 언론매체를 국가와 사회의 이익보다 우선할 수 없는 것으로 보았다는 점에서 플라톤적 관점을 가졌다고 할 수 있다. 오늘날 같으면 허친스는 사회적 약자, 하층민을 돌봐야 할 사회적 책임을 강조하는 공산사회주의자로 불렸을지도 모른다. 공산사회주의자는 권리보다는 책임감에 더 비중을 둔다. 따라서 허친스는 언론의 자유보다는 언론의 책임을 더 강조하였다.

사실상 공산사회주의라는 개념은 새로운 것이다. 오랜 시간 동안 수많은 철학자들이 권리보다는 책임을, 개인의 이익보다는 사회의 이익을 강조했다. 하지만, 언론의 책임을 강조함에 따라 불가피하게 언론의 자유가 훼손되는 것을 기꺼이 받아들였던 사람은 허친스가 처음일 것이다. 허친스가 실제로 정부의 언론검열을 제안한 적은 없지만 언론이 사회의 요구에 부응하지 못할 경우에는 그런 조치가 필요하다는 것을 암시했다. 그는 다른 관점을 제시할 주체가 정부 외에 없다면, 정부라도 언론에 개입할 수 있다는 것을 주장했다. 허친스 위원회는 강하고 현명한 외부 비판이 있어야 언론이 정상적으로 작동할 수 있다고 보고, 정기적으로 저널리즘을 평가할 수 있는 독립된 기관이 있어야 한다고 제안했다. 또, 매체끼리 서로를 비평하고 시민이 언론을 비평할 수 있어야 한다고 생각했다.

허친스는 언론이 공식적인 교육과 마찬가지로 사회의 중대한 문제를 해결해야 할 책임이 있으며 저널리스트는 철학과 역사에 대해 탄탄한 지적 기반을 가져야 한다고 제안했다. 두 분야의 배경지식이 없는 저널리스트는 사회기관에 대해 제대로 비평할 수 없다는 것이다. 그는 자유로운 예술교육을 강조했으며, 사회과학을 믿지 않았다. 많은 사람이 대학교육을 받지 않거나 졸업 후 학업을 중단한다는 것을 알고, 저널리즘이 기본적인 평생교육을 사회에 제공해야 한다고 주장하기도 했다.

인문주의를 표방했던 허친스 위원회는 과학적 방법은 거의 신뢰하지 않았던 것 같다. 1944년부터 1946년까지 진행된 언론 '연구'에는 별다른 방법론이 보이지 않는다. 허친스 위원회는 겨우 58명의 사람을 인터뷰했고 약 200건의 기타 인터뷰를 진행했다. 연구는 방법론적 체계 없이 이루어졌으며 연구의 결론은 위원회의 선행연구의 결과를 반영한 것이었다. 연구위원 중 저널리스트는 한 사람도 없었으며, 위원회 회의는 대중에게 공개되지 않았다. 헨리 루스마저도 그 연구가 피상적이며 결함이 많다고 생각했다.

허친스 위원회는 까다로운 언론규정을 마련했다. 그들은 언론이 이 기준을 만족시키지 못하면 책임감이 없는 것이며, 그렇게 되면 그 언론은 심판대에 오르게 될 것이라고 말했다. 위원회는 미국 저널리즘이 대체로 책임감이 없으며, 각자의 자유만 찾으려고 하고 사회적 책임에 대해서는 무관심하다고 말했다. 이들은 언론이 사소한 것, 부정적인 것, 자극적인 것을 지나치게 많이 다루며 비판에 너무 예민하고 이익을 내는 데에만 급급하다고 비난했다. 또한, 사회구성단체들을 다양하게 노출시키지 않고 의미 있는 맥락을 알려 줄 만큼 중요한 정보들을 충분히 제공하지도 않는다고 비판했다. 다시 말해, 위원회가 본 언론은 자기 이익에만 관심이 있고 피상적이며 선동적이고 탐욕스러운 모습이었던 것이다. 결국, 미국 언론은 책임감이 없다는 결론이다.

허친스 위원회는 저널리즘에 대한 권고사항을 만들었다. 더 많은 외부 비평 및 자기 비평, 저널리스트의 꾸준한 교육, 언론윤리에 관한 주의, 대중의 불평을 반영하는 것 등이 그 내용이었다. 그는 1974년에 보고서가 나온 지 거의 10년이 지나도록 언론에 큰 변화가 없자 크게 실망하였다. 그는 미디어가 여전히 서로를 비평하지 않는 것과 외부 비평에 대해 적대적 반응을 보이는 것에 대해 좋지 않게 생각하였다.

허친스가 언론교육에 대해 좋게 말한 적이 없다는 것은 놀랄 일이 아니다. 그는 대학에서 직업에 대해 교육하는 것에 찬성하지 않았으며 언론 교육도 마찬가지였다. 저널리스트에게 필요한 것은 자유로운 예술교육이며, 특히 철학과 역사가 중요하다. 허친스에 따르면 저널리스트에게 필요한 것은 명작의 가르침과 서부 문명의 고전이었다.

만약 그가 오늘날 미국신문을 보고 있다면, 언론이 더 '책임감' 있는 모습을 보이지 않는 것에 대해 실망할 것이다. 하지만, 저널리스트는 자신들의 사회적 책임에 대해 2차 세계대전 말의 그들보다 더 많이 느끼고 있다. 이들은 또한, 행동이 가져오는 영향력과 윤리에 대해 더욱더 고민함에 따라, '언론의 자유'에 대한 외침을 줄여오고 있다. 오늘날 언론이 완전히 합리적이라고 생각하며 받아들이고 있는 것 중 상당부분은 1947년 허친스 위원회가 권고했던 내용과 매우 가깝다.

26

에릭 호퍼

Eric Hoffer (1902～1983)

에릭 호퍼는 부두노동자 출신으로 세계적 저술가이자 사상가이다. 1902년 독일에서 태어나 이후 가족 모두가 미국 뉴욕으로 이주했다. 유년기 시력을 완전히 잃어 학교에 다니지 못하였으나, 15세에 기적적으로 다시 시력을 회복하였다. 부모를 잃고 샌프란시스코 부두의 하역꾼 등으로 전전하며 많은 책들을 읽었다. 제 2차 세계대전으로 유럽이 황폐화된 직후 집필한 《맹신자들》(*The True Believer*, 1951)로 세계적 명성을 얻었다. 인간의 마음을 움직이는 집단활동의 힘을 비전문가적 시각으로 바라본 이 책은 오늘날 테러리스트, 자살 폭탄자들의 과격 대중운동에 적절하게 적용되는 심리적 연구서이다. 1983년에 사망하였으며, 그해 미국 대통령의 자유훈장이 수여되었다.

에릭 호퍼는 뉴욕에서 태어나 7세 때 사고로 실명하고 15세 때 시력을 되찾았다. 그 이후 미국 전역을 자신의 학교로 삼으며 평생 독서와 독학으로 독특한 자신만의 사상을 구축했다. 정식교육을 받아본 적이 없는 에릭 호퍼는 5세 때에 영어와 불어를 배우며 독학의 길을 걷기 시작했다. 그는 7세 때 알 수 없는 이유로 갑자기 시력을 잃었다. 그러나 15세에 기적적으로 시력을 회복하게 된 그는 다시 실명할지도 모른다는 불안감으로 하루에 10～12시간 독서에 전력했다. 3년 만에 동네에 있는 중고서점의 책을 거의 모두 읽었다. 1920년 아버지가 죽자 캘리포니아로 이동하여 LA 중앙도서실 근처에 세를 얻었으며 주방 설거지, 정원 청소, 부두 노동자, 이삿짐 일꾼 등 막노동을 가리지 않고 하며 지냈다.

1920년 말경에 LA를 떠나 인근 도시인 아나하임으로 이사 간 그는 '용기를 잃으면 모든 것을 잃는다'는 철학자 괴테의 명언에 큰 감동과 영감을 받았다. 그 후 그는 10년 동안 캘리포니아 전역에서 농장 일꾼으로 일하며 시간 날 때마다 독서에 몰두하여 많은 철학가와 사상가를 접하게 된다. 또한, 그는 책을 읽을 때마다 자신의 생각을 조금씩 적기 시작하며 작문 실력을 배양했다. 1941년에 건강문제로 입대를 못하게 되자 부두 노동자로 일하기 시작하였고, 1942년부터는 부두에서 정규 노동자로 일하게 되었다. 이때 그의 나이가 40세였다. 그는 이 때에도 쉬지 않고 독서와 집필에 몰두하였고 함께 일하던 사람은 그를 '교수'라고 불렀다. 호퍼는 이때에 앞으로 출간될 그의 저서들, 특히 그의 대표작인 《맹신자들》(*The True Believer*)의 집필을 준비하고 있었다. 그는 베르그송, 파스칼, 르낭, 토크빌, 몽테뉴 등의 프랑스 사상가들에게 매혹되었고 도스토예프스키, 부르크하르트를 존경하였으나, 니체나 하이네를 제외한 다른 독일 철학가 및 플라톤으로부터는 그 사상의 난해함 때문에 많은 것을 얻지 못하였다고 한다.

《맹신자들》은 1951년에 성공적으로 발표되었다. 거의 모든 평론가들이 《맹신자들》의 아포리즘적 스타일과 위트, 통찰력 있는 병렬, 방대한 지혜에 찬사를 아끼지 않았다. 그는 이 책 덕분에 많은 돈을 벌었으나 샌프란시스코를 떠나지 않고 낙후한 동네에 머무르며 부두 노동자로서 살았다. 그는 계속해서 《열정적인 정신의 상태》(*The passionate State of Mind*, 1955), 《변화의 시련》(*The ordeal of Change*, 1963), 《우리 시대의 기질》 (*The Temper of Our Time*, 1967) 등의 책을 집필했으며 1982년엔 생애 마지막으로 《길 위의 철학자》(*Truth lmagined*)를 출판했다.

《길 위의 철학자》는 어린 시절부터 1941년 부두 노동자로 '정착'하기까지의 반생을 몇 가지 에피소드 중심으로 정리해 놓았기에 '자서전'의 성격이 짙다. 이 책에서 돋보이는 점은 하층민 생활을 할 수밖에 없었던 불행한 처지에 대해 자기과장이나 자기연민에 빠지지 않으면서도 낙관주의적 허세로 치부해 버릴 수 없는 그 어떤 힘을 지니고 있다는 것이다. 책의 대부분은 호퍼가 떠돌아다니면서 마주친 수많은 인간에 대한 묘사로 이어진다. 교수직 대신 고물상이 된 유태인 샤피로를 비롯해 자신과 사랑에 빠졌던 대학생 헬렌, 유능한 일꾼 앤슬리, 저자의 충고를 받아들여 유산을 사회에 환원한 농장주 쿤제 등 수많은 인물과의 만남과 이별이 저자의 경험을 살찌우고 있다. 호퍼로 하여금 단순한 떠돌이 노동자로 살게 내버려두지 않고 독특한 사회철학자로 성장시킨 것은 독서열(떠돌이 노동자로 살아가면서도 호퍼는 언제나 책을 손에서 놓지 않았다)과 아울러 떠돌아다니면서 만난 동시대 사람들의 삶에 대한 풍부한 경험이었다.

그러나 호퍼는 많은 저작 중 《맹신자들》로 가장 많이 알려졌고 이 책은 저널리스트에게도 많은 교훈을 주고 있다. 이 책은 출간 후 10년 내에 12개 국어로 번역돼 50만 부가 팔려나갔다. 이 책은 많은 대학에서 필독도서로 선정되었고, 호퍼는 라디오와 TV에 출연해 에릭 시비레이드와의 인터뷰 시리즈를 통해 더욱 유명인사가 됐다. 그는 당시 자신이 존경하던 린든 존슨 대통령으로부터 백악관 초대를 받기까지 하였다. 호퍼는 1967년에 정식으로 은퇴하여 부두 노동자의 생활을 마감한다. 그 후 그는 샌프란시스코에 남아서 산책, 건축 해설, 도서관 방문의 생활을 하며 하루 수 시간씩 독서와 집필활동을 했고 때때로 버클리 대학에서 강의도 하면서 남은 생애를 보냈다.

대중운동과 그 부류에 속한 사람들을 이해하고, 그에 동조하는 사람들의 심리적 욕구를 알고자 하는 저널리스트라면 《맹신자들》을 필수적으로 읽어야 한다. 이 책은 아무리 읽어도 읽을 때마다 매번 새로운 교훈과 통찰을 얻을 수 있는 책이기도 하다. 집단행동이나 대중운동의 심리를 공부하고 싶은 학생은 사회심리학자들의 딱딱한 학술서적을 읽는 대신 간결한 이 책을 읽으면 좋을 것이다.

특히 저널리스트는 여러 사회운동을 이해해야 할 필요가 있다. 호퍼는 대중운동의 공통적 특징인 광신적 행위, 강렬한 열망, 열의, 증오, 편협함 등에 대해 설명한다. 대중운동의 구성원인 '맹신자'는 헌신, 권력 추구, 신념, 공동의 목표, 희생정신을 통해 하나로 단합된다. 호퍼는 길게 설명하고 있지는 않지만, 대중운동을 지지하는 출판물 및 여러 미디어 역시 같은 위와 같은 특징을 지닌 맹신자의 일부가 될 수 있다고 말한다.

대중운동은 다른 사회운동이나 정치운동과는 다르다. 사회운동이나 정치운동은 자신의 발전과 이익을 추구하는 사람들이 참여하지만 대중운동은 개인의 향상보다는 '거부된 자아'(*the unwanted self*)를 버리기를 갈망하는 사람들이 참여한다. 호퍼에 의하면 대중운동을 주도하는 맹신자는 '성스러운 목적에 대한 신념'을 통해 자기 자신에 대한 신념의 부족을 보상받으려고 한다.

맹신자는 자기 자신에게서 훌륭함을 찾을 수 없는 사람이며, 신성한 목적에 모든 신념을 바칠 준비가 되어 있는 사람이다. 사람은 자신의 일이 가치가 있을 때 그 일에 전념하게 된다. 그렇지 않으면, 가치가 있는 다른 일에 마음을 돌리게 된다. 맹신자가 타인에게 갖는 '성스러운 의무'는 마치 물에 빠진 사람이 옆에 흘러가는 뗏목을 부여잡는 것과 유사하다. 대중운동의 큰 매혹적 요소는 바로 이런 사람들에게 개인의 희망을 대체할 수 있는 것을 제시한다는 점이다. 사람들은 자신의 관심이나 미래가 가치가 없다고 느낄 때 대중운동의 매력에 녹아들게 된다. "모든 형태의 희생, 헌신, 충절과 자기 포기는 결국 무의미하고 하찮은 삶에 어떻게든 가치와 의미를 부여하기 위한 필사적인 노력의 결과"라고 호퍼는 말했다.

"역사는 중간층 다수 위에 있는 가장 악한 사람들과 가장 선한 사람들에 의해 연출되는 게임이다"라는 호퍼의 경구는 저널리스트에게도 적용된다. 저널리즘은 크게 성공하지도, 악하지도 않으며 평범하고 정상적으로 하루하루를 살아가는 사람들을 무시하고, 이른바 '실패자,

부적응자, 범죄자, 버려진 사람 등 삶의 근거를 잃은 모든 사람들'을 지나치게 강조한다. 저널리스트가 사회에 불만이 많고 대중운동에 광적인 사람을 찾고자 한다면 빈민, 부적응자, 불평하는 자, 배척당한 자, 소수 민족, 미성년, 악습과 강박관념에 사로잡힌 자, 심신이 무기력한 자, 실업자, 철저한 이기주의자들을 눈여겨봐야 할 것이다.

대중운동을 선동하고 영속시키는 데 있어 크게 이바지하는 사람은 논쟁적인 사람으로서 이들은 이미 확립된 제도를 파괴하고 권력자를 신뢰하지 않는 지성인이다. 작가, 성직자, 예술가, 교수, 저널리스트와 같은 언어의 상인들은 기본적 믿음과 신의를 약화시켜 대중운동의 초석을 다진다. 이런 논쟁적 사람은 일반인들 위에 군림하고 싶은 허영심과 열망으로 가득 찬 사람이다. 이들은 마음 중심에 치유할 수 없는 불안을 느끼기 때문에 약점과 흠을 찾는 일에 끊임없이 매달린다.

논쟁주의자는 진실추구에 의의를 둔 논쟁을 즐긴다. 그들의 궁극적 목표는 논쟁과 사상 그 자체이지 사회적 행동이나 실천이 아니다. 행동이나 실천은 논쟁주의자의 사상을 광적으로 확신하는 신념에 굶주린 사람의 몫이 되는 것이다. 호퍼에 의하면 논쟁주의자는 기존의 가치와 관례를 전복하고 사람들에게 새로운 세상, 새로운 신념을 위한 교리와 슬로건을 심어줌으로써 대중운동의 출몰을 준비해 나간다.

"언어는 강하다. 그러므로 언어를 칼만큼이나 두려워해야 한다"라고 호퍼는 말한다. 이어서 그는 선동(煽動)에 대하여 설명한다. 많은 대중운동들이 선동을 기술적으로 이용해 놀랄 만한 성공을 거두었지만, 선동은 마음이 내키지 않는 사람에게는 큰 영향력을 발휘하지는 못한다는 것이다. 또한, 선동은 새로운 사상을 주입시키거나 이미 신념을 잃은 사람을 설득하지도 못한다. 선동은 새로운 신념을 가르쳐 주입시키기보다는 이미 마음의 문이 열린 사람이 가지는 신념을 더욱 확고하게 정당화시킨다.

"천재적인 선동자는 추종자의 뜨거워진 신념과 정렬을 더욱 격렬하게 끓어오르게 한다. 선동가는 추종자의 마음 가장 깊숙한 곳에 있는 감정을 똑같이 모방하는 것이다"라고 호퍼는 말한다. 이런 선전(宣傳) 주의에 굴복하는 추종자는 자신의 삶에 좌절감을 맛본 적이 있는 사람들이다. 선전주의자의 열렬한 선동은 좌절한 사람에게 '영혼의 노래'가 된다. 선전적인 말은 대중운동을 준비하는 데에는 필수적이지만, 대중운동이 이미 시작된 상태에서는 결정적 요소가 아니다. 호퍼는 나치의 선동대장이었던 요제프 괴벨스의 말을 인용한다. "선전주의가 진정한 효력을 발휘하려면 그 뒤에 항상 예리한 칼이 대기하고 있어야 한다. 힘, 권력, 그리고 강압이 함께 사용될 때 선동은 참다운 효력을 발휘할 수 있다."

선동의 전달자이자 원조자 역할을 하는 신문과 같은 뉴스매체의 편집자는 선전주의에 대한 호퍼의 지혜를 마음속에 새겨야 한다. "선동은 상대방을 설득하기보다 자신을 정당화시키는 데 사용될 수 있다. 선전이 강렬해질수록 우리는 더 많은 양심의 가책을 느껴야 한다."

호퍼는 저널리스트에게 실용적인 기본 통찰력을 제공한다. 그는 인간 본성의 깊이를 이해하며 사회단체의 기능을 확연하게 보여 줌으로써 맹신자와 대중운동의 관계성을 뚜렷하게 조명한다. 우리는 그에게서 좌절당한 사람의 강한 열망과 심약한 대중에 대한 통찰을 얻을 수 있다. 또, 이들이 추구하는 자유는 에리히 프롬이 말한 것처럼 자기실현이나 자기표현의 자유가 아니라 자유로운 존재가 되는 부담감으로부터의 자유라는 것도 지적하고 있다.

저널리스트는 호퍼의 작품으로부터 현실적이고 실용적인 교훈을 얻을 수 있다. 지적으로 탄탄한 그의 글은 문명을 좌지우지하는 심리적 · 정치적 완력에 대한 이해를 도와준다. 호퍼는 개인의 자기만족이 인간을 비인간화 · 탈개성화하려는 대중운동에 포섭될 위험에 처했다는 메시지를 알렸다.

27

아인 랜드

Ayn Rand (1905 ~ 1982)

아인 랜드는 러시아 상트페테르부르크 태생의 유태인으로 미국의 소설가, 작가, 철학자이다. 고등학교 시절 미국사를 공부하며 미국을 동경하게 된 그녀는 국립 영화예술학교에서 시나리오 공부를 하던 중 도미한다. 아인 랜드는 미국 할리우드에서 조연 배우를 하다가 영화배우 프랭크 오코너를 만나 1929년에 결혼한다. 이후 《마천루》(1943)를 발표하면서 작가로서의 명성을 얻는다. 이 책은 게리 쿠퍼 주연으로 영화화되었고, 60여 년이 지난 지금까지 수백만 부가 팔린 베스트셀러다. 1957년에는 그녀의 가장 위대한 업적이며 마지막 소설인 《아틀라스》를 출간하였다. 이 책은 윤리학, 형이상학, 인식론, 정치학, 경제학 등을 통합한 독창적인 철학을 바탕으로 완성된 수준 높은 추리 소설이라는 평가를 받는다.

아무리 자기 고집이 센 저널리스트라 하더라도 아인 랜드의 이기주의적 철학을 진지하게 받아들이기는 어려울 것이다. 그러나 소설가이자 비학문적 철학자였던 그녀는 개인주의, 합리주의, 자기고양을 중시했던 사람들 사이에 폭넓은 반향을 일으켰다.

랜드는 1905년 러시아의 상트페테르부르크에서 태어났다. 페테르부르크 대학에서 철학과 역사를 전공하였고 시나리오 작가가 되려고 국립영화예술학교에서 공부하던 중 미국에 사는 친척으로부터 초대를 받아 1926년에 미국으로 건너갔다.

대체로 '전문' 철학자들을 대체로 랜드를 무시하지만, 그럼에도 불구하고 미국의 많은 학생들에게 영향력을 발휘하는 문학책과 철학책을 많이 저술했다. 그녀는 자신감, 합리적 이익추구, 성공, 자유, 진실성, 성실 등의 중요성을 강조했다. 이런 가치들은 실존주의의 가치와 비슷해 보이지만 그녀는 실존주의자와는 전혀 거리가 멀었다. 그녀는 이성을 신뢰했고 감정이 앞선 행동을 비판했다.

소설 《마천루》(*The Fountainhead*), 《아틀라스》(*Atlas Shrugged*), 《이기심의 미덕》(*The Virtue of Selfishness*), 그리고 《새로운 지식인들을 위하여》(*For the New Intellectual*)에서 랜드는 객관주의 철학과 합리적 이기심에 기반을 둔 도덕성에 초점을 두고 있다. 이 중 《마천루》는 랜드에게 상당한 명성을 가져다준 소설로 개인주의 대 집단주의의 문제, 긍정적 에고이즘의 옹호를 주제로 다루었다. 여기서 랜드가 주장하는 에고이즘은 탐욕적인 이기심과는 구분되는 것이다. 《아틀라스》는 랜드의 대표작으로 자신의 철학을 최대한 개진하였다. 여기서 그녀는 이상적 인간을 창조하여 인간의 최우위성이라는 자신의 철학적 주제가 정치·경제·형이상학적 견지에서 어떤 의미가 있는지 보여주었다.

랜드가 강조한 것 중 합리성, 표현의 자유, 객관주의의 가능성, 자기중심적 동기, 능력중심의 사회에 관한 부분은 저널리즘의 핵심으로 저널리스트들에게 중요하다. 랜드는 정치철학의 집단주의나 국가주의에 반대했으며 자신의 글을 통해 미학과 윤리학에서의 주관주의 인식론, 상대주의, 낭만주의, 방임주의, 신비주의를 강하게 비판했다.

랜드는 현대 사회에 염세주의, 우월함에 대한 증오, 영웅과 성공에 대한 회의, 평범함에 대한 관용, 나태와 범죄, 냉소주의, 방임주의, 평등주의, 개인의 희생을 요구하는 모든 종류의 집단주의 등 부당한 가치들이 만연하다고 보았다. 랜드는 종종 사람의 선과 우월함이 일상적으로 발생시키는 사회의 증오에 대해 말하고 썼다. 그녀는 현대 미국사회에 만연된 증오의 가치에 대해 경고했고, 20세기 문화를 가장 잘 묘사하며 현대의 정신을 가장 잘 정의하는 단어가 허무주의라고 단언했다. 그녀에게 허무주의는 가치와 이성에 대한 반감이자 그것을 파괴하려는 것이었다.

랜드는 객관주의 철학을 표현하고자 이성을 강조했다. '이성'은 랜드의 철학에 있어 가장 핵심적인 개념 중 하나이다. 랜드에 의하면 이성은 '인간의 감각에 의해 제공된 요소를 확인하고 통합하는 능력'이라고 볼 수 있다. 그녀가 정의하는 '새로운 지식인'은 감정, 본능, 소망, 변덕, 계시에 의해서 움직이는 사람이 아니라 지성에 의해서 움직이는 사람을 말한다. 그런 사람을 그녀는 '완전한' 사람들, 즉 행동하는 사상가라고 칭했다. 실존주의자와 마찬가지로 랜드는 이성과 자유 간의 밀접한 관계를 인식했고, 이성에는 자유, 자긍심, 자신감이 필요하다고 말했다. 그리고 지적 자유는 정치적 자유 없이는 존재할 수 없었고, 정치적 자유는 경제적 자유 없이는 존재할 수 없다고 했다. 그래서 랜드는 언론의 자유를 통한 지적 자유는 경제적·정치적 자유와 단단하게 연결되어 있다고 보았다.

저널리스트가 도덕적인 사람이 되길 원한다면, 먼저 이성적이어야 한다고 랜드는 말했다. 왜냐하면, 이성은 바로 모든 덕의 기본이기 때문이다. 이성은 지식의 절대적 원천이고 지식은 가치와 행동의 지침이 되기 때문이다. 비록 랜드는 대체로 칸트 철학을 비웃었지만, 삶은 그 자체가 목적이 되어야 한다는 칸트의 객관주의 윤리의 기본에 대해서는 공감했다. 칸트와 마찬가지로 랜드는 모든 인간이 어떤 목적이나 타인의 행복의 수단이 아닌, 그 자체로 목적이 될 수 있어야 한다고 보았다.

종교적 도덕주의자들은 만약 하느님이 존재하지 않았다면 모든 것이 허용되기 때문에 윤리도 필요하지 않았을 것이라고 주장한다. 세속의 윤리학자들은 이것을 수정하여 사회가 존재하지 않으면 모든 행동이 다 타당할 것임으로 도덕은 필요하지 않았을 것이라고 주장한다. 랜드는 이 두 주장 모두 정확하지 않다고 지적한다. 윤리는 실용적이고, 자기계발적이며 이기적인 이유로 필요하다고 말한다. 우리가 사회 속에 살아간다는 사실은 윤리덕목에 대한 개인적이고 자기중심적인 필요를 감출 수 없다. 자아 존중감을 위해, 행복을 위해, 우리의 삶이 그것을 필요로 하기 때문에 윤리가 필요한 것이다.

그러므로 랜드의 철학은 자기이익의 추구가 도덕의 필요를 자극한다는 것이다. 도덕적인 사람은 자기 인생을 희생하는 사람이 아니라 자기 삶을 만들어가고 의미 있게 가꿔가는 사람이다. 랜드에게는 인생이 도덕의 기준이 된다. 인간은 자기 자신을 위해 존재하므로 내가 다른 사람을 위해 희생하거나 다른 사람이 나를 위해 희생할 필요가 없다. 행복한 삶이 도덕의 기준이고 목적이다.

랜드의 윤리적 기초는 다음과 같다.

- 이성: 현실을 가장 잘 인식하는 것
- 독립: 자신의 판단에 의지하고 자기 행동에 책임을 지는 것
- 정직: 추구하는 가치를 위해 현실을 왜곡하지 않는 것
- 정의: 다른 사람의 참모습을 알아보고 그에 걸맞게 대우하며, 삶을 긍정하는 행위를 높이 사고 삶을 부정하는 행위를 비난하는 것
- 성실: 자신의 의식에 따라 행동하는 것
- 생산성: 지식, 재화, 서비스를 존재하게 하는 것
- 자존심: 자신의 잠재력을 최대로 발휘하는 것과 자기희생적 태도를 보이지 않는 것

랜드는 러시아에서 대학을 졸업하기 전부터 아리스토텔레스의 철학에 매료되고 니체의 철학을 공부하였다. 그녀의 객관적 현실에 대한 형이상학과 개인적 가치에 대한 찬양은 대부분 아리스토텔레스를 계승한 것이다. 아리스토텔레스와 마찬가지로 그녀는 사실과 가치의 구분을 부정하였다. "가치판단의 타당성은 실제 사실과 비교해 확인할 수 있다"는 그녀의 생각은 '가치란 자연의 사실에 불과하다'는 아리스토텔레스의 입장과 매우 유사하다. 랜드는 또 집단주의와 이타주의에 강하게 반대하며 니체의 인간 내면에 존재하는 영웅에 대한 견해에 매력을 느끼고 영향을 받았다.

칸트의 철학은 니체에게 그랬던 것처럼 랜드에게도 숙적이었다. 랜드는 칸트의 '의무론'이 도덕적 이익 때문에 자아를 손상시키고 개인의 목표가 가진 가치를 훼손한다고 보았다. 칸트는 의무에서 비롯된 행동만을 도덕적이라고 보고 다른 어떤 동기에 의한 행동도 도덕적이라고 할 수 없다고 했는데 랜드는 이처럼 형식적이고 융통성 없으며 비개인적인 윤리학을 받아들일 수 없었다.

랜드는 종교의 영향으로 희생과 이타주의가 윤리를 지배하게 되었다고 보았다. 또, 개인의 성장과 행복을 담보로 '집단'을 발전시키고자 하는 경향을 거부한 서구 사상가는 소수에 불과하다고 지적했다. 그 소수의 사상가에는 아리스토텔레스와 스피노자가 있는데 둘 다 한 개인으로서의 인간, 이성, 자기고양의 가치를 중시했다. 랜드의 사상은 이런 예외적 인물들의 사상과 비슷하면서도, 거기에서 더 나아가 사회안정과 평등을 목적으로 한 자기희생과 공동체주의를 반대했다.

랜드에게 또 하나의 중요한 가치는 자유다. 개인이 국가를 마주할 수 있는 자유, 노예제도에 의해 위협받는 사람의 자유, 지적 자유를 지지했다. 그녀는 정부통제로부터의 언론의 자유는 물론이고 언론기관으로부터의 저널리스트의 자유까지도 옹호할 것이다.

랜드는 현대의 언론에서 강조되는 '대중의 알 권리'와 '대중의 접근권'과 같은 개념들이 불합리하며 수정헌법 제 1조에 언급된 언론의 자유와 모순되는 것이라고 말할 것이다. 언론의 자유는 집단중심의 권리에 의해 위협받을 수 있다. 즉, 언론이 원하든 원하지 않든 무엇인가를 폭로하도록 강요당하는 상황과 편집권이 편집자가 아닌 비언론기관의 관계자 손에 넘어가는 상황이다. 두 경우 모두 언론의 자유가 침해당하는 사례다. 랜드는 미디어를 소유한 사람들이 무엇을 폭로하고 무엇을 은폐할지, 특정 사람들에게 자신들의 사설을 읽을 수 있게 할지 말지를 결정할 자유가 있다고 생각했다. '대중의 권리'는 미디어 종사자들의 편집권을 억압하기 때문이라는 것이다.

랜드는 인식론의 관점에서 저널리스트의 객관적 현실을 강조한다. 랜드는 객관적 세상이 존재한다고 보았다. 세상은 단순히 개인의 지각능력에 따라 각자가 보는 대로 존재하는 것이 아니다. 주관적 세계는 사건의 옳고 그름과 타당성을 판단하는 데 있어 상대주의적 시각을 갖게 한다. 비록 저널리스트가 객관적 사건의 전체를 파악할 수는 없더라도 부분적으로 객관성을 발견할 수는 있다. 또, 다른 사람보다 현실의 핵심을 더 잘 이해하는 저널리스트들도 있다.

저널리즘에서 어떻게 표현되든 간에, 진실은 진실이다. 진실의 조각난 파편과 진실 해석 뒤에는 실제의 진실이 존재한다. 진실은 저널리스트가 발견하든 못하든 상관없이 존재한다. 랜드는 인간의 지각이 그것을 발견하든 못하든 간에 사건과 상황은 객관적으로 존재한다고 말한다. 저널리스트는 상대주의나 회의론에 빠져 절망 속에 헤매지 말고, 진실을 발견하고 이해할 수 있도록 노력해야 한다.

다른 철학자들이 랜드에 대해 회의적인 것과는 별개로, 랜드의 철학은 저널리스트에게 많은 교훈을 가져다 준다. 이성, 성취에 대한 자긍심과 자신감, 삶을 확신하게 하는 활동에 대한 관점을 제공한다. 랜드의 철학은 저널리스트에게 끊임없이 자신을 뛰어넘어 한계에 도전하고, 자신의 능력을 자랑스러워하되 수치와 위선을 혐오하고, 이성을 찬양하되 복종을 거부하고, 자유를 사랑하되 책임을 질 줄 알아야 한다고 촉구한다. 이 철학은 합리적으로 자기이익을 추구하게 하는데, 이때 '합리성'은 개인의 이익추구가 모든 사회적 의식을 파괴하는 위험한 이기주의로 악화되는 것을 막는다.

감정이나 관습이 아닌, 이성에 의해 행동하는 저널리스트라면 적어도 아인 랜드의 철학을 높이 평가할 것이다. 개인이 완벽해지고 진보할 때 사회가 건강해질 수 있다는 아리스토텔레스적 진실을 근대의 그 누구보다도 추종했던 랜드의 사상에 끌리는 저널리스트에게 자기희생은 금물이다.

28

디트리히 본회퍼

Dietrich Bonhoeffer (1906 ~ 1945)

디트리히 본회퍼는 독일 루터교회 목사이자, 신학자이며, 반 나치운동가로 고백교회의 설립자 중 한 사람이었다. 그는 아돌프 히틀러를 암살하려는, (제2차 세계대전 시 독일 국방군 최고사령부의) 외국 첩보국(Abwehr)의 구성원에 의해 진행된 계획에 가담하였다. 그는 1943년 3월에 체포되어 감옥에 갇혔고, 결국 독일 플로센뷔르크 수용소에서 1945년에 교수형에 처해졌다.

저명한 독일의 사상가이자 루터교 신학자인 디트리히 본회퍼는 저널리스트에게 유익한 금언을 많이 남겼다. 본회퍼는 브레슬라우 출생으로 튀빙겐 대학, 베를린 대학에서 신학을 전공하고, 1931년 베를린 공과대학의 강사가 되었다. 그는 인간의 실존적 의무와 관련된 키르케고르의 사상에 영향을 받았다. 히틀러가 정권을 잡은 후 히틀러에 반대했고, 결국 1935년 비합법적 포교활동을 이유로 교수직에서 물러났다. 1945년 그의 나이 39세에는 히틀러 살해시도와 관련하여 나치에게 고초를 겪었으며 후에 교수형에 처해졌다. 그에게 용기, 신념, 책임 그리고 실행은 전 생애의 신조였다.

1955년 맥밀리안 출판사에서 출판하고 에버하르트 베트게가 엮은 《윤리학》을 통해 본회퍼 윤리사상의 많은 부분을 엿볼 수 있다. 그의 윤리사상은 '상황윤리'의 요소들을 결합한 것으로 볼 수 있다. 상황윤리란 윤리적 선택이 요구되는 특정 상황에서 개인의 윤리적 결정은 신에 대한 사랑(아가페), 기독교적 사랑, 실존주의적 윤리 등에 의해 결정되고 이에는 개인의 자유로운 선택과 결단력 있는 실천이 전제되어야 한다는 윤리학 이론이다.

본회퍼는 키르케고르의 실존주의와 조셉 플레처의 상황주의를 결합시켜 유용한 저널리스트 윤리학을 탄생시킨다. 그러나 그는 상황주의를 원칙에 따르는 행동을 회피하기 위한 방편으로서 주장한 것이 아니라, 오히려 나치시대와 같은 극도의 위험상황에 처했을 때 따를 수 있는 원칙의 수단으로서 제시했다. 그의 실존주의는 자신의 자유의지를 통해 히틀러의 죽음을 바라는 것이었다. 그 바람을 실행에 옮기면 범죄가 되는 것을 인정하면서도 그것이 필요하다고 믿었기 때문에 행동에 대해 책임을 질 준비가 되어 있었다.

그는 유명인의 개인 사생활을 파헤쳐 공개하는 폭로 저널리즘을 일삼는 '천민 저널리스트'를 참지 못했다. 반면, 대중에게 지적으로 풍요롭고 유익한 정보를 제공하여 서민의 갈등을 평화롭게 해결하는 데 이바지하는 저널리스트를 옹호했다. '자극적 즐거움의 극대화'를 목표로 하는 저널리즘은 본회퍼가 주장한 목적론적 윤리관과 다르다. 그는 자신의 자유를 선(善)을 실천하는 데 쓰라고 저널리스트에게 조언할 것이다. 신이 허락하신다고 생각되는 것만 행하고 그 행동에 책임을 지라고 말할 것이다.

본회퍼는 항상 자신을 평화주의자로 내세웠지만, 나치의 인종차별주의에 대해서는 강경했다. 그는 암살범이 되기를 주저하지 않았고 자신의 행동이 옳다고 믿었다. 이와 마찬가지로, 저널리스트도 더 높은 윤리수준에 도달할 수 있다면 자신의 본성에 반하는 어떤 행동도 할 수 있다고 보았다. '옳으냐, 그르냐'의 문제가 아니라 '최선이냐 차선이냐'의 문제라고 그는 종종 강조했다.

저널리스트는 자유와 책임을 중시한다. 본회퍼 역시 그러했다. 책임은 자유를 전제로 하고 자유에는 책임이 동반되듯, 자유와 책임의 개념은 서로 밀접하게 연관되어 있는 것으로 보았다. 《윤리학》에서 그는 "책임은 곧 오직 신과 이웃에 대한 의무 안에서만 주어지는 인간의 자유이며, 자유의 증거는 오직 자신의 행동과 자신의 존재뿐이다"라고 썼다. 당연히 이 말은 저널리스트에게 절실하게 다가온다.

본회퍼는 저널리스트가 어려운 선택에 직면한 경우 실증주의적 태도로 타개해야 하며 상황으로부터 도망치거나 타인에게 떠넘기려 해서는 안 된다고 강조한다. 만약 어려운 결정을 내려야 한다면, 단순히 '옳은가 그른가? 혹은 선인가 악인가?'에 대한 판단을 하는 것이 아니라 '옳은 것과 옳은 것, 선과 선' 사이에서 판단해야 한다. 저널리스트는 더 옳다고 생각하는 것을 선택하지만, 그 선택 또한 잘못된 것일 수 있다는 점을 인지해야 한다.

칸트의 '의무론적 도덕관'과 정언명령에 대해 본회퍼는 어떻게 생각할까? 그는 칸트의 윤리학을 입력된 프로그램에 따라 움직이거나 원칙이라는 고정된 자극에 반응하는 인간 로봇의 윤리학으로 여길지 모른다. 본회퍼에게 있어 칸트의 윤리학은 선택을 앞둔 사람이 윤리적 행위에 대해 자유롭게 결정하는 과정을 미연에 방지하는 것이었다. 예를 들면, 저널리스트의 행동에는 특정상황에서 지켜야 할 우선순위의 행동원칙이 있는데 이 때문에 저널리스트는 자율적 결정을 내릴 필요가 없게 되는 것이다.

그러나 본회퍼는 타협할 수 없는 행동원칙이 있다고 믿었다. 그 중 하나는 다음과 같다. "신의 가르침에 대한 헌신과 사랑에 따라 다른 것보다 더 옳다고 생각되는 것만 행동으로 옮겨라." 이는 저널리스트로 하여금 윤리적 결정은 뒤로 하고 실존주의적 헌신을 통해 사랑이 이끄는 상황주의를 가지도록 촉구한다. 하지만 이것은 칸트철학처럼 모든 상황에 동일하게 적용되는 선험적 행동원칙은 아니다.

선험적 행동원칙 추구에 대한 본회퍼의 생각은 간혹 혼란스러워 보인다. 예를 들면 그의 윤리학에서는 '최고의 선'이 '신의 뜻을 알아내고 따르는 것'이라고 보고 있다. 그래서 윤리적 판단이 필요한 상황에 직면하면 항상 신의 원리를 따르라고 주장할 것이다. 그런데 이것은 칸트주의와 일맥상통한다. 그래서 그는 '의무론적 윤리'에 정말로 반대하지는 않았던 것처럼 보인다. 그는 그 의무가 단순히 '신으로부터' 오는 것이라고 보았던 것이다.

본회퍼의 목적론적 윤리관을 공리주의에 적용해 볼 수도 있다. 본회퍼는 최대다수의 최대행복이 가장 중요하다고 주장하는 공리주의자들의 의견에 동의하는 것 같다. 다만 그에게 절대선(絶對善)이란 신의 뜻에 따르는 것이며 '윤리'란 신의 뜻을 읽고, 그 뜻에 맞게 행동하며, 가능한 많은 사람에게 신의 뜻을 전하는 것이다. 즉, 본회퍼의 윤리학은 공리주의와 통한다. 재미있는 것은 본회퍼의 윤리가 의무적으로 지켜야 할 칸트의 도덕론과도 통한다는 것이다. 단지 그 의무지침을 신의 뜻에서 얻는다는 사실이 다를 뿐이다.

본회퍼의 사회적 약자에 대한 연민은 존 롤스가 윤리적 판단을 내려야 하는 상황에서 약자에게 평등한 기회를 주기 위해 고안한 개념인 '무지의 장막'과 유사하다. 본회퍼는 저널리스트가 가난하고 약하고 피해 받는 사회계층에게 더 많은 관심을 기울여야 한다고 주장할 것이다. 또한, 정부나 기업의 기득권층의 활동보다는 사회에 대한 '인간적 고민'을 담은 기사를 더 많이 써야 한다고 말할 것이다.

본회퍼는 1947년 언론자유위원회에서 제안된 '사회적 책임론'을 지지했다. 이 사상은 허친스 위원회의 주장과도 통한다. 본회퍼에게 특히 와 닿았던 것은 언론 스스로가 사회에 봉사하고 사회에 이익을 줄 수 있을 때 언론의 자유가 가능하다는 생각이었다. 본회퍼와 위원회를 연결시켜준 또 하나의 요인은 본회퍼의 친구이자 위원회의 위원이었던 신학자 레인홀드였다. 본회퍼 윤리학의 핵심은 공동체의식, 사회적 관심과 사회적 행동, 그리고 아가페적 이타주의에 있다. 동시에 그는 신의 뜻을 추구하면서 스스로를 발전시키고 자기향상에 힘쓰는 것이 중요하다고 강조했다.

본회퍼의 사상은 저널리스트에게 여러 가지로 도움이 된다. 그 중에서도 가장 중요한 것은 아마도 본회퍼 자신의 일생과 죽음을 통해 증명해 보인 헌신과 용기의 덕목일 것이다. 그가 윤리학의 목적에 대해 깊이 고민했던 것도 의미 있다. 그는 윤리학의 다섯 가지 목표를 세웠는데 이는 듀레이크 대학의 허버트 스트렌츠 박사가 독일 신학지에 게재한 긴 논문에 잘 나타나 있다. ① 도덕적 상상력을 자극할 것, ② 윤리적 논점을 인지할 것, ③ 도덕적 의무감을 이끌어낼 것, ④ 분석력을 발전시킬 것, ⑤ 불화와 모호함에 너그러워지고 줄여갈 것 등이 그것이다. 이상의 다섯 가지 항목은 도덕적이고 전문적인 사람이 되고자 하는 저널리스트에게 필수적인 목표이다. 본회퍼의 모든 사상은 저널리스트에게 사명, 행동, 책임감을 느끼도록 장려한다. 이러한 실존주의적 경향은 본회퍼가 신의 뜻에 따르도록 제시하는 '행동원칙'과 더불어 균형을 이룬다. 사회에 대한 깊은 관심과 개개인의 성실을 잘 결합시킨 본회퍼의 사상은 오늘날 저널리스트에게 좋은 본보기가 된다.

29

한나 아렌트

Hannah Arendt (1906~1975)

한나 아렌트는 독일 출신의 정치이론가이다. 종종 철학자로 평가되지만, 아렌트 자신은 항상 철학은 '단독자인 인간'에 관심을 갖는다는 이유로 그러한 호칭을 거절했다. 대신에 자신을 정치이론가로 묘사했는데, 그 이유는 그녀의 업적이 "'한 인간'이 아닌 '인류'가 지구에 살며 세계에 거주한다"는 사실에 중심을 두기 때문이다.

수많은 정치철학, 정치사상가들은 한나 아렌트를 20세기 최고의 정치사상가로 부르는 데 주저하지 않는다. 20세기의 비극적 정치현상인 전체주의의 본질을 명확하게 지적하고, 또 전체주의 체제가 필연적으로 붕괴할 수밖에 없음을 예견한 사람이 바로 한나 아렌트이기 때문이다. 그녀는 또 정치판에서의 언어의 중요성을 일찍부터 주목하였고 정치영역에서 이루어지는 커뮤니케이션의 특징은 무엇이며 이것이 어떻게 참된 권력을 구성하는지에 대해 통찰했다. 이러한 점들이 아렌트의 정치사상을 기존의 정치사상과 본질적으로 차별화시키는 것이라고 전문가들은 분석한다. 그래서 널리 알려진 위르겐 하버마스의 유명한 소통행위 이론도 아렌트의 사상에서 나왔다는 지적은 이미 진부한 얘기가 되었다.

저명한 철학자인 한나 아렌트는 독일의 하노버에서 유태인 부부의 외동딸로 태어났다. 그녀는 하이델베르크에서 칼 야스퍼스 밑에서 철학을 공부하고 1928년에 박사학위를 받았다. 1933년 나치의 세력이 커지자, 프랑스로 건너간 아렌트는 곧 미국으로 이민 가서 은퇴할 때까지 혁신적인 정치이론가이자 미국 대학의 교수로 활동하였다.

《전체주의의 기원》에서 그녀는 독일과 러시아에서의 출현한 진압 운동의 문제를 다루었다. 그녀는 '구조화된 고독'이 전체주의를 가져온다고 보았다. 이때, 구조화된 고독이란 단순히 외로운 것이 아니라 개인이 사회나 타인과의 접촉을 잃는 상태를 말한다. 사람들이 공유하는 세계관이 없이는 사회적 '상식'이 부족해지고 현실과 허구를 구분하는 능력이 없어지게 된다. 그리하여 사람들은 쉽게 전체주의적 이념에 의해 조작되는 상태에 빠지게 된다. 그녀는《인간의 조건》,《예루살렘의 아이히만》,《어두운 시대의 사람들》,《정신의 삶》을 포함한 많은 책을 썼다.

아렌트를 세계인에게 알린 계기는 아이히만 재판이다. 1960년부터 벌어진 아이히만에 대한 재판은 아렌트에게 심각한 문제의식을 제공한다. 히틀러의 제 2인자로 유태인 학살을 체계적이고 과학적으로 진행시킨 아돌프 아이히만은 독일 패망 후 아르헨티나로 건너가 은밀하게 숨어 살다가 후에 그 존재가 노출된다. 1960년 이스라엘 비밀경찰은 아이히만을 소리 없이 납치해 예루살렘으로 옮겨 세기의 재판을 진행한다. 아렌트는 당시 미국의 유명한 잡지인〈뉴요커〉(*New Yorker*)의 통신원 자격으로 예루살렘에 체류하면서 재판과정을 지켜보게 된다.

아렌트는 아이히만에게도 악마나 괴수의 모습이 아니라, 누구에게나 발견될 수 있는 평범한 악(惡)의 모습을 보게 된다.〈뉴요커〉에 게재된 그녀의 글은 후에《예루살렘의 아이히만: 악의 평범성에 관한 보고》(*Eichman in Jerusalem*, 1963, 1965)라는 제목으로 출간된다. 아렌트의 보고서는 엄청난 반향을 일으킨다. 인간으로서는 도저히 상상할 수 없는 대학살의 책임자에게서 발견해 낸 악이 지극히도 평범한 것이었으며 현대인이면 누구나 범할 수 있는 것이라는 그녀의 분석은 아이히만에 대한 증오에 불타는 유태인으로서는 받아들이기 어려운 것이었다. 더욱이 같은 유태인이 관찰하고 정의한 분석에 유태인들은 경악을 금치 못하게 된다.

악의 평범성에 대한 아렌트의 분석은 당시 사회적으로 커다란 반향을 불러 일으켰을 뿐만 아니라 아직도 윤리학적 토론이 계속되고 있다. 이 점은 아렌트의 통찰력이 얼마나 놀라운 것인가를 증명하는 예로 평가받았다. 아렌트의 이 같은 경험은 인간의 정신에 대한 새로운 연구의 기폭제가 된다. 아렌트의 연구는 아이히만에게서 보인 평범한 악, 즉 무사유(*thoughtlessness*)가 어떻게 가능하며 또 도대체 '사유(思惟)란 무엇인가'라는 물음에 대해 인간의 정신능력을 분석함으로써 대답하려 한다.

따라서 아렌트는 저널리스트에게 악은 어느 곳에나 숨어 있다고 말할 것이다. 그녀에게 악이란 생각 없이 경솔하고, 피상적이며, 무엇을 하고 있는지 깨닫지 못하는 무능력이다. 언론의 세계에서는 이러한 경솔함과 피상성이 일상적으로 나타나는데 이는 잇따라 요구되는 윤리적 결정에 영향을 미친다. 이것은 권위주의 사회에서 쉽게 일어나는 일이기도 하다. 사람들은 점점 현실로부터 멀어지고 타인과의 관계를 부정한다. 아렌트는 빠르게 확산되는 이러한 악의(惡意)를 일종의 질병으로 규정했다.

아렌트의 관점에서 본 윤리적 저널리스트는 인간의 숙명과도 같아 피할 수 없는 악의 힘을 깨닫고 그것에 맞서 싸울 수 있는 사람이다. 실존주의 식으로 말하자면, 이 싸움이 개인의 삶에 의미를 가져다준다. 아렌트는 지금까지 소개한 다른 여러 사상가들과 마찬가지로 자유를 굳게 신봉했다. 특히 그녀는 표현의 자유를 중요하게 생각했기 때문에, 의미 있는 언론을 위해서는 자유를 실천하는 것이 필수적이라고 저널리스트들에게 조언할 것이다. 아렌트는 역사가 바바라 터크만과 마찬가지로 저널리스트에게 창조적인 예술가가 되어, 글에서 의미와 모험을 추구하라고 말할 것이다. 또, 마틴 부버처럼 이러한 예술가들이 도덕적 공동체를 창조하기 위해 서로 관계를 맺어야 한다고 할 것이다.

아렌트는 저널리스트에게 다음과 같이 충고한다. "타인과 관계를 맺어라. 주위의 악과 계속해서 싸워라. 예술가처럼 쓰고 생각하라. 자유를 존중하고 경계를 뛰어넘어라. 자유와 정의의 이름으로 행동하라."

아렌트는 저널리스트에게 잘 생각하여 잘 쓰고, 문명과 사회의 안녕을 도모하여 인간으로서 주어진 힘을 최대로 발휘하라고 말하였다.

스톤

I. F. Stone (1907 ~ 1989)

본명은 Isidor Feinstein. 미국의 언론인으로 기존의 관습에 얽매이지 않은 혈기 왕성한 인물로 평가된다. 그의 시사잡지 〈스톤 위클리〉는 작자의 전매특허격인 기지와 박식, 인류애와 예리한 정치해설로 독자들을 사로잡았다. 초기의 정기구독자 중에는 알베르트 아인슈타인, 버트런드 러셀, 엘러너 루스벨트 등이 있었다. 이 잡지는 수준 높은 신문잡지의 표준이 되었고 미국의 저명한 정치가, 학자, 언론인들로부터 호평을 받았다. 스톤은 자유주의 운동의 신봉자로도 잘 알려져 있는데, 당시 이러한 운동은 좋은 반향을 얻지 못했고 오랜 시간이 흐른 뒤에야 그가 지지하던 진보적 사회제도 확립에 많은 사람들이 관심을 갖게 되었다. 그는 초기의 시민권 옹호자 중 한 사람이었으며, 해리 S. 트루먼의 냉전정책과 매카시즘을 반대했다. 또한 일찍부터 미국의 베트남전쟁 개입에도 반대했다.

스톤은 멘켄과 함께 미국에서 가장 회의적이고 통찰적이며 자주적인 언론을 주장한 사람으로 꼽힌다. 사실, 그는 미국에서도 가장 독립적이며 가장 급진적인 저널리스트였다. 스톤은 뉴스레터 형식의 〈스톤 위클리〉를 주간으로 발행하며 정치와 미디어 비평을 논했다. 이 주간지는 한 사람이 자신의 생애를 바쳐서 무언가를 하고자 한다면 소규모의 출판단위로도 사회에 얼마나 큰 영향을 미칠 수 있는지를 보여주는 단적인 예이다.

스톤은 뉴저지에서 태어나 해든필드에서 자랐다. 어렸을 때부터 시, 정치, 철학에 푹 빠져 있었다. 고대 그리스 철학을 좋아했던 그는 플라톤과 아리스토텔레스 철학을 칸트 철학과 결합시킨 도덕철학을 발전시켰다. 특히 그는 칸트의 정언명령에 관심이 많았다. 그는 일생 내내 말〔言〕이 갖는 위력을 믿었으며 원칙을 지키고 행동에 책임을 지키는 것을 중요하게 생각했다. 물론, 저널리스트는 이 모든 사항을 갖추고 있어야 한다고 생각했다.

스톤은 저널리스트의 독립을 방해하는 요소에 대해 유독 강경한 입장을 취했다. 그는 기사의 완성도를 매우 중시했고 기자가 타인에게 조종되거나 통제될 때 그 완성도가 떨어진다고 보았다. 또, 좋은 기사라면 역사적 맥락을 짚어야 한다고 생각했으며 신중한 조사와 고증의 중요성을 늘 강조했다. 그는 언론이 정부 관련기사를 다룰 때 유혹과 압력이 항상 존재한다는 것을 인정하면서도, 언론윤리에는 타협이 있을 수 없다며 언론의 책임을 강조했다.

스톤은 언론이 원칙보다는 이익에 따라 움직인다는 사실에 대해 개탄했으며, 광고가 언론의 자율성을 위협한다며 비판했다. 그는 언론이 독자들로부터도 독립적인 태도를 보일 수 있어야 한다고 강조했다. 저널리스트가 독자의 기대에 따라 좌지우지되는 노예가 될 수도 있다고 생각했기 때문이다. 그는 저널리스트의 용기와 리더십을 시험할 수 있는 가장 확실한 방법은 저널리스트가 독자들이 원하지 않는 이슈를 제시할 자세가 되어 있는지 보는 것이라고 했다.

스톤은 평생 사회주의를 지지했고 정치적으로 좌파였지만, 때때로 자유주의 진영의 독자들이 그의 생각에 영향을 받아 그를 받아들이기도 했다. 그는 표현의 자유를 주제로 삼고 있는 그의 역작 《소크라테스의 재판》에서 뛰어난 철학자를 죽음으로 내몰아가는 아테네의 민주주의를 비판하기도 했다.

스톤의 사상은 현대 언론에 개인의 참여, 급진적 행동주의, 윤리적 의무론, 자유주의, 도전정신, 책임의식과 같은 가치들을 시사한다.

31

시몬 드 보봐르

Simone De Beauvoir (1908 ~ 1986)

시몬 드 보봐르는 프랑스의 작가이자 철학자이다. 보봐르는 소설뿐 아니라 철학, 정치, 사회 이슈 등에 대한 논문과 에세이, 전기, 자서전을 썼다. 형이상학적 소설인 《초대받은 여자》(*L'Invitée*)와 《레 망다랭》(*Les Mandarins*) 등과, 여성의 억압에 대한 분석으로 현대 여성주의의 초석이 된 글 《제 2의 성》(*Le Deuxième Sexe*)을 집필했다.

사설이 길었다. 앞서 이 책에서 소개한 여러 사상가들의 실존주의적 입장을 폭넓게 반영하는 인물이 바로 시몬 드 보봐르이다. 그녀는 프랑스의 철학자이자, 소설가, 편집자, 평론가, 정치운동가였다. 젊은 시절에 앙드레 지드, 장 콕토, 폴 발레리와 같은 프랑스 작가들로부터 많은 영향을 받았다. 그녀는 소르본 대학시절인 1929년에 장 폴 사르트르를 만나 일생을 함께하고 싶은 사람이라고 느꼈다. 1945년부터 사르트르와 함께 월간지 〈레 탕 모데론〉을 편집했다. 그들은 결혼은 하지 않았지만 51년 동안을 함께했다.

초창기 보봐르의 글은 자신의 개인적 문제나 그녀가 만난 다양한 사람들에 대한 관찰로 이루어진 것이었다. 그러나 2차 대전을 계기로 그녀는 더욱 철학적이고 윤리적이며 정치적인 문제에 관심을 두게 되었다. 사르트르와 함께 실존주의를 설명하려고 노력하였고 자유와 책임, 의사소통의 중요성과 같은 문제를 깊이 있게 연구하게 되었다. 보봐르는 《파뤼시와 시네아》에서 사르트르가 발전시킨 실존주의의 관점에서 이 문제들을 다루었다. 이 에세이는 실존주의 사상을 가장 명쾌하게 설명한 것 중 하나로 평가되며 실존주의 사상을 대중화하는 데 기여했다.

보봐르는 실존주의에서는 인간이 자신의 운명을 극복하는 유일한 존재라고 강조하며 인간은 선천적으로 선하지도 악하지도 않다고 말했다. 인간은 처음에는 아무것도 아닌 존재이지만, 자유를 어떻게 활용하느냐에 따라 선하게도 될 수 있고 악하게도 될 수 있다고 말했다. 그녀는 내적 원인으로든 외적 원인으로든 자유롭고 책임감 있는 자기 발전을 방해하는 것은 죄악이 된다고 보았다. 보봐르는 실존주의 철학이 인간 본질을 형성하는 잠재력을 강조하기 때문에 기본적으로 현실적이며 낙관적이라고 주장한다.

윤리에 대한 보봐르의 관점은 어떨까? 보봐르는 언젠가 죽게 될 인간의 유한성에 대한 끊임없는 지각이 인간으로 하여금 선하고 올바른 행동을 추구하게 한다고 강조했다. 만약 인간이 영원히 산다면 긴박감이나 강렬함도 없고 의미 있는 생활을 하고자 하는 의지도 없게 될 것이기 때문이다. 보봐르는 목숨을 걸 만한 것을 찾아내는 것이 의미 있는 인생이라고 믿었다. 그런 의미에서 보봐르는 윤리적 책임을 갖게 하는 것은 바로 피할 수 없는 죽음에 대한 인식이라고 생각했다.

사르트르처럼, 그녀는 선천적으로 주어지는 선(善)은 없다고 생각했다. 인간이 자신을 발전시켜 스스로 선을 창조해야 한다고 보았다. 개인이 선을 선택하면 사실상 모두를 위한 선택이 된다. 개인은 반드시 자신의 행동에 책임을 져야 하는데, 자신의 행동이 자신을 결정하기 때문이다. 인간은 주변상황, 환경, 사건과 같은 것들에 의해 결정되어서는 안 되고, 결국은 스스로 결정해야 한다. 이런 현실을 받아들일 때만 인간은 인간으로서의 존엄을 얻을 수 있으며 하나의 객체로 전락하는 것을 막을 수 있다. 보봐르는 선험적 도덕가치를 부정했으며 윤리란 살면서 결정을 내리는 과정 속에서 발전시키는 것이라고 믿었다. 윤리적 선택은 마치 예술 작품처럼 다 완성된 후에만 평가가 가능하다. 사람은 자신의 윤리를 선택함으로써 자기 자신을 완성하는데 이것이 바로 실존주의의 본질이다.

보봐르나 다른 실존주의 사상가들이 제안한 진정한 자유인의 개념은 기본적으로 윤리규범과 상충되는 것이었지만, 보봐르는 도덕적 선택을 위해 따라야 할 원칙을 가지도록 과감히 주장했다. 이 원칙은 인간의 모든 삶이 인류 전체의 구조의 일부분에 불과하다는 실존주의적 관점의 밑거름이 된다. 이것은 인간에게 큰 책임을 부과한다. 한 인간이 선택을 내릴 때, 그 선택은 모두를 위한 선택이 되는 것이다. 따라서 실존주의의 황금률은 '사람은 다른 사람이 같은 상황에서 선택하고 싶어 하는 것을 선택해야만 한다'는 말로 표현될 수 있다.

칸트의 정언명령을 연상시키는 이 같은 보편적 선택이 반드시 이타주의를 의미하는 것은 아니다. 니체와 같은 실존주의자는 삶의 투쟁에 적극적으로 참여해 강해짐으로써 강한 것이 살아남고 종(種)은 진화한다는 다윈의 진화론을 사회적으로 증명해야 한다고 생각했을지도 모른다. 개인에 따라서는 감정과 종교를 통해 인간을 나약하게 만드는 이타주의는 기만에 불과하다는 니체의 생각에 동의하는 사람도 있을 것이다. 앞에서 언급한 실존주의의 황금률이 갖는 또 다른 문제는 이 원칙을 받아들이는 일 자체가 타인이 만든 틀에 맞춰 인생을 살도록 선택의 자유를 제한한다는 점이다. 그렇게 된다면 인간은 진정한 존재가 되지 못할 것이다.

따라서 보봐르가 윤리를 논하는 데 어려움을 겪었으리라 예상할 수 있다. 실존주의는 그 특징상 매우 개인적이고 자기 결정론적이기 때문에 다른 실존주의자도 같은 어려움을 느꼈을 것이다. 보봐르는 상황에 따른 개별성을 부정한다고 보았던 칸트의 정언명령을 받아들일 수 없었다. 일반적으로 윤리의 문제는 사회결정론을 강조한다. 우리는 일반적으로 윤리가 동료집단이나 사회구성원들에 의해 만들어지고 강요되는 것이라고 생각한다. 법 윤리, 의료 윤리, 사회 윤리와 같은 말들이 그 생각을 방증한다. 언론인의 윤리는 언론 윤리가 되는데, 이런 윤리 개념은 언론인을 표준 집단에 구속하고, 집단이 필요로 하는 순응적 태도를 요구한다. 물론 이것은 개인의 자율성과 자유를 옹호하는 실존주의에 어긋난다.

보봐르는 절대적이고 보편적인 인간은 존재하지 않는다고 생각했기 때문에 칸트의 보편윤리에 반대했다. 인간 존재의 기본이 되는 자유는 자연히 칸트의 형식주의를 배척한다. 보봐르는 긍정적이고 적극적인 자유를 주장했다. 불확실하고 방향성 없이 임의대로 하는 행위가 되어서는 안 되는 것이었다. 실존주의 사상가는 소극적이고, 평온을 추구하며 금욕하는 생활에 만족하지 않는다. 진정으로 자유로운 행동은 의미 있고 일관성을 갖춘 것으로, 우연적이거나 임의적이 되어서는 안 된다. 보봐르는 진정한 즐거움 없는 일을 헛되이 반복하는 저널리스트가 가장 나쁘다고 말할 것이다. 그것은 존재 자체를 무의미하게 만들기 때문이다. 보봐르는 윤리적 행동의 목적이 많은 사람들의 자유를 최대한 확보하는 것이 되어야 한다고 주장했다. 즉, 그녀는 자신의 윤리관에 일종의 공리주의적 방식을 적용시킨 것이다.

"여자는 태어나는 것이 아니라 만들어지는 것이다. 인간의 수컷이 사회에서 취하고 있는 형태는 생리적 · 심리적 · 경제적 숙명에 의해서가 아니다. 문명 전체가 수컷과 거세체와의 중간산물을 만들어내어, 그것에다 '여성'이라는 이름을 붙였을 뿐이다. 만약 여자아이가 성인이 되기 전부터, 또 때로는 아주 어린 유년기부터 이미 성적으로 우리 눈에 별개의 것으로 비쳐지는 일이 있더라도, 그것은 이해할 수 없는 본능이 여자아이를 태어날 때부터 수동성, 교태, 모성애에 어울리게 해 버렸기 때문이 아니라, 아이의 생활에 타인의 개입이 거의 당초부터 존재하며, 아이는 처음부터 강제적으로 그 인생의 직분을 떠맡지 않으면 안 되게 되어 버렸기 때문이다."

시몬 드 보봐르(Simone de Beauvoir, 1908~1986)가 1949년에 내놓

은 책, 《제 2의 성》(*Le Deuxi me Sexe*)의 제 2부 '체험'의 첫 부분에 나오는 글이다. 특히 '여자는 태어나는 것이 아니라 만들어지는 것'이라는 말은 사실상 《제 2의 성》 전체를 요약하는 말이기도 하며, 지금까지도 많은 사람에 의해 회자된다. 이 말은 남성과 여성의 차이가 생물학적인 것이 아니며 어디까지나 문화적 · 사회적 영향 때문에 생겨난 결과라는 걸 뜻한다. 요컨대 여자는 여자로 태어나는 게 아니라 여자로 길러진다는 것이다.

오늘날의 우리 사회와 문화도 여성에 대해 여성다움을 요구한다. 보봐르가 말했듯이 그 여성다움이란 수줍어하면서 좀처럼 적극적으로 나서지 않는 수동성일 수도 있고, 남성에게 교태와 아양을 떠는 것일 수도 있으며, 지극한 모성애일 수도 있다. 흔히 부모가 여자아이에게 인형 장난감을 쥐어주고 남자아이에게는 트럭 장난감을 쥐어주는 것도, 보봐르식으로 말하면 여자아이에게 여성다움을 강요하는 것, 다시 말해서 여성으로 만들어 버리려는 행동이며, '여성다움'이라는 것 자체가 남성들이 여성에게 덧씌운 굴레, 만들어진 굴레에 불과하다. 《제 2의 성》은 출간 직후 2만 부 이상 팔리며 사회에 큰 화제와 사회적 파장을 불러 일으켰고, 소설가 알베르 카뮈는 "남성을 조롱했다"며 이 책을 비난했으며, 로마 교황청은 위험한 책으로 지목하기까지 했다. '제 2의 성'으로 인해 생물학적 성(*sex*)과 사회적 성인 젠더(*gender*)가 구분되기 시작했으며, 이는 20세기 후반 여성주의 사조, 즉 페미니즘의 사실상의 출발이었다.

글을 통해 드러난 1960년대 보봐르의 주 관심사는 여성문제였다. 사회에서의 여성들의 종속적 위치, 여성들의 결여된 자아존중감, 정치 경제 분야에서의 여성 부재 등의 문제였다. 그녀는 여성해방 운동을 주도하고, 여성이 틀에 박힌 사회로부터 벗어날 가능성을 제시한 선구자로 여겨지기도 한다. 미국의 페미니스트인 베티 프리단은 '보봐르는 여성운동 역사의 진정한 영웅'이라고 했다. 필립 와일 리가 '이 시대 몇 안 되는 위대한 책 중의 하나'라고 격찬한 보봐르의 《제 2의 성》은 여성운동가들의 경전이 되었다.

보봐르는 저널리스트는 자유롭고 진실해야 하며 언론이라는 제도 속의 몰개성적인 일원에 머물러서는 안 된다며 실존주의를 저널리즘에 연관시켜 말할 것이다. 즉, 저널리스트는 소모품이나 대체품이 아니고, 유일성을 가진 인격으로 존재한다고 말할 것이다. 저널리스트는 자신만의 본질과 개성을 발전시켜 자신의 생각을 사회에 행동으로 실현할 수 있어야 한다고 말할 것이다. 뿐만 아니라, 타락한 익명의 공무원과 맞서 싸울 수 있어야 하며, 사람들이 점점 자유를 회피하고 잘못된 결과에 대해 남을 탓하는 사람이 많아지는 세상일수록 저널리스트는 자유를 찬양하고 책임을 실천해야 한다고 단언할 것이다.

보봐르는 책임을 자유의 돛이라고 본다. 즉, 인간은 자신의 행동과 그 행동의 결과에 책임이 있다는 것이다. 자신이 어떤 모습을 하고 있는지에 책임을 질 사람은 본인 외에는 없다. 자유에는 이토록 무거운 책임이 따른다. 사르트르는 '인간은 자유롭도록 운명 지어졌다'라고 말하였고, 키르케고르는 '공포와 전율' 속에서 선택을 내려야만 한다고 말했다. 사람은 자신과 다른 모든 사람을 위해 자신의 선택이 '옳다'는 확신이 없이도 선택을 해야만 하는 것이다.

실존주의자들은 모든 저널리스트는 원하는 목적을 달성하기 위해 '노력할' 자유를 갖는다고 보았다. 보봐르는 자유롭고자 하지 않은 저널리스트는 가짜 삶을 선택하는 것으로 보았다. 사람은 전체 인생의 흐름을 통제하고 결정하고 실천할 수 있어야 한다. 보봐르에 따르면, 이것에 실패하는 사람은 단지 타인에 의해 조종되는 기계로 전락하거나, 더 심하면 인간 이하의 돌이나 다름없는 수동적 물건에 지나지 않게 되는 것이다.

보봐르는 저널리스트라면 자기만의 커뮤니케이션 스타일을 개발해야 한다고 말할 것이다. 저널리스트가 그들의 개성을 소중히 여겨야 집필, 방송보도, 연설과 같은 분야에서 자신만의 스타일을 가꿔나갈 수 있다. 스타일이란 저널리즘에서는 매우 개인적 차원으로 자신을 드러내는 방식을 말한다. 자신의 스타일을 숨긴 채 익명성과 획일성으로 자신을 덮어버리려는 사람도 있다. 그러나 실존주의에서 스타일은 중요하다. 자기 스타일이 없거나 그것을 제대로 발전시키지 못하는 저널리스트는 저널리스트로서 죽은 것이나 다름없다.

스타일은 정직하고, 정직은 존재의 진정성과 개성에 가장 중요한 요소이다. 만약 저널리스트의 스타일이 그의 진정한 모습을 반영한다면, 그것은 오염되지 않은 순수한 자아로부터 나오는 것으로 분명히 정직하다고 말할 수 있다. 스타일은 저널리즘에 힘, 다양성 그리고 매력을 부여하기 때문에 일종의 언어마술로 볼 수 있다. 저널리스트에게 진정성이 있다면, 스타일이 저절로 언어 속에 녹아들어가 생생한 단어와 잊을 수 없는 문장, 유려하고 의미 있는 글로 나타날 것이다. 보봐르는 자신만의 스타일을 가지고 저술하려고 노력했다. 저널리스트 대부분처럼 그녀도 부족함을 느꼈지만, 중요한 것은 그녀가 스타일의 중요성을 인식하고, 작가로서의 능력을 발전시키는 데 이를 이용하려고 노력했다는 것이다.

보봐르는 저널리스트에게 참신한 전망을 가지고, 여러 사람의 목소리에 귀 기울이며, 신기술을 습득하고, 새로운 생각을 하라고 권할 것이다. 자유를 현명하게 사용함으로써 그런 자유를 누릴 만한 가치가 있는 자아를 창조하라는 것이 보봐르 사상의 핵심이다. 저널리스트는 항상 새로운 실험을 시도하고, 새로운 영역에 아이디어를 적용해야 한다. 또한, 신선한 지적 자극을 통해 자기 존재의 오래된 틀을 깨뜨림으로써 심리적으로나 언어적으로나 늘 새로운 삶을 살 수 있어야 한다. 이것이 소중한 저널리즘의 유산이자, 수많은 실존주의자들을 대표하는 씩씩하고 정열적이며 활동적인 사상가, 보봐르의 가르침이다.

32

데이비드 리스먼

Davis Riesman (1909~2002)

데이비드 리스먼은 미국의 사회학자로 도시 중산층의 사회적 성격을 다룬 《고독한 군중》의 저자로 유명하다. 이 책의 제목은 현대 산업사회에서 개인의 소외를 표현하는 대표적인 말이 되었다. 이밖에 그가 사용한 개념 가운데 일반화된 것으로는 그가 구분한 3가지 성격유형 중 내부지향형, 외부(타인)지향형이라는 두 개의 용어가 있다. 그는 하버드대학에서 공부한 뒤(1931년 문학사학위, 1934년 법학사학위) 미국의 대법원 판사 루이스 D. 브랜다이스의 서기로 일했으며, 버펄로대학에서 법학을 강의했다. 그 뒤 뉴욕 군 부검사를 지냈으며 스페리자이로스코프회사의 중역이 되었다. 이어서 시카고대학 사회학과 교수를 지냈으며, 1980년 은퇴할 때까지 하버드대학에서 강의했다.

언론을 사회학적으로 해석한 미국의 작가 데이비드 리스먼을 살펴보자. 그가 네이슨 글레이저, 르누엘 데니와 함께 출판한 책 《고독한 군중: 변화하는 미국의 특징에 대한 연구》(*The Lonely Crowd*, 1950)는 미국에서 증가하고 있는 순응, 소비주의, 자기만족의 성향에 대해 자세하게 연구한 첫 번째 책이다. 이 책에서 리스먼은 대중매체가 개인주의와 공동체주의 모두를 빠르게 무너뜨리고 있다고 비판했다.

오늘날에는 이러한 비평이 일반적이지만, 20세기 중반까지는 아무도 대중매체와 사회 간의 관계에 관심을 기울이지 않았다. 리스먼의 '고독한 군중'은 여러 유형의 사회적 성격이 일단 사회 안에서 형성된 후 그 사회에서의 일, 놀이, 정치 및 육아활동 등에서 구체적으로 어떻게 나타나는가를 연구한 책이다. 물론 부제 '변화하는 미국의 성격에 대한 연구'에서 알 수 있듯이 연구의 주안점은 19세기에 미국을 지배했던 사회적 성격이 점차 다른 종류의 사회적 성격으로 바뀌고 있는 변화를 관찰하는 데 맞춰져 있다.

'사회적 성격'이란 개인의 행동과 사회구조를 연결시켜주는 중간장치로서, 예의범절처럼 사회가 그 구성원에게 암묵적으로 따라하도록 요구하는 양식(동조성의 양식)이다. 리스먼은 이 사회적 성격을 ① 전통지향형, ② 내적 지향형, ③ 타인지향형으로 구분하면서 이 세 유형이 한 단계에서 다음 단계로 넘어가는 것으로 해석한다. 즉 전자에서 후자로 이행해 가는 것이 역사적으로도 사실이며 논리적으로도 당연하다고 본다.

전통지향형 사회의 사회구성원은 전통을 엄격히 따르도록 요구된다. 사회생활의 중요한 관계는 주로 엄격한 의식과 예절에 의해 통제된다. 이 사회에서 대부분의 사람은 씨족집단과 같은 혈연집단의 생활방식을 그대로 따르며 이때 개인의 창의력이나 전통에 어긋나는 이질적인 목표의 추구는 사회적으로 불필요한 것으로 여겨진다. 전통지향형이 지배적인 사회는 인구곡선 상에서 높은 출생률과 높은 사망률로 인해 총인구가 증가하지 않거나, 늘어나도 매우 천천히 증가하는 인구정체시기에 해당한다. 리스먼은 이 인구정체시기를 '인구의 고도증가 잠재력의 단계'라고 표현했는데, 이것은 만일 이 시기에 높은 사망률을 낮출 수 있는 어떤 일(많은 식량생산, 새로운 위생수단, 병의 원인에 대한 새로운 지식 등)이 일어난다면 인구가 급속도로 증가할 가능성이 있다고 보았기 때문이다.

그러나 자본주의가 발전함에 따라 자본축적과 기술발전이 이루어지면서 사회구조가 급격히 변한다. 산업화와 도시화가 일어나고 분업과 사회의 계층화가 촉진된다. 전통의 힘은 약해지고 개인이 선택할 수 있는 폭은 넓어진다. 이때 등장하는 것이 내적 지향형 사회다. 내적이라는 것은 개인의 행동과 삶의 방향을 결정하는 원천이 부모나 권위 있는 연장자에 의해 인생초기에 주입되어 내면화된다는 것을 뜻한다. 이렇게 '내면화'된 행동규범은 굳이 전통의 통제를 받지 않고도 사회구성원으로 하여금 일정한 '코스'를 유지하면서 '성공'이라는 하나의 일반화된 목표를 향해 나아가게 한다. 내적 지향형 사회는 보통 높은 출생률과 낮은 사망률로 인해 인구가 급속도로 증가한다. 이러한 증가는 과도기적 성격을 띠는데, 그 이유는 출생률 역시 사망률이 감소하면서 이내 낮아지기 때문이다.

산업화가 사회 전 분야에서 고도로 발달함에 따라 1차 산업과 제조업에서 일하는 사람의 수는 점점 줄어든다. 반면에 사무직 계통의 일과 서비스업에 종사하는 노동인구는 그 수와 비율이 늘어난다. 노동시간이 짧아지고 교육, 여가, 서비스업 등이 확대되면서 새로운 매스미디어에서 나오는 말과 이미지의 소비도 증가한다. 개인과 외부세계의 관계는 점차 매스 커뮤니케이션의 흐름을 매개로 한다. 이러한 변화와 관련해 가족과 육아법에서도 변화가 일어난다. 도시에서 생활하는 가족의 규모는 더 작아지고, 엄격했던 예전의 훈육방식이 응석을 받아주는 육아방식으로 대체된다. 또 학교와 동년배집단(*peer group*)의 영향력은 훨씬 더 커진다. 여기서 출현하는 사회의 모습이 '타인지향형'이다.

사람들은 다른 사람의 행위와 바람에 대해 몹시 민감해지고 남에게 인정을 받고 싶어 하는 심리적 욕구가 커진다. 타인지향형 사회의 구성원은 다른 사람이 자신에 대해 어떻게 생각하는지, 남들의 관심사가 무엇인지 등에 대한 신호를 포착하기 위해 촉각을 곤두세운다. 이제 사람들은 자신이 사회에서 소외될지도 모른다는 '막연한 불안'에 싸여, 마치 주변의 신호를 포착해내는 레이더(*radar*) 마냥 다른 사람의 동향을 주도면밀히 관찰하는 데 주의를 집중한다. 인구곡선 상에서 보면 타인지향형 사회는 출생률과 사망률이 모두 낮고 전체 인구에서 중년층과 노년층의 비율이 커지는, 인구의 초기감소기에 해당한다.

리스먼은 이상과 같이 사회의 모습을 세 가지로 구분한 다음, 인간을 ① 적응형, ② 아노미형, ③ 자율형이라는 세 가지 보편적 유형으로 나눈다. 적응형은 전형적인 전통지향형, 내적 지향형 및 타인지향형의 사람들로 사회의 요구에 잘 순응하는 인간형이다. 아노미형은 사회규범을 깨뜨리는 범죄자와 같이 사회가 요구하는 규범을 따를 능력이 없는 인간형이다. 마지막 자율형은 사회의 행동규범에 동조할 수 있는 능력이 있으면서도 이를 따를 것인가 말 것인가를 자유롭게 선택할 수 있는 인간형이다.

문제는 점차 타인지향적으로 변해가는 현대사회에서 어떻게 자율형 인간이 나타날 수 있는가이다. 리스먼은 직장에서 사회적인 시선 때문에 억지로 미소를 짓는 등의 행위(거짓인격화)와 사회가 분업화되면서 교제하는 사람의 폭이 좁아지는 현상(강요된 사생활화) 등이 사람의 자율성을 방해하는 장애물이라고 지적하면서 이를 극복하기 위해서는 "놀이와 여가에 대한 새로운 인식이 필요하다"고 말한다. 인간의 놀이 속에는 다양한 능력개발의 기회가 있으며 거기서 개발되는 능력은 창조적이면서도 유토피아적인 사고방식으로 이어진다. 결국 개인은 여러 가지 놀이경험을 통해 스스로 선택하고 자기 나름의 성격을 형성할 수 있는 자율성을 얻게 될 것이라는 말이다.

리스먼이 《고독한 군중》을 쓸 당시의 미국사회가 반드시 타인지향형의 사회라고 말할 수는 없다. 하지만 그는 젊은 층과 대도시 그리고 중간계급 사람의 성향을 토대로 타인지향형이 미국사회 전체에서 주도권을 잡을 날이 멀지 않았다고 보았다. 50여 년이 지난 오늘날 그 같은 유형의 사회는 미국뿐만 아니라 세계적으로 산업화가 고도로 발전한 사회 어디서나 볼 수 있다. 그의 예상이 옳았던 것이다. 우리나라의 경우 1980년대부터 대중소비문화가 널리 퍼지면서 생활방식도 많이 바뀌었다. '타인지향형'이 사회적 성격에서 지배적 형태로 자리잡기 시작했다고 말해도 지나치지 않을 것이다. 그렇다면 리스먼이

해법을 찾고자 고심했던 문제가 이제 시공을 뛰어넘어 고스란히 우리의 문제가 된 것이다. 우리 역시 서로 비슷해지려고 함으로써 우리 자신의 사회적인 자유와 개인의 자율성을 잃어버리고 있기 때문이다.

타인지향적인 모든 사람에게 공통된 점은 그들의 동시대인이 개인에게 있어서 지향(志向)의 원천이라는 것이다. 그들은 그가 직접 아는 사람일 수도 있고 또는 그가 친구나 매스미디어를 통해서 간접적으로 아는 사람일 수도 있다. 이러한 원천은 생활지침으로서 그것에 의존하는 습성이 어릴 때 심어진다는 의미에서 내면화되어 있다. 타인지향적 인간이 추구하는 목표는 그 지침과 함께 바뀐다. 일생을 통해서 변하지 않는 것은 추구하는 과정 자체와 다른 사람들로부터 오는 신호에 깊은 주의를 기울이는 과정뿐이다(이상률의 역서 《고독한 군중》에서 일부 발췌).

리스먼은 하버드에서 생화학과 법률을 공부하였다. 정식으로 사회학 교육을 받은 것은 아니지만, 1946년 시카고 대학에서 사회과학 교수로 임명되기 전에 법정 변호사, 법학과 교수, 지방 차관검사로 수십 년간 일했다. 그는 1958년까지 시카고 대학에서 가르치다가 하버드로 옮겨 1980년에 정년퇴직했다.

《고독한 군중》에서 리스먼은 사회가 전통지향, 내부지향, 타자지향의 세 가지 방식으로 발전한다고 썼다. 이 분류는 사회에 관한 것이지만 개인, 특히 저널리스트에게 적용될 수도 있다. 과거와 역사를 존중하고 사회규칙을 따르며 순응하는 전통주의 저널리스트가 있는가 하면, 자신의 일에서 자율성을 늘리고자 노력하는 실존적이고 자발적인 저널리스트도 있다. 또, 동료나 타인의 압력과 소망대로 움직이는 저널리스트도 있다. 이렇게 리스먼이 제시한 틀로 저널리스트를 분류할 수 있으며 이들 역시 '외로운 군중'의 일부가 된다.

리스먼의 분류를 사회와 언론의 맥락에서 살펴볼 수도 있다. 타인지향의 사회에서 대중매체는 대중을 기쁘게 하기 위해 대중이 원하는 의제(議題)를 설정하려고 노력할 것이다. 권위주의 사회에서는 대중매체가 주로 권력자나 주요 정치세력을 기쁘게 하기 위해 노력할 것이다. 여기서 언론의 의제는 도덕적 주제나 개인적 성장이 아닌, 주류문화의 기대와 요구에 부응하는 의제를 다루게 된다.

리스먼이 제기한 사회발전 유형론뿐 아니라, 현대 대중의 순응문제는 오늘날 저널리스트들에게 시사하는 바가 크다. 그는 사람들이 개성을 잃고 서로 닮기를 원할수록 개인은 자율권과 사회적 자유를 잃게 된다고 말했다. 리스먼은 대부분의 사람들이 타인과 사회에 너무 많이 의존한다고 믿었다. 사람들은 타인의 생각으로부터 벗어나고 외로운 군중으로부터 독립하여 진정한 개인주의와 자아실현을 이룰 수 있어야 한다. 이러한 가르침은 기계적 저널리즘의 한가운데 고립되어 있는 '타인의존적' 저널리스트들에게 좋은 충고가 될 것이다.

33

마셜 맥루한

Marshall McLuhan (1911 ~ 1980)

마셜 맥루한은 캐나다의 미디어 이론가이자 문화비평가이다. 1911년 캐나다에서 출생하여 1980년 그의 생애를 마감할 때까지 영문학자, 사회사상가, 문예비평가, 커뮤니케이션 이론가로서 정치, 경제, 사회, 문화 등 각 부분에서 맥루한 열풍을 일으키며 활약하였다. 1936년에 영국 케임브리지 대학을 졸업하고, 캐나다로 돌아와 토론토 대학의 교수를 역임했으며 저술활동도 활발히 했다. 매체와 매체의 의미에 관하여 기존과는 다른 해석을 하며 미디어 비평계의 초석을 다룬 사람이다. 1964년 《미디어의 이해》라는 저서를 통해 "미디어는 메시지다", "미디어는 인간의 확장"이라는 견해를 밝혀 현대 미디어 이론에서 사용하는 '미디어'라는 단어와 가장 근접한 개념을 제시하였다.

"의복은 피부의 연장이며, 바퀴는 발의 연장이고, 책은 눈의 연장이며, 전기는 중추신경의 연장이다. 매체는 환경을 바꿈으로써 우리의 지각작용에 독특한 비율을 가져온다. 이런 비율이 변화되면 사람도 변화한다."

1964년에 출간된 책 《미디어의 이해: 인간의 확장》(*Understanding Media: The Extensions of Man*)의 저자 마셜 맥루한은 캐나다 출신의 열정적인 영문학자로 출발했지만, 매체학으로 방향을 틀면서 1960년대 중반에 북미세계의 가장 중요한 예언자가 되었다. 21세기 벽두가 시작된 지금도 그의 통찰력은 여전히 빛을 발하고 있어서 매체 평론가 디자드(W. Dizard)는 "맥루한은 멀티미디어(복합매체)를 실현시킨 원동력인 기술, 경제, 그리고 정치력의 융합에 의한 정보 및 지식혁명의 시대를 30년이나 앞서 예견함으로써 오히려 인정받지 못했다"고 아쉬워하며, 작가 울프(T. Wolf)는 "맥루한의 주장이 옳다면 맥루한은 뉴턴, 다윈, 프로이트, 아인슈타인, 파블로프 이래 가장 중요한 사상가이다"라고까지 평한다.

마셜 맥루한의 저작에는 과학기술의 발전에 관한 낙관주의가 강하게 나타난다. 맥루한은 그의 전성기인 1960년대에도 비평가들이나 동료교수들로부터 호의적인 대접을 받지는 못했다. 많은 사람들이 그의 아이디어에 결함이 있으며, 방법론의 논리가 약하다고 보았다. 또한, 다양한 생각을 불러일으키는 그의 시도들이 극단적이며 때로는 말이 안 된다고 비난했다. 그럼에도 불구하고, 맥루한은 저널리즘과 커뮤니케이션 학계에 지대한 영향을 주었으며, 그의 이름은 학계와 텔레비전 애호가들 사이에 아직도 회자되고 있다.

맥루한은 1911년 캐나다 에드먼턴에서 태어났다. 1928년 마니토바 대학교에서 기계공학을 공부하다 영문학으로 전공을 바꿨다. 영문학 교수가 된 후에는 미디어 문화비평에 관심을 갖기 시작해 많은 저작을 남기기도 했다. 1955년엔 미국 교육방송협회 미디어 프로젝트의 주임을 맡았고, 1963년부터 약 20여 년간 토론토 대학 문화기술연구소 소장을 역임했다.

그의 낙관론의 주제는 '텔레비전과 라디오를 중심으로 하는 대중매체는 더 나은 세계를 만들 수 있는 잠재력을 가지며 이는 지구촌으로 나아가는 길을 제시한다'는 것이다. 맥루한은 유명한 《미디어의 이해: 인간의 확장》이라는 책에서 "미디어가 메시지다"(*medium is message*) 라는 도발적인 경구를 남겼다. 그는 여기서 "인간의 연상작용과 행동을 형성하고 지배하는 것은 미디어이지 콘텐츠가 아니다"라고 썼다.

맥루한에게는 정보전달 '방식'이 가장 중요했다. 그는 커뮤니케이션의 구조적 양상을 연구하는 초기 학자부류에 속했는데, 이들은 기호학, 구조주의, 구조 인류학, 언어학 같은 세기말의 학문분야에 매료되어 있었다. 맥루한은 라디오 및 텔레비전과 같은 커뮤니케이션의 한 형태로서의 기술이 사람들을 구텐베르크의 활자매체로 이루어진 선형적 세계로부터 해방시켜 주었다고 보았다. 활자에 의해 강요된 조악하고 분절된 독자의 시야가 기술 덕분에 '부족과 집단 단위로' 좀더 넓어지게 되었다고 생각했다. 그런 의미에서 세계는 전자 커뮤니케이션을 통해 활자화된 익명의 틀에서 벗어나 자신이 속한 커뮤니티의 수장과 다른 구성원들을 직접 대면할 수 있는 지구촌으로 나아가는 것으로 볼 수 있다.

매체에 관한 그의 주장은 "매체는 메시지다"로서 요약된다. 지금까지 매체가 전달하는 '내용'이 메시지라고 믿어 왔는데 '매체가 메시지'라는 맥루한의 주장은 우리의 상식을 벗어난다. 맥루한은 모든 기술을 인간기능(*function*)의 확장이라고 파악했다. 의복은 피부의 확장, 자동차는 다리의 확장, 컴퓨터는 두뇌의 확장, 전기는 중추신경의 확장이 그것이다. 이런 견지에서 본다면 매체기술은 감각기능의 확장이다. 책은 눈의 확장, 라디오와 전화는 귀의 확장, 텔레비전과 영화는 눈과 귀의 확장인 셈이다.

책을 시각매체, 라디오를 청각매체, 텔레비전을 시청각 매체로 부르는 것도 이 때문이다. 그렇다면 시각장애자와 청각장애자의 경우처럼 시각매체인 책으로만 세상을 인식하는 방법과 청각매체인 라디오로만 세상을 인식하는 방법은 서로 다를 수밖에 없다. 마치 코끼리 인식에 있어서 시각장애자와 청각장애자의 차이를 보면, 시각에 의존하는 청각장애자의 코끼리상은 실제 모습과 비슷하겠지만 시각이 가려진 채 청각과 촉각 등에만 의존하는 시각장애자의 코끼리상은 실제와 멀어진 모습이다. 이것이 '매체가 곧 메시지다'라는 의미이다.

맥루한은 또 텔레비전의 등장 덕분에 18세기 개인주의가 쇠퇴하여 공동체 사회로 되돌아갈 수 있게 되었다고 보았다. 맥루한이 텔레비전을 긍정적이고 유익한 것으로 보았던 반면, 그의 동료이자 또 다른 기술사회 결정론자였던 해롤드 이니스는 텔레비전이 사람을 부정적이고 나약하게 만든다고 보았다. 이니스는 새로운 매체들이 사람들의 분별력을 흐리고 중요한 문제를 가볍게 만들며 정치와 상업의 선전도구 기능을 하기 때문에 인간에게 해롭다고 인식했다.

이니스도 맥루한과 마찬가지로 기술이 인간사회를 형성했다고 생각했다. 그러나 이니스나 동시대의 다른 미디어 비평가들은 대부분 새로운 미디어의 등장이 파괴적이고, 비인간화와 혼란을 가져온다고 생각했다. 이니스는 프랑스의 자크 엘륄처럼 기술의 진보에는 많은 대가가 따른다고 생각했다. 왜냐하면, 그러한 기술은 도덕적인 것과 비도덕적인 것을 가리지 않고 사용되며, 미래에는 관심이 없고 눈앞의 이익만 맹목적으로 추구하고, 기술자체의 도덕만을 독립적으로 구축한다고 믿었기 때문이다. 커뮤니케이션에 관련한 이니스의 최고 저서에는 《제국과 커뮤니케이션》과 《커뮤니케이션의 편견》이 있다.

맥루한은 그리 겸손한 인물이 아니었다. 그는 미디어의 모든 속성에 대해 아는 것처럼 행동하고 세세한 심리학적 지식과 환경학적 지식까지 겸비함으로써 주변의 시선을 끌고 많은 추종자를 낳았다. 또한, 그는 텔레비전과 컴퓨터, 라디오 그리고 다른 자동화 기기들에 대한 연계를 예견함으로써 새로운 '전자세대'를 예언한 최초의 인물이기도 했다.

그는 글쓰기에서도 선형적 활자세계와의 차별화를 이루어냈다. 한 예로, 《미디어의 이해》에서 맥루한은 역사를 조각나고 흩어진 형태로 기술하고 있다. 그는 이것을 모자이크 기법이라고 불렀는데 독자는 그 조각난 글씨를 한 번에 '흡수'해야 한다. 텔레비전 방송인이라면 그 분야의 개척자와도 같은 맥루한의 글에서 많은 위안과 희망을 얻을 수 있다. 그러나 맥루한은 신문이나 다른 인쇄매체는 사라질 것이라고 말했기 때문에 인쇄매체의 저널리스트는 슬퍼할 수도 있겠다. 맥루한은 텔레비전의 세계가 사람을 하나로 통합시키고 지구촌 안에서 함께 모이게 하며 활자시대에는 불가능했던 즉각적이고 종합적인 문화를 경험할 수 있게 한다고 보았다.

그러나 그는 실제로 미디어가 메시지임을 강조함으로써 저널리즘의 모든 기반을 뒤흔들어 놓았다. 적어도 콘텐츠, 스타일, 본질, 작품의 영향력을 중시하는 저널리스트에게 맥루한은 큰 의미가 없다. 맥루한은 모든 형태의 커뮤니케이션이나 예술적 메시지는 전혀 중요하지 않다고 말했다. 그에게 유일하게 중요한 것은 메시지를 전달하는 미디어였다.

예를 들면, 텔레비전 시청자들은 그들이 무엇을 보는가가 아니라, 지켜본다는 행위의 과정에 의해 더 많은 영향을 받는다. 맥루한은 이것이 역사상 등장했던 모든 미디어에 적용된다고 보았다. 중요한 것은 미디어가 청중의 감정, 감수성, 직관을 좌지우지할 만큼 영향을 미친다는 것이다. 명료한 논리, 내용, 그리고 메시지의 조직형태는 그 자체로는 아무 의미도 없다. 다만, 사물이 소통되는 기술적 방식이 중요하기 때문에 콘텐츠가 아닌 미디어가 메시지가 되는 것이다.

맥루한은 '핫'(*hot*) 미디어나 '쿨'(*cool*) 미디어와 같이 커뮤니케이션 학자가 생각해 볼만한 용어를 만들어냈다. 핫 미디어는 데이터로 가득 차 있으며 쿨 미디어는 데이터가 거의 없다. 이때 데이터라는 용어의 엄밀한 뜻은 미디어가 감각에 미치는 영향을 말한다. 미디어가 가진 정보의 밀도가 높으면 그 미디어가 핫하다고 할 수 있고, 밀도가 낮으면 그 미디어는 쿨하다고 할 수 있다. 쿨 미디어는 정보의 밀도가 낮은 대신 그 빈 공간을 채우기 위해 수용자의 참여를 더 많이 요구한다. 반대로 밀도가 높은 핫 미디어는 수용자가 메시지 경험하기 위해 들여야 하는 노력이 덜 필요하므로 참여도가 낮아진다.

맥루한은 관객의 참여를 가장 많이 요구하는 대표적인 쿨 미디어로 텔레비전을 꼽았다. 텔레비전 이미지는 시청자의 끊임없는 '매우 활동적이고 촉각적인' 감각의 참여를 요구한다. 만약 이러한 개념이 모호하고 말이 안 된다고 느껴진다면, 그 사람은 아직도 구텐베르크식

선형세계에서 벗어나지 못하고 있기 때문이라고 그는 말할 것이다. 그렇다면 핫 미디어에는 뭐가 있을까? 맥루한은 그림이나 사진의 예를 든다. 관객은 그림이나 사진을 보기위해 채울 것이 없다. 인쇄매체인 신문이나 책도 독자에게 참여의 여지를 주지 않는 핫 미디어라고 할 수 있다. 핫 미디어와 쿨 미디어의 정의는 미디어 자체의 특성에 초점을 두었다는 점에서 의의가 있다. 하지만, 급격한 미디어환경의 변화를 겪는 지금 시대에는 맥루한의 미디어에 대한 정의가 잘 맞아떨어진다고 볼 수는 없다.

맥루한이 제시한 또 다른 개념은 '부족단위로의 회귀'이다. 텔레비전이 가져온 지구촌 세상에 참여함으로써 모든 사람들이 한 부족의 구성원이 된다는 것이다. 사람들은 활자미디어를 멀리하고 텔레비전의 세계에 빠져 더 열심히 참여하면서 사실상 다시 부족사회를 이루게 된다. 이 새로운 전자세상에서 우리는 다시 한 번 상호 접촉하는 환경 속에서 시각적으로 통합된다. 그곳에서 우리는 공동체의 동료 구성원들을 보고 들으며 직접 대면할 수 있게 된다.

비록 맥루한이 그의 저서에서 거의 모든 역사적 사건을 다루며 이에 대한 자신의 온갖 인상을 다양하게 표출하고 있지만, 그의 주된 관심사는 현대의 전자 미디어에 있다고 할 수 있다. 그의 논제는 바로 "새로운 미디어가 새로운 환경을 창조하고 인간의 감각을 바꾼다"는 것이다. 새로운 감각은 새로운 인간을 만들어내고, 새로운 인간은 역사적으로 중요한 변화를 가져오며 그러한 과정은 앞으로도 계속해서 일어나리라는 것이다.

도전적이고 번쩍이는 실험들이 활발하게 이루어졌던 1960년대는 맥루한이 대중문화라는 학문에 있어 높이 날아오를 수 있는 가장 완벽한 시기였다. 그러나 그의 시대는 갔다. 오늘날의 대중들은 그의 단절된 역사관과 혁신적인 실험들은 더 이상 좋아하지 않는 것 같다. 그러나 그의 이름은 여전히 건재하며 그의 주요 사상은 아직도 회자

된다. 맥루한은 기술낙관론자에게는 도움이 되겠지만, 좀더 현실적이고 신비주의에 대해 회의적인 저널리스트에게는 지루하고 재미없을 것이다. 그의 사상은 저널리스트들의 창의성을 부정하며 미디어 그 자체에만 집중하였다.

맥루한의 세계에서는 미디어가 바로 메시지였기 때문에 저널리스트는 그 밖의 중요하지 않은 문제에는 신경 쓸 필요가 없다. 어떻게 보면, 저널리스트는 미디어라는 구조물의 톱니를 기름칠하는 데 불과한 창의적이지 않은 부속품에 불과하다. 예민하고 창조적인 영혼의 저널리스트에게는 비관적 전망이겠지만 말이다.

34

바바라 터크만

Barbara Tuchman (1912 ~ 1989)

바바라 터크만은 두 번의 퓰리처상을 받은 역사가로, 저널리스트들의 글쓰기에 대한 견해와 충고로 유명하다. 그의 많은 책들은 저널리스트, 혹은 저널리즘을 공부하는 학생들에게 좋은 글쓰기 길잡이가 된다. 명쾌하고 힘 있는 이야기를 전달하는 간결하고 분명한 글쓰기를 강조했다. 터크만은 직접 얻은 지식만을 바탕으로 글을 썼다. 〈더 네이션〉 지에서 편집보조, 객원기자, 해외 통신원으로 일하며 1933년부터 1939년까지 저널리즘에 몸담았다. 날이 갈수록 명성을 얻어 최소 12개의 대학으로부터 명예 박사학위를 받았다.

퓰리처상 수상자인 역사가 바바라 터크만은 오늘날 저널리스트들에게 글 쓰는 일에 대해 그 어떤 20세기 미국의 사상가보다 해줄 말이 많을 것이다. 그녀의 학력은 학사학위가 전부였지만, 대중과 비평가 모두로부터 인정받아 두 번의 퓰리처상을 받은 유명한 역사가였다.

터크만은 〈더 네이션〉지에서 편집보조, 객원기자, 해외 통신원으로 일하며 1933년부터 1939년까지 저널리즘에 몸담았다. 1937년엔 스페인 시민전쟁에 대한 글을 쓰기 위해 스페인에 갔고, 1943년부터 1945년 사이에는 뉴욕의 전쟁정보센터의 편집자로 있었다. 그녀는 하버드대학, 캘리포니아대학, 미국 해군대학 등 여러 대학과 기관에서 강의했으며, 최소 12개의 대학으로부터 명예 박사학위를 받았다.

터크만은 명쾌하고 힘 있는 이야기를 전달하는 간결하고 분명한 글쓰기를 강조했다. 역사서술에 대한 그녀의 관점은 저널리스트에게도 쉽게 적용될 수 있다. 그녀의 글쓰기 비결은 장황하거나 불분명하게 쓰지 않으며, 정보를 비판적으로 취사선택하고 긴장을 유지하며 신중하게 조사하는 것이었다. 터크만은 자신이 역사가로서 전문적인 고등교육을 받지 않은 것이 큰 약점이 아니라는 것을 알았다. 어느 순간, 그녀는 자신이 박사학위를 취득하지 않았기 때문에 자신만의 문체를 유지할 수 있었다는 사실을 깨달았다. 터크만은 직접 얻은 지식만을 바탕으로 글을 썼고, 사건의 실제 현장을 방문하며 여러 차례 인터뷰를 실시하는 등 독자가 흥미를 느낄 수 있는 문체를 유지했다.

그녀는 1963년에 1차 세계대전 초기의 이야기인 《8월의 총성》으로 퓰리처상을 받았다. 〈더 뉴요커〉의 비평가는 이것을 '완벽에 가까운 문학적 승리'라고 칭송했다. 터크만은 1971년에 《스틸웰과 미국의 중국 경험》으로 두 번째 퓰리처상을 받았다. 이 외에도 터크만의 주요 저서에는 《짐머만의 전보》, 《자만의 탑》, 《바보 행진: 트로이에서 베트남까지》와 저널리스트에게 특히 중요한 책인 《역사 연습: 엄선된 에세이들》이 있다.

터크만의 가장 '문학적인' 역사서인 《희미한 거울》은 14세기에 대한 이야기인데 그녀는 이때가 20세기와 여러모로 비슷한 시기였다고 보았다. 이 책은 "아름답게 쓰였으며 학문적으로 신중하게 접근하였고 다양한 주제가 광범위하게 다뤄졌으며 끊임없이 이어지는 지적인 해설로 더욱 빛나는 책"이라는 〈뉴욕 북리뷰〉의 호평을 받았다. 로렌스 프리드먼의 〈타임스 문예부록〉에 따르면, 터크만의 글은 항상 '대중적인 즐거움을 선사'했다. 그는 터크만의 글이 '내러티브적 전개와 각 캐릭터 분석을 절묘하게 결합시키는 능력과 더불어 유쾌한 산문 스타일의 천부적인 재능'을 갖추고 있다고 말했다.

글쓰기에 대한 터크만의 견해와 충고는 저널리스트에게 유용하다. 그 중에서도 터크만의 에세이 모음집인 《역사 연습》에서는 특히 배울 점이 많다. 터크만이 자기만의 문체로 핵심을 설명한 이 책은 저널리스트, 혹은 저널리즘을 공부하는 학생들에게 좋은 글쓰기 길잡이가 된다.

좋은 글쓰기에 대한 터크만의 관심은 《예술가로서의 역사가》라는 제목의 에세이에 가장 잘 나타나 있다. 이것을 '예술가로서의 저널리스트'로 응용해 이해해 볼 수 있다. 이 글에서 그녀는 시나 소설처럼 역사도 '창조적 예술'이 될 수 있다는 생각을 밝힌다. 터크만은 글쓰기가 소수 학자를 위한 것이 아니라 일반 독자를 위한 것이어야 한다고 말한다. 대중을 위해 글을 쓰면 좋은 글의 기준인 명확성과 흥미로움을 갖출 수 있게 되기 때문이다. '문학적' 재능을 겸비한 창조적인 저널리스트들의 대다수가 이 진술에 동의한다.

> 나는 책을 쓸 때 항상 예술가가 되는 것 같다. 그러나 다른 현명한 누군가가 먼저 그것을 말해 줄 때까지 내가 먼저 그렇게 말할 필요성을 느끼지는 못한다. … 이런 저런 비평가들이 그것을 지적하는 지금에 와서는 밝힐 수 있을 것 같다. '논픽션'이라는 말도 안 되는 단어가 우리와 같은 작가들을 일률적으로 묶는 데 반해, 예술이 소설가와 시인들의 언어에 한정되어 있는 이유를 모르겠다.

터크만은 역사가와 저널리스트를 예술가, 혹은 적어도 예술가적 기질을 가진 사람으로 볼 것이다. 그녀는 예술가가 외적, 내적 통찰 및 '그것을 표현할 수 있는 능력'을 가져야 한다고 말했다. 작가나 예술가는 독자가 '예술가의 창조적 통찰'의 도움 없이는 얻을 수 없는 이해를 제공할 수 있어야 한다.

터크만은 비소설 작가이면서도 문학의 수준을 실현한 작가의 예로 혁신적인 전기의 형식으로 《빅토리아 여왕》과 《빅토리아 시대 명사들》을 쓴 리튼 스트레이치, 《침묵의 봄》으로 알려진 레이첼 카슨, 《월든》의 소로, 미국에 대해 쓴 토크빌과 제임스 브레이스, 로마에 대해 쓴 깁본, 경제적 계층과 자본주의의 영향에 대해 쓴 칼 맑스, 프랑스 혁명에 대해 쓴 카일리 등을 꼽는다. "그들의 작품은 연구, 관찰, 사실에 기반을 두지만, 이 현실주의자들이 상상력을 발휘하지 않았다고 말할 사람이 누가 있겠는가? 이들은 분명히 상상력을 발휘했고, 그것이 이들에게 외적 통찰을 가져다 주었다"고 썼다.

터크만은 저널리스트와 역사가가 예술가가 되기 위해서는 역사적 또는 저널리즘적 진실을 인식해야만 한다고 말했다. 그러고 나서 '박사학위를 받은 사람들이 곧잘 하는' 온갖 사실을 잔뜩 모으는 방식이 아닌, '예술가들이 갖는 취사선택의 특권을 행사'하는 방식으로 증거를 모아 독자에게 진실을 전달해야 한다고 했다.

터크만은 창조의 과정을 세 가지로 분류했다. ① 예술가가 진실을 발견하여 그것을 암시적으로 전달하게 하는 외적 통찰, ② 표현의 매개: 작가의 언어, 화가의 그림, 조각가의 찰흙이나 돌, 작곡가의 음악, ③ 계획과 구조 등이 그것이다.

언어에 있어서는 좋은 문장을 쓰는 것이 가장 좋다고 터크만은 말했다. "독자가 젖은 모래 위를 걷는 것처럼 힘들게 헤쳐 나가야 하는 모호하고 지루한 글은 좋지 않다." 글을 잘 쓰려면 노력과 기술, 경청하는 능력과 연습이 필요하다고 그녀는 말한다. 터크만은 작가가 글에서 명확성, 흥미, 미적 즐거움을 추구해야 한다고 말했다.

터크만은 모든 저널리스트들이 겪는 문제들을 다뤘다. 그녀가 보통 선택의 문제라고 했던 글의 구조 역시 그 중 하나다. 선택은 '항상 각자가 글로 쓸 수 있는 양 이상의 자료가 주어지기 때문에 고민이 되는' 문제다. 모든 저널리스트가 어떤 문제를 덜 강조하거나 더 강조함으로써 진실을 해치게 되는 상황을 고민한다. 터크만은 이 상황에서 저널리스트는 자신의 선입견을 뒷받침하는 주장을 선택하고자 하는 유혹과 끊임없이 싸워야 한다고 말했다. 그것은 역사가와 저널리스트 모두에게 있어서 끝없는 싸움이 될 것이다. 이야기 구조의 또 다른 어려운 점은 이야기를 엉뚱한 방향으로 흐르지 않게 하면서 사건의 원인과 충분한 배경지식을 제공하는 일이다. "이 작업에 창조적 글쓰기가 요구되지 않는다고 생각하는 사람은 한 번 해 보라"고 터크만은 말한다.

터크만은 저널리스트들이 예술가는 될 수는 있어도 역사가는 아니라고 생각했지만, 스스로 저널리스트로서의 경험을 회고하면서는 "나는 일상 속에 묻혀 시간이 지나면서 퇴색되어 버리는 유용한 정보를 발굴해 보여주는 기록자였다"고 말했다. 터크만은 자신의 역사서 속의 가장 생생한 부분은 언론에서 일한 경험으로부터 나온 것임을 인정했다. 그녀는 이야기의 진실을 얻기에 저널리스트는 사건에 너무 가까이 있다고 믿었다. 저널리스트는 사건과의 거리가 충분하지 않을 뿐만 아니라 해석과 분석을 위한 시간도 충분하지 않다. 저널리즘, 혹은 '동시대 역사'라는 것은 이른바 '참여' 효과 때문에 객관적으로 기술하기가 매우 어렵다는 것이다. 참여는 사안에 대한 객관적인 시각을 갖기 어렵게 만들기 때문이다.

그러나 터크만은 거리를 두는 것이 객관성을 보장하는 것은 아니라는 사실을 인정하고 저널리스트는 물론 역사가들이 객관성을 정도의 문제로 생각해야 한다고 보았다. 사람은 상대적으로 객관적일 수도 있다. 그러나 이는 편을 들지 않거나 중립을 유지하는 것과는 다르다고 주장했다. '순수하게 중립과 객관성을 지키는 역사가는 없다'고 그녀는 말했다. 이 생각은 저널리스트에게도 마찬가지로 적용된다. 터크만의 관점에서 볼 때 역사가와 저널리스트는 자기만의 의견을 가져야 한다. '의견이 없는 역사가는 단순히 똑딱이는 시계에 지나지 않으며, 그러한 역사가의 글은 읽을 가치가 없기' 때문이다.

터크만은 저널리스트에게 저널리즘에 문학적 장치를 갖추라고 말할 것이다. 그녀는 역사가들에게도 같은 말을 했을 것이다. 레드클리프 대학에서 문학과 역사를 주로 공부한 그녀는 역사와 문학이 서로를 빛내주어 서로 도움을 주고받는다는 사실을 알았다. 문학감각은 역사나 저널리즘과 같은 논픽션 글쓰기에 있어 독자에게 더 큰 기쁨을 주어 더 오래 기억될 수 있도록 도울 것이다. 터크만은 저널리즘이나 역사서가 '흥미로운 주제로 독자의 마음을 사로잡을 수 있도록' 쓰여야 한다고 말했다. 무엇보다 작가가 이러한 매력적인 전달방식에 의욕을 갖는 것이 중요하다.

사람은 글쓰기를 어떻게 배우는가? 터크만의 에세이 《역사의 탐색》에서는 연습과 경청이라고 답한다. "7년간의 저널리스트 생활 끝에 나는 좋은 글쓰기의 필수조건이 잘 듣는 것이라는 것을 알게 되었다. 글을 쓰는 사람은 자신만의 글이 내는 소리를 들을 수 있어야 한다. 미국의 많은 작가들이 자신의 단어에서 들리는 소리를 듣지 못한다."

역사가는 물론이고 저널리스트도 하나의 사건에 여러 관점을 제공하려고 노력해야 한다. 기사의 출처에 이미 편견이 존재할 수도 있겠지만, 글을 쓰는 사람은 독자에게 다른 출처를 제공함으로써 그것을 바로 잡으려고 노력해야 한다. 터크만은 다음과 같이 말했다. "논란이 되지 않는 사건이라 하더라도 다양한 관찰자에 의해서 서로 다르게 인식되고 기억되어 왔다. 논란이 되는 사건의 경우에는 당연히 찬반의견 모두가 검토되어야 한다. 이솝 우화에서 사자는 사람에게 '인간이 사자를 죽이는 모습의 조각상은 많지만, 만약 사자가 조각가였다면 사자가 인간을 죽이는 조각상이 많았을 것이다'라고 말했다."

《역사연습》에서 저널리스트는 쉽게 논픽션 글쓰기에 대한 지혜를 발견할 수 있다. 이 책에서 터크만은 예술적인 글쓰기, 유익하면서도 재미있는 글쓰기를 강조한다. 이것은 터크만이 역사를 다루는 글에서 보여준 것처럼, 심각한 주제로도 가능하다. 저널리즘에서도 그런 글쓰기가 가능하다는 데에는 의심의 여지가 없다.

터크만은 조사, 관찰, 인터뷰의 전체 과정이 매력적이면서도 어려운 일이라고 말한다. 글을 쓰는 사람은 소심하거나 게을러서는 안 되고 상상력이 없어서도 안 된다. 논픽션이라도 온 힘을 기울여 쓴다면 예술작품이 된다. 이 작업은 인내를 요구하지만 큰 기쁨을 가져다주기도 한다. 터크만은 다음과 같이 글쓰기의 핵심과 그 즐거움을 표현하였다.

> 사람은 의자에 앉아 생각하면서 자신의 생각을 읽기 쉬우면서도 신중하고 재미있는 문장으로 표현해야 한다. 문장은 논리적이면서도 독자가 다음 장을 넘길 만큼 흥미로워야 한다. 이 작업은 힘이 많이 들고, 지난하며, 고통스럽기도 하고, 가끔은 화가 나는 일이기도 하다. 그것은 재배열, 수정, 첨가, 편집, 다시쓰기의 과정이 반복되어야 하는 것을 의미한다. 그러나 이 작업은 환희와 기쁨을 가져다준다. 천상의 기분을 맛보게 해준다. 즉, 창조의 기쁨과 다르지 않다.

35

자크 엘륄

Jacques Ellul (1912～1994)

자크 엘륄은 "사고는 세계적으로, 행동은 지역적으로"라는 지성인의 행동강령을 말한 프랑스 지성으로 맑스의 사회경제학적 접근과 기독교적 가치관의 조화를 추구했으며 4개의 박사학위를 가진 학자이자 실천가였다. 1912년 프랑스 보르도 출생했으며, 1937년 스트라스부르 대학교의 연구부장으로 지명되었으나 비시 프랑스(Vichy France) 정부에 의해 해임되었다. 1936~1939년 사이에 프랑스 정계에 투신하여 활동하였고, 1940~1944년에는 레지스탕스 운동에 열렬히 가담했다. 1953년부터는 프랑스 개혁교회의 총회 임원으로 일했다. 프랑스의 사상가이자 사회학자로서 기술(*technique*)에 대한 개념으로 현대사회를 설명하였으며, 법과 제도, 자유에 대한 탁월한 식견을 보이며 기독교인으로서의 다양한 저서를 남겼다.

저널리스트는 자신을 비평가, 선전가, 정보조작꾼 혹은 뉴스매니저로 생각하고 싶어 하지 않는다. 이것은 아마도 당연하겠지만, 저널리스트가 그런 사람이 아니라고 믿는 것은 큰 환상이라고 자크 엘륄은 말한다. 자크 엘륄은 프랑스 보르도의 대학에서 수년 동안 사회학 교수로 재직했다. 그는 저널리즘을 이루는 것은 선전이며 저널리스트는 계속해서 다른 사람의 선전을 전파할 뿐만 아니라, 대중의 사상과 행동을 조종하기 위한 설득적인 메시지를 만들어낸다는 것이다.

1965년 미국에서 번역되고 출판되어 유명해진 책 《선전》은 《기술사회》의 후속편이었다. 《기술사회》 덕분에 엘륄은 전자미디어를 포함한 기술이 삶을 위험하게 할 것인가, 향상시킬 것인가의 문제를 둘러싸고 낙관주의자와 비관주의자 간의 논쟁의 한가운데 있게 되었다. 엘륄은 기술이 일반적으로 세상을 노예화, 로봇화한다는 비관주의적 입장을 취했다. 그는 기술이 사회를 복잡하게 만들고 개인을 혼란스럽게 한다고 봤다. 엘륄은 마셜 맥루한과 같은 낙관주의자가 주장한 모든 기술의 발달이 사회에 긍정적 영향을 미친다는 의견에 반대했다.

엘륄은 적어도 정부는 기술사회의 문제를 해결하기 위해 선전의 방식을 주로 사용한다고 보았다. 기술사회가 낳은 사회문제를 완화시키고 점차 기계화되는 세상에서 개인이 좀더 조화롭게 살아갈 수 있게 하기 위해 선전의 도움을 빌린다는 것이다. 엘륄은 매스미디어가 선전을 만들어내고 전파하는 방식으로 거대한 대중에게 설득적 메시지를 동시에 전달할 수 있다고 말했다. 엘륄은 주로 '정부에 의한' '공적' 선전을 다루었음에도 불구하고 광고, 사설, 수업, 설교 등을 통해 퍼져 나가는 '사적' 선전에 관심을 두었다.

엘륄은 선전이 제도나 정책을 정당화하기 위해 꼭 필요한 형태라고 말했다. 그는 힘없는 평균적인 시민들이 세상을 단순화하고 설명하기 위해서는 정부 선전이 꼭 필요하다고 생각했다. 그는 중앙정부에 권력이 점점 집중되고 있는 미국정부에게 선전이 필수라는 것을 발견했다. 유권자는 이 세상이 보통사람이 이해하기에는 너무 복잡하다는 사실을 인식해야 하고 그에 따라 정부는 기꺼이 해결책을 준비하고 있어야 한다. 물론 선전이 민주주의 가치를 훼손한다고 볼 수도 있다. 선전가는 전통적 양식에 매이지도 않지만 사람들의 비판적 판단을 신뢰하지 않는다. 이들은 정보를 왜곡하거나 은폐하지는 않지만 통계, 사실, 의견, 해석을 통해 사람들을 압도한다.

저널리스트들은 대체로 정부의 선전활동에 협력한다. 이들은 반대하는 정책에 대해서조차 그 선전내용을 공공에게 전달할 뿐만 아니라 문제, 토론, 행동을 규명하기 위해 정부가 제시하는 사회적 아젠다를 강조하는 기능을 한다. 또, 제도, 산업, 교육, 종교 등 다양한 분야의 선전을 전파하는데, 사실상 이것은 언론이 자기 채널을 통해 스스로를 위한 선전을 만들어내는 것으로도 볼 수 있다. 언론이 정부를 위해 아젠다를 이슈화할 뿐만 아니라 언론조직 스스로를 위한 아젠다를 만들기도 한다는 것이다.

엘륄은 선전이 최소한의 사상으로 의견, 신념, 참여, 행동을 유도해 낸다고 말한다. 다시 말해, 선전은 조직이 공동의 신념이나 대중의 참여를 유발하기 위한 방법이라는 것이다. 엘륄의 견해 중 가장 불편한 것은 사람들 스스로가 선전을 원한다는 사실이다. 그러므로 사람은 자기가 원하는 것을 얻는다고 할 수 있다. 그리고 선전가들도 그들이 원하는 것을 얻을 것이다. 엘륄은 민주적 지도자는 '불합리한' 대중의 의견에 따르지 않는다고 말한다. 왜냐하면, 그렇게 되면 정부는 '쓸데없는 의견'에 함몰되기 때문이다. 결국, 정부는 국민들을 정치의 절대적 요소가 된 선전에 심리적으로 몰입하도록 유도한다.

엘륄에게 있어 불순한 의도를 가진 선전은 불가피한 정치수단이었고, 그것은 상대적으로 사람들을 만족시켜주는 것이었다. 엘륄은 "순진하고 경솔한 시민을 잘못된 길로 이끌어 함정에 빠뜨리려고 하는 사악한 선전자는 없다. 오히려, 시민들이 선전을 원하고 선전자는 그 요구에 응하는 것뿐이다"라고 말한다.

성인이 되어 미디어를 접하게 되는 시민은 적극적인 선전의 메시지를 기꺼이 받아들이고자 한다. 엘륄은 역설적이게도 사람은 교육을 받을수록 더 쉽게 선전에 영향을 받는다고 보았다. 그는 초등학교에서 시작되어 대학교에 이르는 교육체계가 학생들의 마음을 복잡하고, 모순적이고, 종합되지 않는 피상적인 정보들로 채운다고 보았는데, 이를 '선전 이전의 단계'라고 불렀다. 이후, 교육받은 계층은 정부 홍보 및 더 세련되고 설득적이며 '답이 주어진' 의사소통 방식인 선전을 받아들이도록 설정된다. 그렇다고 가난하고 문맹인 사람들이 선전을 두려워할 필요는 없다고 엘륄은 말한다. 왜냐하면, 이들은 그렇게 앞서갈 수도 없을 뿐더러 생존하는 데 대부분의 시간을 쓰기 때문이다.

예를 들어, 신문의 독자는 대부분 재앙과 참사, 부정과 물의, 부패와 범죄와 같이 사회의 위험과 혼란을 강조하는 뉴스를 본다. 이 때문에 독자들은 이 세상이 불합리하고 제멋대로이며 부조리한 곳이라고 해석하게 된다. 뉴스의 이런 기본적인 특징은 독자를 혼란스럽게 해 선전가로부터 단순한 대답을 기대하도록 만든다.

선전의 기본적 특징은 모든 이슈를 축소시키고 단순화하는 것이다. 선전은 사람에게 흑/백, 좋음/나쁨, 옳음/그름, 보수/자유와 같은 이분법적 사고를 주입시킨다. 현실을 다양하게 대표할 수 있는 사진을 제시하고자 하는 저널리스트들은 이렇게 단순하고 선전의 메시지를 담은 흑백사진을 만들어낸다. 대체로 독자들은 그러한 이야기를 받아들일 준비가 되어 있다. 독자들은 생각하고 비교하고 질문할 필요도 없이 선전가가 제공한 설명과 해결책을 받아들이기만 하면 되는 것이다. 많은 사람들이 선전을 거부한다고 생각할 때조차 사실 그들은 선전에 영향 받고 있는 것이다.

엘륄은 정부의 선전에 가장 큰 관심을 보였지만, 언론과 같은 기관의 선전에도 주목하고 있었다. 대부분의 정부 선전은 정부매체를 통해서가 아니라, 대중매체를 통해 사람에게 도달한다. 그러므로 저널리스트는 단순히 날것의 선전을 아무것도 의심하지 않고 기꺼이 받아들이고자 하는 시민에게 전달하기만 하는 정부의 하수인으로 전락하지 않도록 조심해야 한다. 엘륄은 자본 민주주의 사회의 정부는 정부매체에 투자를 많이 할 필요가 없다고 생각했다. 각 나라마다 자유언론이라는 전달체계가 이미 존재하기 때문이다.

엘륄이 미국의 언론에 대해 말한 것 중에 가장 흥미로운 것은 언론매체가 자유를 확장하고 싶어 하지 않는다는 것이다. 자유의 증가는 언론에 필요한 정부의 선전이 더 많아진다는 것을 의미한다. 사실상, 언론이 더 자유로울수록 더 많은 선전용 정보가 필요하게 된다. 여기에서 엘륄은 언론이 정부로부터 받는 정보의 '질'을 이야기하는 것이 아니라 정부가 만들어내는 선전의 '양'을 말하는 것이다. 다른 방식으로 말하면, 자유언론은 정부 선전의 넓고 지속적이며 확장된 공개 토론장이라고 할 수 있다. 권위주의 저널리즘 체계에서는 정부가 소식을 전하는데 자체의 재화와 매체를 사용하도록 강요받는다.

엘륄은 과학기술이 선전의 영향력을 높이는 데 책임이 있다고 본다. 저널리스트는 과학적 혁신의 노예가 될 수 있다는 것이다. 저널리스트가 콘텐츠와 직접 관계를 맺는 일이 줄어들수록, 데이터 뱅크나 다른 출처를 통해 얻기 쉬운 정보에 의존하는 일이 많아진다. 정부는 이를 알기 때문에 접근이 쉬운 선전 커뮤니케이션의 통로를 구축하느라 바빠진다. 그렇게 되면, 과학기술에 맞서 최대한의 자율성을 유지하고자 하는 저널리스트와 빗발치는 정부의 선전에 고민하는 저널리스트는 선전의 효과를 부정하기 위해 그 어느 때보다도 검토에 신중을 기해야 할 것이다.

엘륄은 정부가 사람들에게 악의를 갖고 있다고 생각하지는 않았다. 다만, 언론이 얼마나 성실한가가 문제가 된다. 만약 언론매체가 '이용되는' 것에 반대한다면, 그들은 점점 선전을 관리하려고 하게 될 것이고, 그들 자신과 다른 기관들의 선전에 대해 힘을 행사할 수 있게 될 것이다. 그러나 선전을 제거하는 것이 좋은 일이라 하더라도 그것을 제거할 방법은 없다. 저널리스트가 제 몫을 다하기 위해서, 정부가 유지하고 발전할 수 있기 위해서는 선전이 필요하다. 또, 사람들이 주변의 복잡한 현실을 단순화하고 자신들이 적어도 그것을 이해하고 있다고 생각하기 위해서라도 선전은 필요하다.

엘륄은 저널리스트를 대체로 신뢰하지 않을 것이다. 엘륄은 뉴스가 청중이 더 나은 시민이나 더 유식한 유권자로 만드는 데 도움을 주지 못한다고 볼 것이다. 엘륄은 그의 책 《정치적 환상》에서 말하기를, 관심을 끄는 선전으로 가득 찬 뉴스는 수용자가 받아들일 수 있는 것보다 훨씬 더 많은 양의 정보로 그들을 압도한다고 했다. 뉴스의 정보는 너무 다양해서 실제로 아무런 기능을 제공하지 못한다. 뉴스는 기본적으로 사람들에게 자극적인 즐거움을 반복적으로 주고 어떤 사건이나 사상에 대한 일관성 있고 의미 있는 그림도 제시하지 못할 만큼 빠르게 변화한다. 또한, 언론은 대중에게 교훈이 아닌 혼란을 안겨주고, 안심이 아닌 걱정을 가져다준다. 엘륄은 이렇게 언론이 '일관성 없는 깜짝 놀랄 만한 사건'을 만들어낼 뿐이라고 말했다.

36

알베르 카뮈

Albert Camus (1913～1960)

카뮈는 알제리의 몬도비(Mondovi)에서 프랑스계 알제리 이민자로 태어났다. 그는 2차 세계대전 기간 동안 지하에서 동명의 신문을 출판하던 레지스탕스 조직 '컴배트'에 가담하였다. 카뮈는 연합군이 파리를 해방한 1943년 신문의 편집자가 되어 전투 이후를 보도했다. 그러나 그는 프랑스 편집인으로서는 드물게 히로시마 원자폭탄 투하에 대해 부정적인 논설을 실었다. 카뮈는 〈컴배트〉가 상업적 신문이 되자 사임했다. 인간의 삶에 존재하는 부조리에 관한 이야기인 《이방인》을 발표했고, 사형에 반대하는 에세이 《단두대에 관한 성찰》로 노벨 문학상을 수상했다.

철학자의 지적 면모와 저널리스트의 실증적 경향을 고루 갖춘 사상가 알베르 카뮈는 자유와 책임의 문제를 깊이 고민했다. 프랑스 소설가이자 수필가였으며 저널리스트였던 그는 당대에 유행한 실존주의의 영향을 받아 자유에 대한 무한한 애정과 개인의 발전을 주장했다. 1938년에 그는 알제리와 프랑스의 몇몇 신문사에서 저널리스트로 일했고, 2차 세계대전 당시 프랑스가 독일에 의해 점령당했을 때 프랑스 지하언론에서 활동했다.

카뮈는 비록 스스로를 실존주의자라고 부르지는 않았지만 실제로는 자유로운 실존주의자였다. 그의 글은 활기가 있으면서도 절제되어 있고, 고뇌가 있으면서도 희망적이었고, 미래지향적이지만 역사적 관점을 가지고 있으며, 개인주의적이면서도 사회적 자각을 담고 있다. 또, 사실을 존중하면서도 그것을 자신의 신중한 주관에 결부시킬 줄 알았으며, 직관적인 예술가이면서도 공공의 문제에 관심을 갖는 사회과학자이기도 했다. 힘든 2차 세계대전 시기에 그가 일하던 파리의 신문 〈컴배트〉는 반 나치 레지스탕스 활동을 돕는 역할을 했다. 전쟁 후 카뮈는 파리의 주간지 〈익스프레스〉에 계속 글을 썼으며, 오토바이 사고로 죽는 날까지 프랑스의 여러 신문에 글을 남겼다.

카뮈는 좋은 저널리스트의 조건으로 자신과 타인, 진실에 대한 깊은 관심과 존경, 사회적 진보와 개인의 책임감 있는 참여 욕구, 자유에 대한 사랑을 말했다. 카뮈는 저항의 가치를 높이 샀지만, 저항은 자유와 마찬가지로 위험과 고립을 가져올 수 있다는 사실을 깨달았다. 성숙하기 위해서는 사실주의와 중도가 필요하다고 보았고 이것이 좋은 언론의 필수조건이라 믿었다.

카뮈는 니체와 마찬가지로 삶뿐만 아니라 자유와 책임감을 옹호했다. 물론 자유가 가장 중요하겠지만, 자유에는 자신의 모든 행동에 대해 책임을 질 수 있어야 한다는 조건이 따른다. 이는 장 폴 사르트르와 시몬느 드 보봐르를 비롯한 여러 실존주의자들이 공통으로 믿는 부분이기도 하다. 그러나 카뮈는 사르트르와는 달리, 스스로 변화하려는 저널리스트의 개인적 노력을 통해 사회를 간접적으로 변화시킬 수 있다고 보았다. 집단을 중시했던 사르트르는 개인을 변화시키기 위해 개인이 살고 있는 사회적 조건을 직접적으로 바꿔야 한다고 했다. 카뮈가 내부지향적이라면 사르트르는 타자지향적이라고 할 수 있다. 카뮈에 따르면, 저널리스트는 자기 자신에게 집중하기 때문에 순간순간 찾아오는 실용적 욕구와 현재의 문제에 관심을 가져야 한다. 타인과의 투쟁도 필요하겠지만, 무엇보다 자기를 발전시켜 타인을 설득할 수 있어야 한다는 것이다. 반면 사르트르는 정부의 강경한 행동을 통해 필요한 변화를 직접적으로 일으킬 수 있어야 한다고 했다.

카뮈는 확실성, 자기계발, 정직, 개방, 선택의 자유, 미적 질서의 창조와 같은 가치를 중시했다. 카뮈는 변화를 믿되, 혁명으로서의 변화가 아닌 점진적 진화로서의 변화를 믿었다. 실존주의 저널리스트의 중요한 특징 중 하나는 자기 존중감이다. 이는 자유를 중시하는 윤리적 진보를 이루게 되어, 광범위한 정보와 관점의 다원주의를 이끌어내고 그것이 결국 사회에 긍정적인 영향을 가져오게 된다. 자유를 사랑하는 개인주의 저널리스트라면 카뮈의 의견에 깊이 공감할 수 있을 것이다.

아이리스 머독

Iris Murdoch (1919 ~ 1999)

아이리스 머독은 영국의 소설가이자 철학자이다. 아일랜드의 더블린 출생으로 옥스퍼드대를 졸업하고, 영국의 재무성, UN 등에서 근무한 다음 1963년까지 모교에서 철학을 강의하였다. 희극적 장편 《그물 속에서》로 문단에 데뷔했다. 처음에 그녀는 앵그리 영 맨(*Angry Young Men*)의 한 사람으로 간주됐으나, 그녀의 주된 관심은 사회 비판보다도 오히려 인간존재 그 자체에 있었다. 평론 《사르트르, 로맨틱한 합리주의자》(1953)는 뛰어난 사르트르론으로 평가받는다. 2001년 그녀의 일생이 영국의 감독 리처드 아이어에 의해 〈아이리스〉라는 제목으로 영화화됐다.

아일랜드 태생의 영국 소설가이자 철학자, 아이리스 머독은 현대 저널리스트에게 강력한 이기주의의 속박으로부터 벗어나 타인과 더불어 이타주의적 감각을 기르도록 하는 윤리를 제공한다. 그녀는 소설 《철학자의 제자》와 논픽션 서적들 《도덕지침으로서의 형이상학》에서 도덕철학의 추상적 개념들과 선악의 의미, 예술과 종교의 역할에 대해 다룬다. 그녀는 저널리스트에게 성격묘사의 중요성, 진실 전달에 있어 언어의 불완전성, 자아에서 벗어나 타인과의 관계를 중시하는 윤리학에 대해 많은 말을 남겼다.

머독은 앞에서 소개한 미국인 아인 랜드의 합리적 이기주의 철학에 반론을 제기한다. 머독은 인간이 자아 중심적 성향을 버리고 자아에서 벗어나면 덕과 선(善)에 가까워질 수 있다고 강조한다. 자아의 도덕적 성장이 사회나 타인을 위해 희생되고 최소화되는 것으로 본다는 점에서 그녀의 사상은 플라톤주의와 기독교주의의 영향을 받았다고 할 수 있다. 그녀는 저널리스트의 윤리적 목표가 현실에 대한 공정한 관점을 제공하는 것이라고 말할 것이다. 그러나 이것은 세계를 편협한 관점에서 보는 이기심 때문에 매우 어렵다.

영국의 20세기 후반 최고의 소설가 5명 중 1명으로 꼽히는 그녀는 사랑, 자유, 권력이라는 개념을 탐구하였고, 그 중에서도 사랑을 선의 본성과 관련지었다. 그녀는 더 많은 자유를 얻기 위해서는 타인의 다름을 존중하는 사랑이 필수라고 생각하였다. 그녀가 자신의 저작을 통해 제시한 것처럼 사랑은 인류를 구원할 인간 최고의 성취에 해당한다.

머독의 소설에는 도덕의 복합성, 존재의 목적, 그리고 사람이 어떻게 살고 죽어야 하는지가 강조되어 있다. 비평가들은 그녀를 도스토예프스키, 찰스 디킨스, 조지 엘리엇, 헨리 제임스와 같은 작가들과 비교해 왔다. 그녀는 처녀작 《사르트르: 낭만적 합리주의자》에서 사르트르가 소설을 통해 자신의 정치적 견해를 전달하는 방식을 다루고 있다. 많은 이들이 머독을 실증주의와 연관시키기 시작했지만, 머독은 작업 초기에 이 철학을 단념했다. 머독이 제시한 윤리적 진보를 위해 타인에게 관심을 가져야 한다는 주장은 프랑스의 신비주의 작가인 시몬 웨일의 윤리학에 큰 영향을 받은 것이었다.

옥스퍼드대에서 문학과 철학을 공부한 머독은 2차 대전 이후 캠브리지대 철학과에서 장학금을 받아 공부하며 루트비히 비트겐슈타인의 논리 실증주의의 영향을 받았다. 그녀는 1948년에 옥스퍼드대 세인트 앤즈 칼리지의 특별연구원이 되어 철학을 가르쳤다. 그 이후로 그녀는 계속 도덕철학을 연구하였으며, 언어분석에는 관심을 덜 기울였다. 머독은 자신의 글에서 현실을 제대로 그려내는 데 있어 언어가 불완전하다는 사실을 주장했다. 1963년부터는 교사직을 그만두고 작품 활동에 전념했다.

머독은 저널리스트에게 진실을 보여주고자 하는 확신이 도덕으로 나아가는 기본단계라고 말할 것이다. 저널리스트에게는 사람들의 다양하고 복잡한 면을 담은 현실을 뉴스를 통해있는 그대로 제시해야 할 도덕적 책임이 있다. 그녀는 언어의 불완전성을 주장했기 때문에 알프레드 코집스키와 같은 일반 의미론자로 간주되기도 한다. 또한, 머독은 독자가 진실을 보기 위해서는 이기심이라는 장애물을 뛰어넘어야 한다며 독자의 책임을 강조했다. 여기서 그녀는 이기주의의 해악을 경계해야 한다는 공통된 주제를 반복적으로 강조한다.

커뮤니케이션이 실패하는 또 다른 이유는 각 청중이 가진 배경이 다양하기 때문이다. 보통 저널리스트가 메시지를 전달하는 '대규모 청중'에게서 이러한 이질성이 발견된다. 머독은 청중들이 보통 다양하고 구체적인 사실이나 의미에 신경 쓰는 대신 메시지를 일반화해서 받아들인다고 말한다. 일반화는 진정한 의미를 감추며 정확성을 흐려 이해를 어렵게 한다. 이때, 저널리스트에게는 기사의 주인공들에 대해 피상적인 특징만을 언급한 책임이 있다. 기사에 등장하는 인물의 성격은 심화되지 않고 단편적 묘사에 머무른다. 기사 속에서 사람들은 단지 경찰, 국회의원, 변호사, 목수, 부동산업자, 교사로 존재할 뿐이다. 머독은 '어떻게 하면 인간존재를 있는 그대로 묘사할 수 있을까?'라는 의문을 갖는다. 이는 저널리스트가 계속 고민해야 할 질문이기도 하다.

머독은 저널리스트가 정확한 언어를 사용하고 도덕적 향상을 이루기가 매우 어렵다고 생각할 것이다. 저널리스트처럼 권력을 가진 위치에 있는 사람일수록 개인적 동기와 이기적 관심을 초월하여 타인과 관계를 맺기가 어렵다. 저널리스트는 인간이 다양한 얼굴을 가진 복잡한 존재라는 것을 이해하기 어렵기 때문에 사람들을 성긴 붓으로 대충 그려내기가 쉽다. 또, 사람이 단순히 언론적 관점의 대상이 아닌 각자의 권리를 가진 존재라는 사실을 깨닫기도 어렵다. 인간을 목적이 아닌 수단으로 여기는 것은 칸트와 마찬가지로 머독에게도 도덕 발전에 강력한 장애가 된다.

머독의 도덕철학은 종교의 중심에 있는 신을 선(善)으로 대체하여 발전시킨 것으로, 기독교와 불교가 혼합되어 신비주의적 요소가 크다. 덕이 있는 성인이나 위대한 예술작품, 혹은 선의 가치자체에 관심을 갖는 사람들은 도덕적으로 자신을 발전시킬 기회가 많기 때문이다. 그녀는 미적 감상이 윤리적 감수성을 개발하는데 도움이 된다고 본다. 그녀에게 있어 미와 예술은 도덕적 자극제가 된다. 윤리적 궤도를 따라 발전하고자 하는 개인은 자기를 극복하여 전 인류가 지향하는 선과 합일을 이루어야 한다.

진실을 추구하고자 하는 저널리스트라면 이기적인 동기를 버리고 기사의 주제로부터 한 발짝 물러나, 이타적이고, 공평하고, 객관적이 될 수 있도록 노력해야 한다. 머독은 그런 노력을 통해서만 '사랑의 진정한 대상'인 진실을 전달할 수 있다고 보았다. 진실에 대한 잘못된 인식은 모두 타인과의 관계성의 결여된 이기심의 환상에서 비롯된다.

머독은 진실에는 실체가 없으며, 인간은 단순히 환상, 그림자, 불완전한 투영 등을 통해 진실을 지각한다고 믿었다는 점에서 플라톤 철학을 표방한다. 선이나 도덕적 완벽에 대해서도 마찬가지다. 머독은 사람이 자신의 정신적 발전과 조화를 이루는 정도의 진실만을 드러낼 수 있다고 믿는다. 머독에게 있어 진실, 미학, 도덕철학은 서로 긴밀하게 연관되어 있다. 초월적인 인간이 되는 것, 자아를 뛰어넘어 타인에게 관심을 기울이는 것들이 인간으로 하여금 도덕적 진보를 이룰 수 있게 한다. 하지만, 이것은 가장 이루기 어려운 부분이기 때문에, 머독은 점점 늘어나는 의사소통의 불완전성 위에 이루어진 서구사상에서 정신적 공허를 발견한다.

머독은 실존주의를 부정했음에도 불구하고 그녀가 제안한 많은 개념들은 실존주의를 반영한다. 예를 들면, 인간 존재의 우연적이고 불확실한 본성, 인간 내면 깊숙이 자리한 불안, 자신의 삶에 대한 통제 불능의 상태, 죽음에 대한 인식과 끊임없는 공포, 두려움과 공포의 세상으로 둘러싸여 있는 느낌 등이 머독에게서 드러나는 실존주의적 요소들이다. 머독은 한편, 삶의 불확정성 속에서 스스로 견뎌낼 수 있는 개인의 자유와 자신을 의미 있는 존재로 만들어갈 힘과 같은 긍정적인 부분도 강조한다.

대부분 실존주의자가 그랬던 것처럼 머독은 전통적인 신(神)의 관념이나 사후세계를 믿지 않았다. 그러나 앞서 밝힌 것처럼 그녀는 신을 선으로 대체함으로써 종교적·정신적 체계를 유지했다. 그녀는 사람이 오로지 선해지기 위해 선해야 하며, 천국이라는 보상이나 지옥이라는 징벌이 선의 동기가 되어서는 안 된다고 믿었다. 그녀는 이 주제를 《선의 통치》에서 다루었다. 머독의 종교는 불교, 유교, 유대교의 특징들을 아우르는데, 특히 세상에 대한 신비적이고 초월적인 관용과 자각을 크게 신뢰했다. 인간은 이런 자각과 함께 점차 타인을 고려하게 되면서 도덕적 진보를 이룰 수 있게 되는 것이다.

요약하자면, 아이리스 머독은 저널리스트에게 도덕적 진보를 위한 청사진을 제공한다. 머독 윤리학의 핵심은 사랑인데, 이때의 사랑은 타인을 좋아하고 타인과 관계하며 자신의 이기심을 버리는 것으로 정의된다. 머독에게 있어 윤리적 인간은 고집스럽지 않고 겸손하며, 자기중심적이지 않고 타인을 배려하며, 세속적인 데보다는 형이상학적이고 정신적인 영감에 관심을 두는 사람이다. 저널리스트가 자신을 승화시키는 법을 배울 때, 더 높은 의식상태로 들어갈 수 있는 도덕적 자각이 일어나게 된다. 그리고 이 새로운 의식은 정신적·형이상학적 직관이나 감각을 통해 도덕관을 형성시킨다. 머독에게 올바른 행동은 항상 개인의 도덕관을 전제하는 것이었다.

38

존 롤스

John Rawls (1921~2002)

존 롤스는 미국의 철학자이다. 1921년 미국 볼티모어에서 출생하여 프린스턴대학과 동 대학원을 졸업하였다. 1962년 하버드대학 교수로 취임하였으며, 저서 《정의론》(1971)에서 공리주의를 대신할 실질적 사회정의의 원리를 '공정(公正)으로서의 정의론'으로 체계적으로 전개하여 규범적 정의론의 복권(復權)을 가져왔다. 평등한 기본적 자유를 보장하는 권리를 우선시하였으며, 가장 불리한 상황에 있는 사람들의 이익을 최대화하기 위해서는 사회경제적 불평등이 정당화되어야 한다는 '격차원리'(隔差原理)가 특징적이다.

케이크를 자르는 사람이 잘라 놓은 케이크를 맨 나중에 가져가게 하면 똑같이 자를 수밖에 없다. 평생 동안 '정의'(正義)를 연구했던 20세기 최고의 사회철학자인 미국의 존 롤스가 생각해낸 아이디어다. 바로 롤스가 사회적 정의를 설명하기 위해 도입한 '무지의 베일'(*veil of ignorance*) 개념이다. 자신의 재능, 지위, 가치관, 재산, 거주지 등 특수한 사정을 모르는 상황, 즉 원초적 입장에서 판단해야 한다는 것이다. 쉽게 말하면 입장을 바꿔 생각해 보자는 '역지사지'(易地思之)이고 선(善)에 대한 일종의 '블라인드 테스트'(*blind test*)라고 할 수 있다.

저널리스트들은 마땅히 사회정의(社會正義)에 깊은 관심을 갖는다. 대다수 저널리스트들은 언론이 사회정의의 수단이라고 생각한다. 언론이 사회를 발전시키고 인류를 향상시킬 수 있도록 사상과 정보를 풍부하게 해 준다고 믿기 때문이다. 과거 훌륭한 사상가들의 사상을 통합하여 재정리한 현대의 하버드 철학자, 존 롤스는 저널리스트에게 유용한 정의의 개념을 제공했다. 이는 언론윤리학자들에 의해 자주 인용되기도 한다.

롤스의 역작 《사회정의론》(*A theory of justice*)에서는 '공정성으로서의 정의'를 말하였다. 이 때의 정의는 자유롭고 합리적인 사람들 모두가 자신의 계층, 사회적 지위, 재산, 능력, 지성과 같은 사회적 위치와 상관없이 평등하게 받아들여질 수 있는 상태를 말한다. 롤스는 이 최초의 상태를 사회계약이론의 자연상태와 비교하며 '무지의 장막' 뒤에 존재하는 상태라고 명명했다. 사실 현대의 정치철학 분야에서 존 롤스의 '사회정의론'만큼 격찬을 받은 책은 없었다. 특히 분배적 정의 개념의 현대적 해석문제에 집요하게 파고들어 '단일주제의 철학자'라는 별명이 붙을 정도로 평생 한 우물만 팠던 사람이 내놓은 이 책은 당대 영·미는 물론 유럽 대륙 전역에, 그것도 철학계뿐만 아니라 인문·사회과학계 전반에 걸쳐 큰 획을 그은 금세기 최고의 철학적 고전으로 평가받는다. 롤스의 정의론이 던진 파문은 단지 학계에만 국한되지 않고 일반잡지와 신문들이 경쟁하듯 서평과 특집을 싣는 등 파격적인 반향을 불러일으켰다.

1971년에 출간되자마자 세계의 지성계는 오랜만에 활기찬 지성담론을 펼쳤다. 담론의 장에는 서로 질시만 하던 좌우익의 지성인들이 지적 위선을 벗어던지고 모여들었고, 자신의 영역 안에만 웅크리고 앉아 있던 다양한 지성인도 전공영역의 담장을 헐어 버렸다. 정치철학의 르네상스가 도래했다는 환호성까지 터져 나왔다. 사실상 1950~1960년대에 정치철학은 사망했었다. 당시 정치철학자들 스스로 "정치철학은 죽었다"고 고백할 정도였고, 어느 정치철학자는 절망하여 아예 연구분야를 바꿀 정도였다.

롤스가 주창한 정의론은 그 당시 상당한 영향력을 행사하던, 사회복지의 극대화를 내세우는 공리주의(*utilitarianism*)를 비판하며 그 대항이론으로서 제시되었다. 공리주의는 모든 정책대안 가운데 그 각각이 가져올 이득을 합산하고 생겨날 비용은 제외함으로써 순수이득을 최대로 할 대안을 선택해서 정책으로 구현하게 하는 유용하고 간명한 이론이다. 그러나 '최대다수의 최대행복을 도모하라'는 공리주의는, 이를 명분으로 소수자의 권익은 물론 개인의 권리를 유린할 수 있는 전체주의적 함축을 갖기도 한 이론이었다. 롤스는 그의 정의론에서 "각각의 사람은 사회 전체의 복지로서도 유린할 수 없는 바, 정의에 바탕을 둔 불가침성(*inviolability*)을 지니고 있다. 따라서 정의로운 사회에서는 정의에 의해 보장된 권리들이 정치적 흥정의 대상이 될 수도 없고 사회적 이득의 계산에 맡겨질 수도 없다"고 선언하며 공리주의를 비판적으로 겨냥하고 나선다.

롤스의 정의론이 높이 평가받는 이유는 크게 두 가지 측면으로 나누어 생각할 수 있다. 그 중 하나는 공리주의에 대항해서 정의에 의거한 개인권(*individual rights*)을 수호하고자 한 정의 원칙의 실질적 내용과 관련되어 있으며, 다른 하나는 이 같은 정의원칙을 도출하기 위한 방법론적 논의로서 계약론과 관련되어 있다. 결국 롤스는 공리주의에 대한 대안을 모색하기 위해 공리주의와 대립적 전통을 이루면서도 그만큼 발전을 보지 못한 자연권 이론의 바탕이 된 계약이론(*contract theory*)을 더욱 일반적인 논변형식으로 발전시켰다. 또한 최근 경제학의 성과인 합리적 의사결정이론을 끌어들였다.

롤스는 '정의론'은 규범 허무주의를 극복하려는 철학적인 몸부림이었다. 여기에서 사회실천원리로 주장된 것은 세 가지이다. 첫째 평등한 자유의 원칙, 둘째 기회균등의 원칙, 셋째 차등의 원칙이다.

평등한 자유(*equal liberties*)의 원칙은 사상, 양심, 언론, 집회의 자유, 보통선거의 자유, 공직 및 개인 재산을 소지할 자유 등 자유주의가 내세우는 가장 기본적인 자유를 보장하는 것에 우선적 중요성을 두고 있다. 사회를 공정하게 운영하려면, 무엇보다도 먼저 평등한 자유를 보장해야 하고, 평등한 자유의 원칙이 충족되면 그 다음에 기회균등을 보장해야 한다. 기회균등의 원칙이 충족되면 그 다음에 차등의 원칙을 적용해야 한다는 것이다. 차등의 원칙은 사회 불평등을 규제하는 것이다. 사회 불평등은 사회의 최소 수혜자에게 이익이 될 때에만 허용되어야 한다는 것이다.

아주 당연하고 간단해 보이는 롤스의 주장을 사회주의자들은 매우 불평등주의적이라고 비판했고 자유주의자들은 너무 평등주의적이라고 비판했다. 그러나 프랑스의 사회당은 롤스의 '차등 원칙'에 입각한 분배정책을 공식정책으로 채택하기도 했고 미국의 자유주의자들은 그를 비판하면서도 절대로 버리려고 하지 않았다

하버드대 철학교수였던 존 롤스는 평등과 자유 사이의 갈등관계에서 빚어지는 모순을 해결하려고 평생 '정의'의 문제 하나만을 탐구했다. 평등에는 두 가지 개념이 있다. 첫째는 결과의 평등이다. 즉 모두가 동일한 몫을 가지게 되는 것이다. 둘째는 기회의 평등이다. 불평등을 창출하는 게임에 참여하는 기회 자체를 평등하게 가지는 것이다. 롤스에게는 둘 다 만족스럽지 못했다. 결과적 평등은 수월성을 추구하려는 인센티브에 강력한 제동을 가해 심각한 부작용을 낳게 된다. 무임승차자(無賃乘車者)를 양산하게 된다. 일을 하나 안 하나 똑같이 봉급을 받는다면 누가 일을 열심히 하겠는가. 기회의 평등도 완전하지는 않다. 복권을 사는 사람은 사기에 걸려들기 전에는 당첨 기회를 평등하게 보장받는다. 그러나 그 결과는 엄청난 불평등의 창출이다. 한 사람이 당첨되기 위해서 수많은 사람들이 손해를 보는 것이다. 물론 자발적 참여이기 때문에 불평하긴 힘들지만 복권이 정의롭다고 말하긴 어렵다.

롤스는 "진리가 지식체계의 제1덕목이듯이, 정의는 모든 사회의 가장 중요한 덕목이다. 사회 전체의 복리증진을 위해서라도 정의를 희생해서는 안 된다. 모든 개인은 절대로 침범당할 수 없는 자유에 대한 권리를 가진다"고 설파했다. 여기서 롤스는 정의의 중요한 원칙

을 제시한다. 모든 사람에게 자유가 최대한으로 평등하게 부여되어야 한다는 것이다. 여기에서의 자유는 이른바 소극적 자유, 즉 양심·집회·결사·신앙·거주·행동·언론의 자유와 같은 인간의 기본권에 해당되는 것을 말한다. 이 같은 자유의 평등 부여에 대해 롤스는 어떠한 융통성도 허용하지 않는 엄격한 칸트주의적 입장을 취한다. '법 위에 사람 없고, 법 아래 사람 없다', '법 앞에 만인은 평등하다'라는 법치주의는 개인의 자유에 대한 존중, 인권의 존엄성을 전제로 하는 것이다.

미국 프로야구 양키스의 감독이었던 조 디마지오는 마릴린 먼로의 남편으로만 유명한 것이 아니다. 선수들을 아주 혹독하게 대한 것으로도 악명이 높았다. 기자가 선수에게 감독이 어떤 사람이냐고 묻자, "그는 아주 공평한 사람이에요. 스타 선수든, 후보 선수든, 모두 똑같이 개처럼 대해 주니까요"라는 대답이 돌아왔다. 전설적인 스코어를 낸 감독이긴 하지만, 조 디마지오는 평등하게 개인의 권리를 짓밟은 것이다. 노숙자들이 노숙하는 이유도 사회복지센터에서 운영하는 쉼터가 있는 것을 몰라서라기보다 나름의 자유를 누리고 싶기 때문일 것이다. 먹고 자는 것만큼이나 중요한 것이 산소같이 마음껏 마실 수 있는 자유다.

저널리스트의 경우, 위와 같은 평등의 상황에서 가장 공정한 선택을 함으로써 정의를 실현할 수 있을 것이다. 저널리스트는 기득권의 이해관계를 떠나서 무엇이 공정한 선택인지를 냉정하게 생각해 윤리적 결정을 내려야 한다. 그렇게 된다면 가장 힘없고 약한 집단의 이익을 보호할 수 있다. 무지의 장막 뒤에 있는 사람들은 자신이 누구이며, 자신의 가치나 이념이 무엇인지를 떠나 다른 사람의 입장에서 윤리적 결정을 내릴 수 있어야 한다. 이러한 입장은 저널리스트로 하여금 자기 정체성을 제쳐놓더라도 타인의 이해와 입장을 고려하여 의사결정을 내리도록 할 것이다. 많은 사람들이 이를 윤리의 '감정이입론'이라고 부른다. 그러나 '무지의 장막'이 걷혀졌을 때 자신들의 최종 정체성이 어떻게 드러날지 모르는 채로 익명의 사람들이 이론적 토론을 하게 되리라는 것이 롤스의 생각이었다.

이 지점에서, 한 가지 기본적인 의문이 생긴다. 어떻게 모두가 윤리적 해결방식에 있어 의견일치를 볼 수 있으리라고 가정하는가? 롤스의 '무지의 장막' 뒤에서조차 다른 방식의 윤리적 해결을 모색해 볼 수도 있을 것이다. 그러나 롤스는 무지의 장막 뒤에서 정의의 원리가 선택되게 되는데, 이렇게 선택된 원리로 누군가가 다른 사람보다 더 큰 이익을 보는 일은 없을 것이라고 말했다. 모든 참여자는 동등하게 이익을 얻기 때문이다. 롤스는 "정의의 원리는 공정한 합의 혹은 계약의 결과이며, 문제를 해결해 줄 수 있을 것이다"라고 말했다.

롤스는 각자가 자신의 이해관계를 가지면서도 어느 누구하나 이익이나 손해를 보지 않는 관계 속에 합리적이면서도 평등한 사람들이 벌이는 토론으로부터 정의가 도출될 수 있다고 생각한다. 롤스에 따르면 평등한 관계에 놓인 사람 간에 이루어지는 토론은 공동의 판단과 원칙에 합의와 일치를 형성하는 '반성적 평형상태'를 이끌어낸다는 것이다.

실제 언론의 세계에서 이러한 원칙을 그대로 고수하기는 어렵다는 사실을 인정할 수밖에 없다. 심지어 롤스도 이것이 '순수한 가정'에 지나지 않는다고 인정한다. 저널리스트가 저널리스트 자신의 정체성을 의식하지 않고 평등하고 익명의 상태로 취재원을 만나거나 모든 사실을 판단하지 않고 기사를 통해 공개하기란 쉬운 일이 아니다. 저널리스트로서의 전문성을 무시하고 일을 진행시키는 것과 다를 바 없기 때문이다. 그러면, 곧 다음과 같은 의문이 곧바로 제기된다. 롤스가 말하는 이른바 공정취재를 위해서 저널리스트로서의 의무, 특권, 지위와 같은 저널리스트적 주체성을 버릴 수 있는가? 아니면, 버려야만 하는가?

롤스는 칸트의 윤리학이 자신의 철학과 밀접하다고 말한다. 무지의 장막은 칸트의 윤리학을 전제하고 있다. 롤스에 따르면, 칸트의 실천원칙은 행위자의 사회적 신분이나 타고난 재능, 또는 윤리적 모순을 발생시키는 사회에 의해 선택되는 것이 아니라, '자유롭고 평등하며 합리적인 존재'로서의 인간의 본성에 따라 선택된다. 이때, 평등이란 말을 포함시켜 강조한 것은 칸트가 아니가 롤스라는 점을 주의해야 한다.

윤리적 결정을 내리는 데 있어 약자의 입장과 이해관계를 고려해야 한다는 롤스의 정의론은 그렇게 탁월하다고 할 수 없다. 롤스의 '무지의 장막'은 노골적으로 사회 약자를 다루고 있지만 사실 합리적 윤리라면 약자는 물론이고 모든 집단에 적용되어야 한다. 데이비드 쉐퍼는 "정의 혹은 횡포? 존 롤스의 '정의론'에 대한 비평"에서 롤스의 이런 접근방식을 비판한다.

롤스의 윤리학이 갖고 있는 한 가지 문제점은 인생에서 많은 것을 성취하는 개인의 능력을 평가절하하고 있다는 점이다. 롤스는 많은 것을 성취하게 되는 사람은 사회적으로 좋은 환경과 더 나은 조건에서 태어난 운 좋은 사람에 지나지 않으므로 도덕적 권리나 혜택을 받을 만한 자격이 없다고 보았다. 그래서 모두가 '무지의 장막' 뒤에 놓이게 되는 것이다.

《불길한 평행선》의 작가 레오나드 피코프는 롤스의 이런 주장을 비판한다. 그는 사람이 아무것도 아닌 상태로 태어나는 것이 아니라 이미 각각의 장점과 단점을 가지고 태어나기 때문에 누구도 후천적으로 가치를 '획득'할 수 없으며 특권을 누릴 수 없다는 롤스의 결론을 비판했다. 피코프는 롤스의 이러한 주장을 '사람의 능력에 대한 정치적 차원을 넘어선 형이상학적 공격'이라고 불렀다. 롤스가 이성적 접근이 아닌 감성주의에 기반하고 있다고 보았다. 칸트는 이성에 대한 거부를 '순수 이성'에 대한 방어로 설명하지만, 칸트의 뒤를 이은 롤스는 '정의론'으로 설명한다고 피코프는 말했다.

또 다른 현대 철학자 모티머 애들러는 그의 책 《여섯 가지 위대한 생각》에서 롤스가 사회 구성원의 행동을 다루는 데 있어서 뿐만 아니라 사람 간의 관계를 다루는 데 있어서도 공정성으로 정의를 적용하려고 한 것은 중대한 오류라고 지적했다. 애들러는 롤스의 정의론이 공정성을 정의의 유일한 원칙으로 단정지어버린 '과대평가 된 책'이라고 불렀다. 애들러는 공정성을 정의의 몇 가지 원칙 중에 하나라고 보았기 때문에 '정의의 유일한 구성요소는 공정성'이라고 했던 롤스의 관점에 찬성할 수 없었다.

애들러는 잘못된 행동은 평등의 상황에서든 불평등의 상황에서든 일어날 수 있다고 지적하며 '무지의 장막'에 대한 롤스의 신념을 비판했다. '무지의 장막' 뒤에 놓인 평등한 상황에서도 부정한 행위는 얼마든지 일어날 수 있는데 부정은 권리를 침해할 때 발생하기 때문이다. 애들러는 정의를 논하는 데 있어 평등이나 불평등을 말하는 것은 의미가 없다고 생각했다. 절도, 반역, 강간, 살인과 같은 행위는 도덕과 법을 어기는 행위이며, 이것들은 불공정함과 상관없이 모두 불의(不義)가 된다고 할 수 있기 때문이다. 불의는 자연권이나 법을 어길 때 발생하지, 불공정성한 상황에 놓였다고 해서 발생하는 것은 아니라는 것이다.

또 다른 비평가인 옥스퍼드 대학의 존 그레이는 롤스의 정의론을 자유사상을 새롭게 쓴 고전이라며 극찬했다. 그러나 존 그레이는 롤스가 1993년에 쓴 《정치적 자유주의》가 존 스튜어트 밀의 초기 자유주의에서 벗어나, 기본적 권리와 예측불허의 정치적 투쟁으로부터 영향 받지 않는 기본권과 자유를 제안한다고 말했다. 그레이는 다원주의를 존중하고 '서로 비교할 수 없는 다양한 개념들' 속에서 발견될 수 있는 '선'을 부정하지 않아야 진정한 자유주의가 가능하다고 보았다. 그러나 롤스의 1993년 책은 관점의 편협성을 보이고 주요 정치이슈에 대해 침묵하고 있다는 결점을 보이고 있다. 그는 “이 책의 가장 놀라운 특징은 전혀 정치를 다루지 않고 있다는 점”라고 밝히며 가혹한 평가를 내렸다.

롤스 사상에 대한 이러한 여러 비판에도 불구하고, 저널리스트는 롤스에게서 사회적 관심을 갖는 태도와 이타주의적 태도를 배울 수 있다. 롤스의 ‘무지의 장막’과 같은 개념이 저널리스트의 일상에서 얼마나 도움이 될 지에 대해서는 의견이 분분하겠지만, 저널리스트의 사회의식을 올리고 개인의 이기심을 줄이는 데에는 큰 도움이 될 것이다.

롤스의 사상을 지나치게 받아들이면 저널리스트가 공정한 입장을 유지하는데 오히려 해가 될 수 있다. 그러나 롤스의 사상은 ‘사회적 약자’에 대한 관심을 높이고 사회의 복잡성과 계약을 이루는 사회적 합의를 이해하는 데 도움이 될 수도 있다. 공동체 정신을 중시하는 ‘공산사회주의’의 발전을 추구하는 저널리스트라면 롤스의 생각에서 공감할 부분을 찾을 수 있을 것이다. 온건한 맑스주의자였던 롤스는 개인에게 사회의식과 책임감을 갖도록 촉구할 것이기 때문이다.

가치론(*axiology*) : 가치론은 미학과 윤리학을 포함한 질과 가치에 대한 연구로, 가치 개념을 다루는 철학 분야에 바탕을 둔다. 이는 가치 이론(*value theory*)과 메타 윤리학(*meta-ethnics*)과 유사하다. 가치론은 1902년 폴 라피(Paul Lapie), 1908년 E. 하르트만(E. von Hartmann)에 의해서 처음 등장하였다.

객관주의(*objectivism*) : 어떤 관념의 객관적 타당성을 인정함으로써 진리에 도달할 수 있다는 입장이다. 실재(*reality*)에 대해 의미 있고 이성적으로 정확한 진술이 만들어질 수 있다는 사상으로, 주관주의 혹은 이상주의와 반대 개념이다. 실재는 충분히 묘사 가능하고 이성적 사람들에게 정당화될 수 있다. 탐구대상에 대해 어떠한 주관적 평가나 이해관계도 개입시키지 않을 것을 요구하며, 인식주체의 가치판단이나 선입관은 객관적 사실을 왜곡시킨다고 본다. 따라서 객관주의 입장에서 보면 우리는 현실을 있는 그대로 관찰하고 서술할 수 있을 뿐이지 그것을 비판하거나 평가할 수 없다. 언론에서는 언론인들이 냉정하고 정치하며, 사려 깊고 사실 중심적이며, 개인적 의견 및 판단, 편향을 제거하려는 중립의 개념을 말한다.

결과주의(*consequentialism*) : 어떤 행위에 대해서 그 결과의 가치를 기준으로 하여 옳고 그름, 선하고 악함 따위를 판정하는 입장이다. 따라서 행동의 옳고 그름이 행동의 결과로 판단된다고 보는 포괄적 개념으로, 결과에 대한 다양성은 예상되거나 의도된 결과이다. 목적론적 윤리학

(*teleological ethics*)으로 불리기도 하며, 가장 대중적인 것은 공리주의적 윤리학(*utilitarian ethics*)이다.

계몽(*enlightenment*) : 18세기 유럽에서 일어난 정신사상으로, 이성, 개인주의, 자유를 강조한 유럽의 자유주의이다. 계몽사상이라고도 부른다. 또한 18세기를 중심으로 서양철학과 문화적 삶에 있어 한 시기를 묘사하는 용어로 쓰인다. 18세기는 이성의 시대(*the Age of Reason*)로 알려져 있다. 당시에는 이성(理性)이 권위의 주요한 요소이자 기본이라고 지지되었다. 이 사상은 독일, 프랑스, 영국에서 발전되었고 이 운동은 러시아와 스칸디나비아를 포함한 많은 유럽지역에 퍼져 나갔다.

공동체주의(*communitarianism*) : 윤리학에서 공동체와 공공의 이익을 강조하는 것으로, 개인주의와 전통적 자유주의의 반대되는 이론이다. 언론은 공동체를 단결시켜야만 하며, 파편화시켜서는 안 된다. 절대주의자들은 윤리학이 사회적 조화와 단합을 위해서 필요하다고 보며, 사회를 파편화할 수 있는 스토리를 공표하는 것을 꺼린다. 따라서 보다 긍정적인(*positive*) 언론을 통해서 사회적 조화를 이루기를 바란다. 언론 자치권/자율권(*journalistic autonomy*)의 자유주의를 덜 강조한다.

공리주의(*utilitarianism*) : 18세기 말부터 19세기 전반에 걸친 영국의 윤리적 사상으로, 인간 행위의 윤리적 기초를 개인의 이익과 쾌락의 추구에 두고, 무엇이 이익인가를 결정하는 것은 개인의 행복이라고 하며, "도덕은 최대 다수의 최대 행복을 목적으로 한다"고 주장한다. 대표적 공리주의자로는 제레미 벤담(Jeremy Bentham), 밀(J. S. Mill), 헨리 시지윅(Henry Sidgwick) 등이 있다. 목적론(결과주의)의 한 형태의 윤리학으로 특히 공리/실용 윤리학과 최대 다수의 최대 행복 원리(*the greatest happiness of the greatest number*)에 기초를 둔다. 행동의 옳고 그름은 행동이 행복(기쁨)을 주는지, 고통(행복의 상실)을 주는지에 달렸다.

권위주의(혹은 독재주의, *authoritarianism*) : 권위주의(權威主義)는 어떤 일에 대하여 권위를 내세우거나 권위에 순종하는 사고방식 또는 행동양식으로, 권위 그 자체에 의혹을 갖거나 혹은 반항하는 것은 모독이며 죄악으로 여긴다. 미디어계에서는 언론사 체계가 정부에 의해 통제되어 언론인들의 자유나 자치권이 박탈당하는 것으로 나타난다.

규범 윤리학(*normative ethics*) : 규정 윤리학(*prescriptive ethics*)이라고 한다. 메타

윤리학과는 달리 도덕적 용어이다. '옳음'(*right*), '선'(*good*)의 분석에 제한을 둔다. 규범적 윤리학은 무엇이 옳고 선인지 대한 판단에 이성적 기반을 마련하려고 시도한다. 도덕적으로 옳은 행동을 하도록 하는 어떤 체계이다.

기호학(*semiotics*) : 넓은 의미로 기호의 기능과 본성, 의미 작용과 표현, 의사소통과 관련된 다양한 체계를 연구하는 학문 분야이다. 사람들이 사용하는 기호를 지배하는 법칙과 기호 사이의 관계를 규명하고, 기호를 통해 의미를 생산하고 해석하며 공유하는 행위와 그 정신적 과정을 연구하는 학문이다. 의미론과 기호통합론(문법 연구), 어용론(실제적 목적과 구술 의미의 영향에 대한 연구)이 있다.

목적론(*teleology*) : 목적론은 철학의 세계관 중 하나로 모든 세계의 사물이나 현상은 일정한 목적을 실현시키기 위해 존재하기도 하고, 나타나기도 한다는 것이다. 예컨대 신이 수립한 세계의 질서를 나타내기 위해 모든 것이 존재한다는 것 등이다. 윤리학에서 옳고 그름은 행동하는 목적의 선악(善惡)에 있다고 생각하는 입장으로 결과론주의자 입장과 동일하다. 인간의 의식적 행동뿐만 아니라, 세계 안에서 일어나는 모든 사건과 자연의 현상도 목적에 규정되어 있다는 가정 및 이러한 가정에 바탕을 둔 사고방식이다. 실제적 결과 또는 결과의 예측에 의해 결정된 윤리적 행동. 비존재론(*deontology*) (우선 원칙 또는 격률)에 반대되는 입장이다.

변증법(*dialectic*) : 변증법은 정명제와 반명제를 사용하여 이들 모순되는 주장의 합명제를 찾거나 최소한 대화가 지향하는 방향의 질적 변화를 일구어내는 것이다. 사상의 충돌 또는 극단(정 · 반)의 통합(합)으로 더욱 적합하고 진일보한 상태(헤겔 관념)를 형성한다. 변증법적 접근의 목표는 이견을 합리적인 토론으로 해결하는 것이다.

상대주의(*relativism*) : 아리스토텔레스와 같이 윤리학에서 옳고 그름이 상황에 따라서 다양하다는 사상. 상대주의자들은 어떤 상황에서 어떻게 행동하는지는 사회적 문맥(*social context*)의 중요성에 의해 결정된다고 본다. 또한 상황이나 구체적 상황에 따라 달라질 수도 있다. 상대주의자들은 선과 악, 옳고 그름의 보편적 기준은 없다고 본다. 예를 들어, 조셉 플레처(Joseph Fletcher)의 '상황 윤리학'(*situation ethics*)은 윤리적인 것이 하느님의 사랑(아가페)으로 상대적이라는 것을 말한다.

상황주의(*situationalism*): 1960년대 조셉 플레처(Joseph Fletcher)에 의해 발전된 것으로, 윤리학에서 도덕적 결정을 하는 데 있어 구체적 상황을 고려해야 한다는 입장이다. 상대주의자들의 입장은 절대주의 혹은 보편주의 윤리학과는 대조적이다.

선험철학(*transcendentalism*): 칸트 철학의 근본개념으로 직관과 초감각을 강조하는 사고의 유형이다. 중세 스콜라 철학의 용어인 'transcendentalis'는 각 범주를 초월하여 모든 존재하는 것에 적용되는 개념으로서의 존재, 진, 선, 미 등을 뜻하였다. 이것을 칸트가 '대상에 관한 인식이 아니라 오히려 선천적으로 가능한 범위에서의 대상 인식방법에 관한 인식'을 뜻하는 근대적 인식론의 용어로 전용하였다. 종교적 감성, 독단적 이성주의에 대한 반대 개념이다.

스토아학파(*stoicism*): 스토아학파는 살아가는 데 있어 가장 좋은 방법은 자연과 함께 지속적이고 조화롭게 사는 것으로 본다. 도덕성은 준엄한 자연주의이며, 우리의 자연은 우리가 적합한 것을 할 수 있도록 한다. 주로 문제상황에서 조용하고 집요한 개인적 성향을 일컫는 용어로도 사용된다. 수동적 위엄을 가지고 동요하지 않으며, 우리의 힘이 아니라 모든 것으로부터 섭리와 객관성에 굴복함으로써 내적 자유를 성취하는 것이다[예: Epictetus(A. D. 60~130)].

실존주의(*existentialism*): 도그마 또는 체계로부터 구별되는 철학적 경향 또는 태도이다. 인간의 일반적 본질보다도 개개의 인간의 실존, 특히 타자와 대치할 수 없는 자기 독자의 실존을 강조한다. 기원은 키르케고르이며, 야스퍼스(Jaspers), 하이데거(Heidegger), 마르셀(Marcel), 사르트르(Sartre), 카뮈(Camus)와 함께 20세기 전반에 유럽 대륙에 영향을 끼치지 시작했다. 사회적 요구 하에서 개인의 '진실된'(*authentic*) 삶과 개인의 정체성 보존을 강조한다. 또한 개인적 자유, 행동, 개인적 책임감의 수용을 강조한다. 사람은 행동과 자아인식(*self-awareness*)을 통해 자아(실제로 존재하는)를 '만든다'. 자기 방향과 책임감을 기반으로 한 자유와 행동의 실질적 위치를 말한다.

양심(*conscience*): 도덕적 행위 또는 지조(志操)의 선악에 관계되는 범위 내에서의 전인격적(全人格的) 의식 또는 심정이다. 한 사람이 가지는 확신 또는 가치로, 도덕적 안내를 해준다. 도덕적 신념이 특정 방향으로 행동하는 데 강한 동기를 제공할 때, 이러한 신념의 집합을 '양심'이라고 부른다. '신의 목소리'(*voice of God*) 라고도 여겨진다.

윤리학(*ethics*) : 윤리학은 도덕의 원리, 기원, 발달, 본질, 규범과 같은 인간의 올바른 행동과 선한 삶을 사회전반에 걸쳐 총체적으로 다루는 철학의 주요 분야이다. 일반적으로 사람 또는 집단이 행동을 규제하는 데 결정한 기준의 집합을 말한다. 윤리학에서 주로 다루는 것은 '선한 삶'으로, 가치 있게 사는 삶이거나 단순히 만족하는 것이 아닌 삶으로, 많은 철학자들은 도덕적 행위보다 더 중요한 것을 지향하는 삶을 생각했다. 언론에서는 저널리즘 윤리학을 다룬다.

윤리학의 감정 이론(*emotive theory of ethics*) : 감정론(*emotivism*) 은 명제를 표현하는 것이 아니라 감정적 태도를 표현하는 윤리적 문장으로 메타 윤리학 관점(*meta-ethical view*) 이다. 20세기의 분석철학(*analytic philosophy*) 과 논리적 긍정론(*logical positivism*) 의 영향을 받았다. 윤리 용어는 어떤 것도 설명할 수 없지만, 그것을 사용하는 사람들의 감정을 표현할 수 있다고 본다. 예를 들어 "X는 좋다"는 발언은 "나는 X가 좋다" 이상을 말하는 것이 아니다. 그러나 윤리적 진술에서는 사람의 감정적 진술 혹은 태도의 서술(*report*) 이상이다.

의무론(*deontology*) : 법 또는 격률 중심(*maxim-oriented*) 의 의무 윤리학(*duty-ethics*) 으로, 우선적인 윤리 기준·원리(*priori ethical principles*) 를 따르고 결과를 애써 고려하지 않는다. 의무론의 가장 좋은 본보기는 칸트이다. 의무론의 반대는 목적론적·결과주의적 윤리학(*teleological·consequentialist ethics*) 이다.

의미론(*semantics*) : 언어의 의미에 관하여, 그 기원, 변화, 발전 등을 연구하는 언어학의 한 분야이다. 의미(*meaning*) 연구로, 어떻게 상징(언어, 말) 이 생각과 행동에 영향을 미치는지 연구한다.

이기주의 윤리학(*egoistic Ethics*) : 외부의 준거기준이 아닌, 개인을 도덕적 준거기준으로 사용해 윤리적 규범과 행동을 결정하는 것이다. 자기 발전과 자기 결정을 중심에 둔다. 윤리적 관점에서 개인적 성장과 성격 발달의 원인으로 사용되며, 도덕성은 궁극적으로 이기심(*self-interest*) 으로 설명될 수 있다는 가정(예: Ayn Rand, '*enlightened self-interest*') 에 기반을 둔다. 개인의 이익은 궁극적으로 사회의 이익이 무엇인지에 의해 결정된다.

이데올로기(*ideology*): 사상의 체계로, 정치적이고 사회적인 행동을 지시하는 규범의 체계로 사용된다. 일반적으로 관념형태를 본인의 사회적 기반과 관련시켜 그 이해를 반영하는 것으로 생각하는 방법을 이데올로기적 견해라 한다(예: '맑시스트 이데올로기' 또는 '자유주의자 이데올로기').

이상주의(*idealism*): '이상'(*ideal*)이 구체적 실재로 어딘가에 존재한다는 철학적 관점(예: 플라톤)이다. 우리가 보는 것은 오로지 완벽하고 이상적인 것의 불완전한 재현(*representations*) 또는 조작(*manifestations*)일 뿐이며, 완벽하거나 이상적인 것을 향한 사적이고 사회적인 과정이라는 신념이다. 종종 더욱 세속적이고 물질주의적인 관점인 현실주의와 대조된다.

이타주의(利他主義, *altruism*): 윤리학에서 말하는 에고이즘(*egoism*), 즉 이기주의의 반대개념으로 행위의 목적을 타인을 위한 선(善)에 두는 윤리학의 학설 중 하나이다. 타인을 위한 선(이익)을 행동의 정칙, 의무의 기준으로 생각하는 입장으로서, 윤리적 이기주의(에고이즘), 그리고 부분적으로는 공리주의(功利主義)와 대립한다. 이타주의자들은 도덕성은 개인의 이익 혹은 이기심(*self-interest*)으로 한정될 수 없고, 다른 사람들의 이익을 택해야만 한다고 주장한다. 즉, 자신이 아닌 타인을 강조한다.

인문주의(혹은 인본주의, *humanism*): 인간주의, 인문주의(人文主義), 인본주의(人本主義)라고도 하며 '인간다움'을 존중하는 대단히 넓은 범위의 사상적·정신적 태도, 세계관이다. 다소 모호한 의미들의 넓은 다양성을 가진 용어로, 가장 중요한 개념은 다음과 같다. ① 유럽 르네상스 시대의 지적인 운동으로 그리스와 로마의 고전적 문화를 강조한다. 인류의 가능성과 인류의 성취에 대한 열성에 대해 낙관주의적 관점을 가진다. 신의 신념으로 구성된다. ② 20세기에 와서 모든 종교적인 신념을 거부하는 사람들에 의해 다른 의미로 발전하였다. 그들은 오로지 인간복지(*human welfare*)에 관심을 둔다. '비종교적·세속적 인간주의'(*secular humanism*)로 불리기도 한다.

인식론(*epistemology*): 인식론은 인식 일반의 근본문제를 다루는 철학의 한 부분으로, 지식론이라고도 불린다. 인식론은 고대 그리스어의 episteme(지식 또는 인식)와 logos(이론)를 합친 데서 비롯한다. 진리나 지식의 성질과 기원 그리고 범위(사람이 이해할 수 있는 한계 등)에 대하여 고찰한다. 언론에서는 진실에 도달하기 위한 노력으로, 객관성의 본질을 탐구한다. 지식의 본질을 찾고, 정보의 획득과 확인을 거친다.

자본주의 언론(*capitalistic press*) : 자본주의(資本主義)는 사적 소유권을 기반으로 한 경제체제로, 이윤을 위한 상품생산이나 단순히 화폐경제와 동의어로도 쓰이며, 사회주의적 계획경제에 대하여 사유재산제에 바탕을 둔 자유주의 경제라는 뜻으로 사용된다. 언론학에서는 미디어의 사적 소유, 미디어 경쟁과 언론 다원주의를 포함한다. 즉, 언론사의 이익 추구가 중요하다는 입장이다.

자유(*freedom*) : 아이자이어 벌린(Isaiah Berlin)에 의해 등장한 용어로 단순히 '외부로부터 속박이 없는 상태'를 의미하는 '~로부터의 자유'를 가리키는 '소극적 의미'의 자유와 '자신이 하고자 하는 바를 적극적으로 할 수 있는 상태'를 의미하는 '~에 대한 자유'를 가리키는 '적극적 의미'의 자유로 나눌 수 있다.

자유지상주의(*libertarianism*) : 인간 행동이 'causal law'에 의해서 통제된다는 결정론과는 반대되는 관점이다. 언론에서는 언론사 또는 언론인의 편집 자치권을 강조한다. 사전검열 부재 및 완전한 자유주의를 강조하며, 개인적 자유를 억압하는 권위주의에 반대되는 입장이다. 그러나 자유주의와 항상 동의어는 아니다.

정언명령(*categorical imperative*) : 누구에게나 보편적인 것을 행하라는 칸트의 윤리적 공리이다. 칸트에 따르면, 도덕법칙은 '만약 행복해지려면 … 하라!'는 가언명령(假言命令)이 아니라, 결과에 관계없이 무조건, 반드시 이렇게 해야(되어야) 한다는 정언명령에 따라야 한다. 도덕법칙은 그 자체가 최고의 가치를 지니며, 어떤 수단이 되지는 않는다. 따라서 도덕법칙은 정언적 · 단언적 명령이다.

정의(*justice*) : 정의는 사회를 구성하고 유지하기 위해 사회구성원들이 공정하고 올바른 상태를 추구해야 한다는 가치로, 대부분의 법이 포함하는 이념이다. 윤리학에서는 사람들에게 적절한 결과를 제공해야만 한다고 보는 기본적인 개념이다. 공정함, 당연함(*deservedness*)으로, 종종 판단의 평등성 또는 결과의 평등성을 제공하는 것으로 간주된다.

주관주의(*subjectivism*) : 인식론이나 윤리학에서 개인의 주관을 강조하는 주의로, 모든 도덕적 태도들은 오직 개인적 의견 또는 취향의 문제라는 신념이다. 일반적으로 언론에서는 개인적 의견 또는 편향을 뉴스 기사에 주입하는 것으로 나타난다.

중용(*golden mean*) : 사람의 삶에서의 철학적 중용. '中'이란 어느 한쪽으로 치우치지 않는다는 것, '庸'이란 평상(平常)을 뜻한다. 아리스토텔레스는 중용을 과도함의 극단에서의 이성적이고 고결한 과정으로 보았다. 공자 또한 중용을 매우 강조하였다.

직관주의(*intuitionism*) : 윤리학에서 도덕적 판단이 직관에 의해 진실이라고 알 수 있다고 보는 관점이다. 미스터리하고 비이성적인 감각 또는 감정이 우리의 도덕적 행동을 형성한다고 본다.

진실의 대응(상응) 이론(*correspondence theory of truth*) : 진실과 거짓은 오직 현실과 어떻게 연관되었는지, 일치 및 대응 여부로 결정된다. 진실은 실제로 존재하는 것과의 대응으로, 뉴스에서의 진실은 현실과 상응적(관계적)인가에 달려있다. 즉, 진실은 현실 및 사실과 상응한다. 언론에서 진실성 또는 정확성은 일상적 기준이다.

진정한(혹은 진실의, *authentic*) : 실제적 측면에서 한 사람의 진실한 존재. 위선이 없고, 거짓된 모습을 피하는 것.

집단주의 언론(*collectivistic Press*) : 집단주의는 개인보다는 집단의 이익을 존중하는 것으로, 모두를 위하여 개인을 희생할 수 있다는 입장이다. 집단주의자들은 공동체와 사회에 초점을 두고 개인의 목표보다 집단의 목표를 우선시한다. 언론에서 집단주의는 사회주의적 미디어, 즉 미디어의 사적 소유가 아니라 정부 산하기관에 의해 소유되고 조정된다고 보는 언론의 권위주의적 형태로 나타난다.

쾌락주의(*hedonism*) : 행복과 즐거움이 가장 높은 가치(*good*)라고 보는 신념으로, 쾌락을 가장 가치 있는 인생의 목적이라 생각하고 모든 행동과 의무의 기준으로 보는 윤리학의 입장이다.

평등주의(*egalitarianism*) : 윤리학에서 사람들 사이에서 적어도 동등한 기회를 갖는 평등을 성취하기를 바라는 것으로, 언론에서는 모든 사람들을 편견 없이 같은 비중으로 대하는 것을 의미한다.

합리주의(*rationalism*) : 비합리적, 우연적인 것을 배척하고, 이성적, 논리적, 필연적인 것을 중시하는 태도로, 합리론·이성론·이성주의라고도 한다. 좁은 의미로, 17, 18세기의 철학적 신조이다(Descartes, Spinoza, Leibniz). 넓은 의미로는, 모든 것은 설명 가능하다는 존재에 대한 전제로 사용된다. 이성적 기반을 가진 것은 신중한 근거에 대한 조사가 이루어질 수 있다는 신념이다. 형이상학적으로는, 이성이나 논리가 세계를 지배하고 있어 이 세상에는 존재이유를 가지고 있지 않은 것은 하나도 없다고 주장하는 설로, 그리스 고전철학의 관상적(觀想的) 합리주의가 그 대표적인 예라 할 수 있다.

허무주의(*nihilism*) : 허무주의 또는 니힐리즘은 기성의 가치체계와 이에 근거한 일체의 권위를 부인하고 음산한 허무(니힐)의 심연을 직시하며 살려는 사상적 입장이다. 부재, 물질주의, 과학, 혁명과 같은 주요한 가치와 신념이 없다. 일반적으로 파괴주의나 급진주의와 연관돼 있다.

회의론(*skepticism*) : 철학적 접근방식으로서, 인간의 지식과 인식(*perception*)이 실제 참인지 여부와, 절대적 지식과 진실이 존재할 수 있다는 개념에 대해 체계적으로 검증하고자 하는 비판적인 철학적 태도이다. 이는 어떤 실증적 주장들(*positive statements*)의 집합은 신뢰할 만하며 절대적으로 확실하고 진실이라는 주장을 견지하는, 철학적 독단론에 반대하는 것이다. 'dogmatic'과는 대조적이다.

* 이 책은 방일영문화재단의 지원을 받아 저술 출판되었습니다.